Kurt So
Deutschlands P

SERIE PIPER
Band 1289

Zu diesem Buch

Der Politikwissenschaftler und Publizist Kurt Sontheimer zeichnet vor dem Hintergrund der aktuellen deutsch-deutschen Entwicklung ein aufschlußreiches Bild der politischen Kultur in Deutschland. Außerdem diskutiert er Eigenheiten und Probleme des politischen Selbstverständnisses der Deutschen.

Ziel des Buches ist es herauszuarbeiten, was für die politische Kultur im Deutschland der Vorkriegszeit typisch war, wie sich nach der Teilung Deutschlands zwei unterschiedliche politische Kulturen in der Bundesrepublik und in der DDR entwickelt haben und welche Perspektiven es für eine gemeinsame politische Kultur im künftigen Deutschland gibt.

Kurt Sontheimer, geboren 1928 in Gernsbach (Baden); Studium der Soziologie, Geschichte und Politikwissenschaft in Freiburg/ Brsg., Erlangen, USA und Paris. Promotion 1953; Habilitation 1960; 1962–1969 Professor für Politische Wissenschaft am Otto-Suhr-Institut der Freien Universität Berlin, seit 1969 Professor am Geschwister-Scholl-Institut für Politische Wissenschaft der Universität München. In der Serie Piper liegt in 13. Auflage vor: Grundzüge des politischen Systems der Bundesrepublik Deutschland (SP 351).

Kurt Sontheimer

Deutschlands Politische Kultur

Piper
München Zürich

Von Kurt Sontheimer liegt in der Serie Piper
außerdem vor:

Gründzüge des politischen Systems
der Bundesrepublik Deutschland (351)

ISBN 3-492-11289-7
Originalausgabe
November 1990
© R. Piper GmbH & Co. KG, München 1990
Umschlag: Federico Luci
Gesamtherstellung: Clausen & Bosse, Leck
Printed in Germany

Inhalt

Vorwort

Von Politischer Kultur ist heutzutage viel die Rede, von Deutschland, das im Gefolge der Niederlage des Dritten Reiches geteilt wurde und nun die historische Chance ergriffen hat, die über 40 Jahre lang getrennten Teile wieder zu vereinigen, noch weit mehr. So liegt es nahe, unter dem Titel »Deutschlands Politische Kultur« eine Reihe von zusammenhängenden Arbeiten vorzulegen, die die politische Kultur Deutschlands zum Inhalt haben, und zwar sowohl die gemeinsame deutsche Vergangenheit vor der Teilung wie die Entfaltung zweier verschiedenartiger und getrennter politischer Kulturen während der Teilung, wie schließlich die Perspektiven für eine wiederum gemeinsame politische Kultur im künftigen Deutschland.

Nach der im Falle der »politischen Kultur« dringend notwendigen Begriffserklärung im ersten Kapitel folgen die beiden Hauptstücke des Bandes, die sich mit der politischen Kultur der Bundesrepublik und der DDR befassen und auf eine Analyse der aktuellen Problemlage hinführen. Die weiteren Kapitel ergänzen das Thema sowohl nach seiner historischen Seite wie im Blick auf zentrale Instanzen für die politische Kultur eines demokratischen Systems. An Hand einer Reihe von Kommentaren, die ich im Laufe der letzten Jahre als Publizist veröffentlicht habe, läßt sich zeigen, wie wichtig und aktuell Fragen und Probleme der politischen Kultur für das politische Leben sein können, und wie sehr man gerade in der Demokratie darauf achten muß, die politische Kultur zu pflegen, um die Institutionen des staatlichen und gesellschaftlichen Lebens mit dem Geist und dem Elan der freiheitlichen Demokratie zu erfüllen. Mein Verständnis von politischer Kultur erschöpft sich somit nicht in einer bloß empirischen Betrachtung von subjektiven Einstellungen und Verhaltensweisen zur Politik, sondern hat auch eine normative demokratietheoretische Komponente.

In meiner langjährigen wissenschaftlichen Tätigkeit als Politologe mit starkem historischem Einschlag habe ich mich vornehmlich mit Themen befaßt, die mit politischer Kultur im weitesten Sinne zu tun hatten, noch bevor die heute so populäre Begriffsschöpfung geprägt worden war. Stets ging es mir um *Geist und Leben* politischer Systeme, um das Zusammen- und Gegeneinanderwirken von Ideen und Institutionen im politischen Prozeß.

Ich habe deshalb dankbar die Möglichkeit genutzt, einschlägige Beiträge (zum größten Teil unveröffentlicht) zum neuen Brennpunktthema Politische Kultur für diesen Band der Serie Piper zusammenzustellen, zumal da in der gleichen Reihe auch mein so erfolgreiches, 1989 in 13. Auflage erschienenes Buch »Grundzüge des politischen Systems der Bundesrepublik Deutschland« zu finden ist.

Ich danke dem Verlag, vor allem Herrn Dr. Klaus Stadler, für die positive Aufnahme meiner Anregung zu diesem Band. Ich danke meinem Mitarbeiter Wolfgang Bergem, M. A., für seine maßgebliche Mitwirkung an dem Kapitel über die DDR; meiner Mitarbeiterin Dorothee Chandrasekhar für ihre, wie immer, hilfreiche Unterstützung.

München, im April 1990   Kurt Sontheimer

I. Was ist Politische Kultur?

Der Begriff der Politischen Kultur hat einen Siegeszug durch die Welt angetreten. Er hat sich mittlerweile auch in der Sprache der Politiker und politischen Publizisten durchgesetzt, ja, er scheint dort auf wachsende Beliebtheit zu stoßen. Dies ist um so bemerkenswerter, als es sich um einen Begriff handelt, der seine Existenz der Politischen Wissenschaft, d. h. dem Bemühen um wissenschaftliche Begriffsbildung verdankt.

Es waren die amerikanischen *Political Scientists* der strukturell-funktionalen Schule (an führender Stelle ist hier Gabriel Almond zu erwähnen), die vor gut 30 Jahren die Wortbildung kreierten, die jetzt in aller Munde ist. Sie wollten mit *Political Culture* ein empirisches Phänomen bezeichnen, das bislang von der Politischen Wissenschaft noch nicht systematisch und ausreichend untersucht worden war. Politische Kultur war für sie der Inbegriff für die Einstellungen, Auffassungen und Verhaltensweisen, welche die Mitglieder eines politischen Systems gegenüber diesem System im ganzen und gegenüber seinen politischen Institutionen und Aktionen im einzelnen hatten (»patterns of orientations to political action« – Gabriel Almond). Anders ausgedrückt: Was die Bürger von ihrem Staat und seinen politischen Institutionen wissen, wie sie darüber denken und empfinden und wie sie damit zurechtkommen und umgehen, das galt als Gegenstand einer wissenschaftlichen Erforschung der politischen Kultur, mehr nicht.

Mit den Methoden und Mitteln der modernen *Umfrageforschung* ließ sich die so definierte politische Kultur eines Systems empirisch einigermaßen erfassen. In der Folge gab es denn auch eine Reihe groß angelegter empirischer Untersuchungen, durch welche die politische Kultur eines oder mehrerer Länder wissenschaftlich ermittelt wurde. Eine Pionier-Untersuchung war 1963 die Studie von Almond und Verba (»The Civic Culture«), in der die politischen Kulturen fünf verschiedener Demokratien – darunter auch die der Bundesrepublik – erforscht und miteinander verglichen wurden.

Der neue Begriff und das damit verbundene Forschungskonzept waren schnell erfolgreich und haben sich binnen weniger Jahre in der Politischen Wissenschaft des Westens, ja zum Teil auch in den sozialistischen Ländern, durchgesetzt. Auch in der Bundesrepublik ist der neue Forschungsansatz von den Politologen rasch aufgegriffen und weiter entwickelt worden. Doch ist es bei der relativ engen, nur empirisch verwertbaren Definition von politischer Kultur nicht geblieben. Bezeichnend für die Entwicklung des Begriffes und der mit ihm assoziierten Forschungen war vielmehr seine fast uferlose Ausweitung, sodann sein Vordringen in die *politische Sprache*, was ohne die Dehnung des Begriffes kaum möglich gewesen wäre. Das modisch Schillernde des Begriffes veranlaßte einen empirisch arbeitenden Politologen zu dem Stoßseufzer, politische Kultur zu definieren sei vergleichbar mit dem Versuch, einen Pudding an die Wand zu nageln (Max Kaase).

Der gut klingende Begriff der politischen Kultur entwickelte rasch ein munteres Eigenleben; er ließ sich auf vielerlei Erscheinungen des politischen Lebens beziehen, und er ließ sich mit verschiedenen Inhalten füllen. Er ist darum heute in der Gefahr, zu einem *Allerweltsbegriff*, wie z. B. Demokratie, zu werden, ein fast beliebig definierbarer Begriff also, mit dem sich die verschiedenartigsten Vorstellungen und Inhalte assoziieren lassen.

Der Begriff politische Kultur meinte fortan nicht mehr bloß die durch Umfragen erfaßbaren subjektiven Meinungen und Einstellungen eines repräsentativen Bevölkerungsquerschnitts in bezug auf die Politik und ihre Institutionen, sondern auch das *politische Bewußtsein* oder die durch die Geschichte geprägten und in ihr gewachsenen Traditionen und Besonderheiten des politischen Denkens und Verhaltens einer Nation und ihrer Identität. Spricht man etwa von der politischen Kultur der Franzosen, dann genügen Umfrageergebnisse in der Tat nicht; vielmehr geht es um historische Eigentümlichkeiten und politische Traditionen dieser Nation, um eine als typisch erscheinende Weise, Politik zu verstehen, zu treiben und politischen Umgang zu pflegen, um die historisch vermittelte Totalität dessen, was hinsichtlich des Denkens und des Verhaltens die Politik einer Nation bestimmt.

Aufgrund dieser Ausweitung des Verständnisses hat auch das Interesse an der politischen Kultur rasch neue Ansätze gewonnen und für die Forschung erschlossen. Tendenziell wird heute der ganze Bereich des Geistig-Moralischen und des individuellen und kollektiven Verhaltens in seinem Verhältnis zur Politik sowie zur Geschichte eines Landes unter den Begriff der politischen Kultur subsumiert. Dagegen ist auch nichts einzuwenden, sofern man seinen jeweiligen Untersuchungsgegenstand präzise genug faßt.

Politische Kultur normativ gesehen

Es ist der im Begriff enthaltene *normative* Aspekt, der für das Verständnis von politischer Kultur bei uns zunehmend wichtig wird. Das normative Verständnis von politischer Kultur hängt zumal in Deutschland mit der positiven Besetzung des Begriffes Kultur überhaupt zusammen. Politische Kultur ist in dieser werthaften Perspektive ein Gut, ein Ideal, ein Gesinnungs- und Verhaltenskodex. Dieses Verständnis impliziert in der Demokratie die Verpflichtung aller, die an der Politik mitwirken, sich »kultur-konform«, d. h. sachgemäß, tugendhaft und – last not least – *demokratiegemäß* zu verhalten. Politische Kultur wird in diesem Verständnis quasi identisch mit politischem Wohlverhalten, mit guten demokratischen Sitten, mit politischem Stil. Die Normen politischer Kultur beziehen sich in der Tat sowohl auf das Verhalten im Raum der Politik wie auch auf die Inhalte des Politischen, auf das, was gedacht, gewollt, realisiert wird. Die Respektierung der Regeln und Konventionen der politischen Auseinandersetzung sowie das Bekenntnis zu den Werten der demokratischen Staats- und Lebensform sind die beiden Seiten einer normativ verstandenen politischen Kultur in der Demokratie. Sie steht in der Verantwortung der politischen Eliten wie der Bürger, sie bedarf der engagierten Sympathie und der Pflege.

Als typisches Beispiel für die selbstverständliche Inanspruchnahme des Begriffes politische bzw. demokratische Kultur durch die aktuelle Politik kann das 1986 erschienene Buch der FDP-Politikerin Hildegard Hamm-Brücher gelten, das den bezeichnenden Titel trägt: »Kämpfen für eine demokratische Kultur«. Mit einer demokratischen Kultur ist eine politische Kultur gemeint, die für die Demokratie besonders geeignet ist und ihr die notwendigen geistigen und moralischen Stützen bereitstellt. Im Vorwort zu diesem Buch schrieb der frühere Bundeskanzler Helmut Schmidt über die Autorin: »Beharrlich und unermüdlich hat sie vorgelebt, wie man auch gegen den Strom schwimmen muß, wenn man für moralische Demokratie und für demokratische Kultur kämpfen will.«

An diesem Zitat läßt sich zeigen, wie sehr der Begriff einer politischen Kultur, der ursprünglich im Rahmen wissenschaftlicher Forschung tendenziell wertfrei mit den Kenntnissen und Einstellungen von Bürgern gegenüber der Politik verbunden war, inzwischen ins Moralische hinüberspielt. Das kommt nicht von ungefähr. Der moralische Aspekt liegt in der Natur des Politischen, und das hat gerade im Blick auf die politische Kultur seine Bedeutung. Als Menschen können wir uns nicht damit begnügen, uns nur für das zu interessieren, was ist und wie die Machtverhältnisse beschaffen sind. Wir wollen nicht allein wissen und erfahren, wie eine Gesellschaft und ihre Bürger sich politisch verhalten und auskennen, wie dies die empirische Forschung tut. Wir wollen auch wissen, was das Gute und das Richtige für die Demokratie ist, d. h., auf welche Werte man sich beziehen und wie man sich als Demokrat verhalten sollte, mit anderen Worten: was die einer freiheitlichen Demokratie angemessene politische Kultur ist, worin sie sich manifestiert, wie man sie pflegt und lebendig erhält – aber auch, wie man sie verfehlt und korrumpiert. Ein weites Feld!

Dieses *normative* Verständnis von politischer Kultur läßt sich gerade in einer Demokratie mit ihrer Vielfalt der auf den Meinungs- und Willensbildungsprozeß einwirkenden Gruppen und Faktoren nicht so ohne weiteres verbindlich festlegen und dogmatisch artikulieren, aber es dient gleichwohl als möglicher Maßstab für die Beurteilung des konkreten Handelns und Denkens der Bürger, insonderheit der politischen Akteure eines demokratischen Systems.

Die Wissenschaft mag die Popularisierung oder Vulgarisierung eines von ihr geschaffenen Begriffes bedauern, aber sie kann es nicht verhindern oder unter ihre Kontrolle bringen. Sie mag dann für ihre spezifischen Untersuchungszwecke den von ihr gemeinten

Begriff politische Kultur präzis festlegen und ihn von jenem vagen Verständnis abgrenzen, den die sprachliche Entwicklung sich gebahnt hat.

Im Falle der Wortbildung politische Kultur (Political Culture) konnte es gar nicht ausbleiben, daß der ursprünglich lediglich auf empirisch erforschbare Einstellungen und Verhaltensweisen von Bürgern zur Politik beschränkte Begriff, der sprachlich viel zu groß geraten war, die ihm angelegten definitorischen Fesseln sprengte. Dies geschah nicht nur im Zuge der Popularisierung des Begriffes durch die Politiker und die Publizisten, sondern auch in der Wissenschaft selbst, welche die neue Wortprägung schnell akzeptiert und für ihre Interessen assimiliert hat. Die innerwissenschaftliche Diskussion über den neuen Begriff war höchst rege; sie hat sich von ihrem Ausgangspunkt bei Gabriel Almond und seinen Gesinnungsgenossen schnell entfernt und bietet heute ein Bild großer Unübersichtlichkeit und Vielfalt. Auch in der Wissenschaft hat der neue Begriff ein munteres Eigenleben entfaltet. Immerhin sind die politischen Wissenschaftler in die Pflicht genommen, ihr jeweiliges Verständnis von politischer Kultur genauer zu umschreiben, gerade dann, wenn sie nicht von einem allgemeinen begrifflichen Konsens ausgehen können.

Heute stellt der Begriff Politische Kultur ein *mixtum compositum* dar, das sowohl empirische wie normative Aspekte enthält. Die normative Inanspruchnahme des Begriffes, die sich im politischen Diskurs weitgehend durchgesetzt hat, konkurriert mit dem berechtigten Interesse an einer Aufhellung der Einstellungen und Haltungen der Bürger – einschließlich der politischen Akteure – zum und im politischen System, das empirisch und historisch erforscht werden kann. Beide Aspekte und Sichtweisen sind legitim, und sie schließen einander nicht aus. Genauso wie der Begriff Verfassung eine normative und eine realsoziologische Komponente hat, besitzt auch der Begriff Politische Kultur eine theoretisch-normative und eine empirisch-deskriptive Dimension.

Unsere eigenen Beiträge zum Forschungsbereich Politische Kultur sind, je nach Untersuchungsgegenstand und Fragestellung, beiden Sichtweisen verpflichtet, der normativen Theorie *und* der Empirie.

In der Berücksichtigung beider Aspekte sehe ich eine Notwendigkeit der politischen Kulturforschung, die angesichts der Fülle der möglichen Themen ohnehin nur arbeitsteilig betrieben werden kann. Ich halte nichts von der Preisgabe des Begriffes Politische Kultur, weil er zu unpräzis und vieldeutig wäre. Es liegt am einzelnen Forscher, im Rahmen des Großbegriffs Politische Kultur die notwendigen Präzisionen und methodischen Klärungen vorzunehmen. Der Gegenstandsbereich Politische Kultur ist ohne Zweifel von zentraler Bedeutung für das Verständnis und die Qualität eines politischen Systems, insonderheit für die freiheitliche Demokratie.

Wie entsteht eine Politische Kultur?

Wer, was macht eine Politische Kultur? Wie entsteht sie? Auf der einen Seite handelt es sich bei jeder politischen Kultur um *Traditionsbestände*, die aus der Geschichte in die Gegenwart reichen. Politische Kultur in einer gegebenen Gesellschaft fußt in aller Regel auf Kontinuitäten des historischen und politischen Bewußtseins und Verhaltens, die sich von der Vergangenheit bis in die Gegenwart hinein mehr oder weniger wirksam erhalten haben. Unser Interesse an Geschichte ist vor allem dadurch motiviert, daß wir erkennen wollen, was aus zurückliegenden Zeiten auf unsere Gegenwart gekommen ist, inwieweit wir in Phänomenen der Gegenwart historische Ursachen zu erkennen vermögen. So hat man im Blick auf die politische Kultur der Bundesrepublik mit Recht immer wieder die Frage gestellt, inwieweit in dieser politischen Kultur noch Spuren der obrigkeitsstaatlichen, autoritären, antidemokratischen politischen Kultur der Zeit vor 1933 zu finden sind, die während des Kaiserreiches und auch zu Zeiten der Weimarer Republik in Deutschland vorherrschend war. Desgleichen war und ist es eine berechtigte Fragestellung zu untersuchen, inwieweit in der politischen Kultur der Gegenwart noch Relikte der totalitären politischen Kultur des Nationalsozialismus auffindbar sind. Die »totalitäre Versuchung« ist bekanntlich eine spezifische Gefährdung der demokratischen Kultur im Massenzeitalter, der gerade die Deutschen besonders leicht und gründlich erlegen sind. Warum war das so, und besteht diese Gefahr immer noch? Man sieht: Es fehlt der politischen Kulturforschung nicht an wichtigen und vielseitigen Fragestellungen auch im Blick auf die Geschichte.

Die stärkste Wirkung auf die politische Kultur einer Gesellschaft übt naturgemäß das *politische System* aus, die konstitutionelle Ordnung, nach der eine Gesellschaft politisch und ökonomisch verfaßt ist. Die politische Ordnung eines autoritären oder totalitären Systems bewirkt und erzwingt eine ganz andere politische Kultur als die politische Ordnung einer offenen und freien demokratischen Gesellschaft. Die Verhaltensweisen z. B., die im Rahmen einer totalitären politischen Kultur vom Bürger erwartet und durch den Staat erzwungen werden, sind in der Regel andere als die öffentlichen Tugenden, die in einer demokratischen Gesellschaft gefordert sind. Die politisch bedeutsamen Werte, nach denen sich eine politische Kultur im Totalitarismus, etwa im Nationalsozialismus oder in der DDR, auszurichten hatte, sind auf jeden Fall ganz andere als die Werte einer freien demokratischen Ordnung, in der die politische Kultur nicht so einfach unter den Druck der Zwangsgewalt des Staates gesetzt werden kann. Hier die Expansion der ungezügelten Staatsmacht und die Mobilisierung der Bürger durch Propaganda und Terror, dort die Sicherung eines hohen Maßes an individueller Freiheit.

Man braucht nur einen Reichsparteitag der NSDAP in Nürnberg mit einem beliebigen Parteitag einer großen demokratischen Partei der Gegenwart zu vergleichen, um festzustellen, daß es sich um ganz verschiedene Formen von politischer Kultur handelt. Man braucht nur die gelenkte, den Propagandainteressen des Regimes unterworfene Presse eines totalitären Systems mit der Vielfalt einer pluralistischen freien Presse in den liberalen Demokratien zu vergleichen, um ebenfalls festzustellen, daß es sich hier um zwei ganz verschiedene Ausprägungen von politischer Kultur handelt. Kurz gesagt: Die Verfassungsnormen und institutionellen Strukturen sind zentral für die Ausprägung der politischen Kultur, aber sie erschöpfen sie nicht. Der durch das politische System, seine Strukturen und seine Verfassung gesetzte Rahmen ist die wichtigste Determinante einer politischen Kultur, doch es gibt noch andere. Innerhalb des durch das System gesetzten Rahmens sind es neben den historisch bedingten Wirkungsfaktoren in erster Linie die politischen Institutionen selbst und ihre Träger, die einen maßgeblichen Einfluß auf die politische Kultur eines Landes ausüben.

Die Rolle der Politiker

In einer modernen Demokratie ist es das Verhalten der *Politiker* auf ihren diversen Ebenen und in ihren vielfältigen Funktionen, welches für die Ausbildung einer spezifischen politischen Kultur besondere Relevanz besitzt. Deshalb stehen die politischen Parteien, ihre Führungspersönlichkeiten und ihre Mitglieder mit Recht immer wieder im Mittelpunkt der Bemühungen um eine Erkenntnis und Erforschung der spezifischen politischen Kultur einer Demokratie. Es sind die Parteien, die in der modernen Demokratie in aller Regel alle wesentlichen politischen Positionen besetzt halten; es sind die Parteien, die im Wettstreit untereinander die Formen des politischen Kampfes prägen und bestimmen; es sind die Auseinandersetzungen zwischen den Politikern und den hinter ihnen stehenden Interessen und Parteien im Kampf um die politische Macht, die für das Bild der politischen Kultur einer Demokratie ganz wesentlich sind. Durch das anziehende oder abschreckende Bild, das er von der politischen Führungselite und den politischen Parteien seines Landes gewinnt, wird der Durchschnittsbürger in seinem Verhalten und in seinem Urteil über die Demokratie, in der er lebt, stark bestimmt. Sein Urteil über den demokratischen Staat und die politischen Institutionen, die in ihm wirken, ist weitgehend davon abhängig, wie er die politischen Parteien und ihre Repräsentanten erlebt, wie sie mit ihm umgehen, doch nicht minder wichtig ist es zu erfahren, wodurch sein politisches Urteil sich bildet etc.

Allerdings dürfte auch ein noch besser funktionierender Parteienstaat als der unsere es schwer haben, bei allen Bürgern Wohlgefallen zu finden. Vor allem hat dies zu tun mit dem »kompetitiven«, auf Wettbewerb basierenden System der modernen Parteiendemokratie. Wettbewerb bringt Streit und Polemik mit sich. Kampf um die Stimmen in einer Demokratie, der ja letztendlich ein Kampf um Macht ist, führt dazu, daß insbesondere bei *Wahl-*

kämpfen die politische Kultur belastet wird. Es ist fast normal, daß in Wahlkämpfen die politischen Verhältnisse durch die Repräsentanten der Parteien in der Regel in übertriebener, zugespitzter, einseitiger Weise dargestellt werden. Die Versuchung zur übertreibenden Schwarzmalerei, zur einfältigen Schwarz-weiß-Charakterisierung der Verhältnisse ist ein Bestandteil des Konkurrenz-Systems der Parteien in der Demokratie. Deshalb sollte man die Kritik an solchen Vorgängen nicht von vornherein als eine gefährliche »Parteienverdrossenheit« charakterisieren, wie dies in den letzten Jahren häufig geschehen ist. Der Machtkampf in der Demokratie braucht ein gewisses Maß an kritischer Auseinandersetzung, an Polemik, an einseitigen, oft ideologisch bestimmten Sichtweisen; ein Politiker kommt nicht immer um die »schreckliche Vereinfachung« herum, doch diese Erscheinungen sollten nicht vorschnell als eine Schwäche in der demokratischen Kultur eines Systems bezeichnet werden. Sie gehören bis zu einem gewissen Grade zur demokratischen Politik, aber sie sind gewiß nicht qualitative Höhepunkte einer politischen Kultur.

Bis zu welchem Grade sind Entstellungen, Einseitigkeiten, Diffamierungen unter Politikern unvermeidlich? Dies ist ein Punkt, um den in Fragen der politischen Kultur immer wieder gerungen, ja gestritten werden muß. Die demokratische Kultur braucht das normsetzende, das vorbildhafte Beispiel ebenso wie das Rechnen mit dem bloß mäßigen Durchschnitt, der von der Höhe des Vorbilds abweicht. Die demokratische Kultur bedarf der beispielgebenden Persönlichkeiten, die – sei es als politische Führer, sei es als Intellektuelle von politischem Rang – Zeichen setzen, Maßstäbe definieren und dementsprechend Einfluß und Kritik üben können, aber es wird immer auch viel Fußvolk geben. Darum gilt es, Maßstäbe zu etablieren und zu behaupten, um die politische Kultur für die Masse der Bürger substantiell werden zu lassen.

Für die konkreten Ausprägungen der politischen Kultur in einer Demokratie kommt es also wesentlich darauf an, wie diejenigen, welche die Politik maßgeblich gestalten, also die Politiker, sich verhalten: wie sie sich in der Öffentlichkeit zeigen, wie sie mit dieser Öffentlichkeit umgehen, welche Formen der Auseinandersetzung sie untereinander pflegen etc. Die demokratische politische Kultur erwächst einerseits aus der Art und Weise, wie die politisch verantwortlichen Persönlichkeiten in der Öffentlichkeit miteinander verfahren und ihr spezifisches Geschäft der Politik betreiben, andererseits aus der Reaktion der Bürger sowie aus der offenen, argumentativen Auseinandersetzung der öffentlichen Meinung über die Werte und Zielsetzungen, die in der Politik verwirklicht werden bzw. werden sollen. So entsteht die demokratische politische Kultur als ein Geflecht von Verhaltensweisen, Wertorientierungen, Einstellungen und sozialen Beziehungen in der demokratischen Arena, bei der die Politiker im Mittelpunkt stehen, deren Erscheinung und Tun für die Mehrzahl der Bürger von relativ großer Bedeutung ist.

Letztendlich kommt es für die Ausprägung einer politischen Kultur auf die gesamte Bürgerschaft, das Volk wie auf den einzelnen Bürger an. Er kann sich nicht darauf hinausreden, daß die Politiker bloß mehr oder weniger schlechte Beispiele für die politische Kultur abgäben, sondern er ist in seiner Rolle als Staatsbürger immer auch aufgefordert, seinen Teil zur Verwirklichung demokratischer Verhältnisse beizutragen. Die moderne Massendemokratie kann zwar unmöglich von allen ihren Bürgern einen gleich hohen Einsatz für die politischen Belange erwarten, aber prinzipiell muß die Mitwirkung des einzelnen Mitbürgers an der Politik im Rahmen seiner individuellen Möglichkeiten gegeben und gesichert sein, und sie muß von vielen aktiv genutzt werden. Darum ist die *politische Erziehung* – sei es in den Schulen, sei es durch konkrete politische Praxis in sozialen Organisationen – eine wichtige, unentbehrliche Voraussetzung für die Entwicklung einer reifen demokratischen Kultur.

Die reife demokratische Kultur

Was ist, wo es doch auch in der Demokratie um Macht, Einfluß und Interessendurchsetzung geht – eine *reife* demokratische Kultur? Es ist zunächst eine politische Kultur, die der Würde des Menschen den höchsten Rang zuerkennt; es ist eine politische Kultur, in der die notwendig auftretenden politischen Konflikte in einer möglichst fairen und geregelten Weise ausgetragen werden; es ist eine politische Kultur, in der die Beteiligten sich darüber einig sind, daß es in der Politik keine absoluten Wahrheiten gibt, somit Entscheidungen der offenen Diskussion bedürfen und immer wieder zur Disposition gestellt werden können, weshalb man jeden ideologischen Dogmatismus oder Absolutismus nach Möglichkeit aus der demokratischen Politik verbannen sollte. Wichtig für das Politikverständnis einer reifen demokratischen politischen Kultur ist die Einsicht, daß Politik sich nicht, wie dies einst der Staatsrechtler Carl Schmitt definierte, als *Unterscheidung von Freund und Feind* begreifen läßt, sondern das Bemühen ist, nach geregelten Verfahren unter Respektierung gemeinsamer Wertgrundlagen einen friedlichen Ausgleich zwischen verschiedenen Positionen und Interessen zu finden. Die demokratische politische Kultur ist, um ein Bild zu gebrauchen, der Brennstoff, der einen Motor – die demokratische Ordnung – am Laufen hält. Sie ist aber auch ein Potential – ein Reservekanister gewissermaßen –, auf das ein politisches System zurückgreifen und sich hoffentlich verlassen kann, wenn es durch äußere Umstände oder durch innere Konflikte in eine Krisensituation gerät.

Ich nenne dies die Funktion politischer Kultur als einer *Stabilitätsreserve für das politische System*. Gemeint ist, daß ein wie auch immer entstandenes schlechtes oder unproduktives Funktionieren der politischen und sozialen Institutionen, etwa in einer wirtschaftlichen Krise oder in einer kritischen Situation im Verhältnis der Parteien zueinander oder der Parteien zum Volk, nicht dazu verleiten darf, nach Wegen zur Lösung der Krise zu suchen, die außerhalb demokratischer Werte und Verfahren liegen. Eine verläßliche demokratische politische Kultur schützt vor antidemokratischen Tendenzen und Reaktionen; sie ist für das Institutionensystem einer Demokratie eine gewisse Garantie dafür, daß auch bei Schwierigkeiten innerhalb dieses Systems und im Rahmen einer konkreten Politik die politische Kultur einer solchen Demokratie stark und fest genug ist, um die auftretenden Krisen, Konflikte und Schwierigkeiten »demokratisch«, d. h. mit den Mitteln der demokratischen Kultur, zu bewältigen oder zu überwinden. Die reife politische Kultur einer Demokratie erweist sich an ihrer Fähigkeit, die demokratische Ordnung auch dann im Lot zu halten, wenn das Spiel der Institutionen nicht harmonisch verläuft. Denn sie hält einen Fundus an Werten und Verhaltensweisen bereit, die Krisen und Unregelmäßigkeiten im Institutionensystem zu steuern und zu korrigieren vermögen. Für die Stabilität eines demokratischen Systems ist es optimal, wenn politische Kultur und das Institutionensystem in Deckung sind, doch dies ist selten der Fall. Das Leben der Institutionen und die Entwicklung einer politischen Kultur sind zwei Aspekte eines dynamischen Prozesses. Beide Seiten können ihre Funktion verfehlen und bedürfen dann der Hilfe und Korrektur durch die jeweils andere Seite. Beide sollten danach trachten, in einen Konsens zu münden, der dem politischen System Stabilität und Kontinuität sichert.

Auf deutschem Boden haben sich nach 1945 systembedingt zwei verschiedene politische Kulturen entwickelt, die der Bundesrepublik und die der DDR. Es gehört zu den interessantesten Zukunftsaufgaben der deutschen politischen Kulturforschung, das Zusammenwachsen dieser beiden, aus einer gemeinsamen historischen Wurzel gespeisten politischen Kulturen im Rahmen eines nun wieder vereinigten Deutschland zu erforschen.

II. Die Politische Kultur der Bundesrepublik

1. Das deutsche Verständnis Politischer Kultur

Seit den bahnbrechenden Untersuchungen amerikanischer Sozialwissenschaftler in den sechziger Jahren (führend: Gabriel Almond) hat sich die Erforschung der politischen Kultur eines politischen Systems zu einem wichtigen Teilbereich der modernen Politikwissenschaft entwickelt. Auch in der Bundesrepublik ist das Interesse an der politischen Kultur sowohl in der Wissenschaft wie in der politisch interessierten Öffentlichkeit bemerkenswert angestiegen, ohne daß es darum gelungen wäre, ein allgemein anerkanntes theoretisches Konzept hinsichtlich der Bestimmung und Analyse politischer Kultur durchzusetzen. So besteht in der diesbezüglichen Diskussion nach wie vor große Unklarheit sowohl über den Inhalt von politischer Kultur wie über die angemessenen Methoden ihrer Erforschung und nicht zuletzt hinsichtlich der Funktion und des Stellenwertes politischer Kultur im Rahmen eines politischen Systems. Das große zeitgenössische Interesse an den Fragen und Ergebnissen politischer Kulturforschung bezeugt gleichwohl, daß es sich um einen wichtigen Problemkreis handelt, der über so zentrale Fragen wie die Stabilität, Wandlungsfähigkeit und innere Entwicklung eines politischen Systems Auskunft zu geben verspricht. Allerdings sind die von der Wissenschaft darüber gelieferten Informationen und Interpretationen alles andere als einheitlich, ja vielfach widersprüchlich, so daß es auch in bezug auf die politische Kultur der Bundesrepublik Deutschland kein einigermaßen verläßliches Bild gibt.

Politische Kultur hat mit Kultur im traditionellen Verständnis von geistiger, religiöser, ästhetischer Kultur nichts zu tun, sondern steht als Inbegriff für die in einer Gesellschaft vorhandenen bzw. vorherrschenden Einstellungen, Glaubenshaltungen und Verhaltensweisen der Bürger in bezug auf das politische System, in dem sie leben. Der politischen Kulturforschung ging es anfänglich vor allem um die Erkenntnis der *subjektiven* Komponente eines politischen Systems, die mittels der modernen Umfrageforschung der Wissenschaft zugänglicher geworden ist.

Doch die politische Kultur erschöpft sich offensichtlich nicht in der subjektiven Reaktion der Systemangehörigen auf die Politik und Natur des Systems, sondern ist, vermittelt durch die historische Entwicklung und durch den Prozeß politischer Bewußtseinsbildung, auch in den Institutionen eines politischen Systems präsent, und zwar sowohl in den Werten, die sie verkörpern, wie auch in den Handlungen der Personen, die in den und durch die Institutionen wirken. Mit anderen Worten: Man kann die politische Kultur eines Systems nicht allein von der subjektiven Seite aus erfassen, sondern muß auch die objektiven Gegebenheiten und historischen Prozesse berücksichtigen, die für die Entstehung der subjektiven Einstellungen und Gefühlshaltungen oft von entscheidender Bedeutung sind.

Die politische Kultur der Bundesrepublik ist also einerseits erkennbar in den Einstellungen der Bürger gegenüber der politischen Ordnung, ihren Trägern und deren Leistungen, andererseits ist diese Ordnung selbst ein maßgeblicher Teil der politischen Kultur, denn in ihr verkörpern sich Werthaltungen, in ihr prägen sich mehr oder weniger typische Verhaltensweisen aus, denen man mindestens so viel Gewicht beimessen muß wie den subjektiven Reaktionen der Gesellschaftsmitglieder auf die Politik.

Dies ist die Ursache für die noch bestehende relative Unklarheit und Unsicherheit von Aussagen über *die* politische Kultur der Bundesrepublik. Darum wird im folgenden nicht nur auf die Ergebnisse der Umfrageforschung abgehoben, sondern auch auf Elemente und Traditionen politischer Kultur, die im politischen System selbst wirksam sind.

Der Begriff der politischen Kultur war in der politischen Rhetorik der Bundesrepublik bis vor wenigen Jahren nicht gebräuchlich; er ist erst über die Wissenschaft auch in die Sprache der Politik gelangt. Allerdings hat er in wenigen Jahren wie in einem Siegeszug die Sprache der deutschen Politik erobert. Die massenhafte Verwendung des Begriffs der politischen Kultur hat nicht zu einer Schärfung und Klärung des Begriffs beigetragen, er wird in der

Gegenwartssprache der Politik sowohl für die Umschreibung der Verhaltensweisen und Einstellungen gegenüber der Politik benutzt wie auch – und dies in wachsendem Maße – als Inbegriff für Normen des politischen Handelns und Denkens, die als demokratiegemäß eingeschätzt werden. Insoweit hat er die früher gebräuchlichen Begriffe politischer Stil oder politische Moral inzwischen weitgehend ersetzt. Die Gleichsetzung von politischer Kultur mit einem normativen Kodex politischen Verhaltens lag um so näher, als der traditionelle deutsche Kulturbegriff, der mit der Idee des Schönen, Wahren und Guten verbunden war, in der bürgerlichen Tradition nach wie vor lebendig ist und sich ohne Schwierigkeiten auf die Politik übertragen ließ. Die ästhetischen Maßstäbe des traditionellen bürgerlichen Kulturbegriffs werden durch Normen politischer Moral ersetzt, deren Respektierung man in einer guten Demokratie für unentbehrlich hält.

Sieht man von negativen politischen Verhaltensweisen ab, die auch rechtlich von Belang sind, z. B. die aktive Bestechung, so gibt es in der Demokratie keinen schriftlich fixierten verbindlichen Kodex moralischen Verhaltens in der Politik, was zur Folge hat, daß die Maßstäbe der politischen Kultur in einer demokratischen Gesellschaft keineswegs eindeutig und erst recht nicht erzwingbar sind. Mit Ausnahme des rechtlich fixierten »ethischen Minimums« sind die moralischen Maßstäbe zur Beurteilung politischen Denkens und Handelns eher vage und bis zu einem gewissen Grade fluktuierend. Dennoch besteht Einigkeit darüber, daß auch in der Politik nicht alles erlaubt sein sollte, was rechtlich noch zulässig erscheint, daß es vielmehr spezifische Normen des politischen Verhaltens und des politischen Umgangs miteinander geben müßte, wie sie der demokratischen Ordnung besonders gemäß sind. Die in der deutschen Politik üblich gewordene normative Verwendung des Begriffs der politischen Kultur impliziert ein positives, nicht wertneutrales Verständnis von politischer Kultur und hat mittlerweile zu sprachlich so fragwürdigen Schöpfungen wie »politische Unkultur« geführt, doch sehe ich in der Verwendung des Begriffs politische Kultur im Sinne eines Verhaltenskodex für Politiker und für den Umgang mit politischen Phänomenen keine Denaturierung des Begriffs, sondern die legitime Anwendung der neuen Wortschöpfung auf zentrale politische Phänomene.

Die Verwendung des Begriffs politische Kultur als eines Inbegriffs von Maßstäben für demokratiegemäßes politisches Verhalten ist in den letzten Jahren durch eine Anzahl von problematischen Vorgängen in der deutschen Innenpolitik zweifellos gefördert worden. Die Unregelmäßigkeiten in der Parteienfinanzierung durch Spenden der Industrie, die in der sogenannten Flick-Affäre besonders deutlich zutage traten, sowie insbesondere das vom reinen Interesse an der Machterhaltung diktierte Wahlkampfverhalten verantwortlicher Politiker der CDU Schleswig-Holsteins, wie es in der sogenannten Barschel-Pfeiffer-Affäre zutage trat, wurden in der Öffentlichkeit als die hervorstechendsten Beispiele eines problematischen Mangels an demokratiegemäßer politischer Kultur in der Bundesrepublik empfunden und entsprechend kontrovers diskutiert. Die Enthüllung dieser Vorgänge hat das Vertrauen der Öffentlichkeit in die Moral der Parteien und ihrer Politiker nicht gerade stärken können, andererseits aber das Bewußtsein dafür geschärft, daß es eine Verpflichtung der Politiker auf die Normen einer demokratischen politischen Kultur gibt, auch wenn diese Verpflichtung in der Praxis oft vernachlässigt wird. Auf jeden Fall ist es kein Nachteil für die Qualität der Politik, wenn sie um Maßstäbe einer verantwortlichen politischen Kultur für die Demokratie bemüht ist. Es besteht kein Zweifel, daß von der öffentlichen Diskussion über einige Skandale und Affären der letzten Jahre positive Impulse auf die normativ verstandene politische Kultur der Republik ausgehen, auch wenn diese nicht allzu weit und allzu tief reichen mögen.

2. Entwicklungstendenzen der Politischen Kultur

Aus den empirischen Untersuchungen über die politische Kultur der Bundesrepublik ergeben sich in aller Kürze folgende Entwicklungstendenzen:

In der unmittelbaren Nachkriegszeit konnte es aufgrund der Niederlage des Dritten Reiches für die Mehrheit der Deutschen noch keine Identifikation mit dem von den Besatzungsmächten beherrschten Okkupationsregime geben. Der Großteil der Bevölkerung erlitt das Schicksal eines besiegten Volkes und Landes. Es herrschte damals bei zwei Dritteln aller Deutschen die Meinung vor, daß die schlechten Verhältnisse, in denen man aufgrund der Katastrophe des Dritten Reiches nun zu leben hatte, einem zu starken emotionalen Engagement, einem Übermaß an Politik zu verdanken wären, so daß es nur natürlich schien, sich künftig von aller Politik fernhalten zu wollen. Dies galt natürlich nicht für die wenigen aktiven Bürger in den neu entstehenden politischen Parteien, die jedoch erst allmählich eine gewisse Akzeptanz in der Bevölkerung erreichen konnten. Immerhin war die politische Kultur der Parteien durch Elemente des Konsensus geprägt, nämlich durch die gemeinsame Ausrichtung auf den Wiederaufbau einer deutschen Demokratie nach den Verheerungen der Diktatur. Dies schuf eine ziemlich breite Gemeinsamkeit aller politischen Kräfte hinsichtlich des Aufbaus einer demokratischen Gesellschaft, wenn auch nicht in allen konkreten Fragen der Ausgestaltung dieser Ordnung, etwa auf wirtschaftspolitischem Gebiet.

So war die politische Kultur der Nachkriegszeit bis in die Anfangsjahre der Bundesrepublik durch eine weitgehende politische Enthaltsamkeit und Indifferenz der Bevölkerung geprägt, deren Interesse ganz von der Wiedergewinnung erträglicher materieller Lebensverhältnisse absorbiert wurde; auf der anderen Seite von einer politischen Kultur der Parteien und sozialen Verbände, die sich in den Grundfragen des Wiederaufbaus demokratischer Verhältnisse in Deutschland ziemlich einig waren. Am Rande der politischen Parteien gab es im Bereich des wieder aufkeimenden kulturellen Lebens eine kleine Gruppe aktiver Minderheiten, die sich insbesondere mit den Fragen der geistigen und kulturellen Neuordnung beschäftigten, wobei die Auseinandersetzung mit der Vergangenheit, insbesondere die Schuldfrage eine wichtige Rolle spielte. Die verschiedenen Ansätze einer geistigen Erneuerung zwischen 1945 und 1948 wurden durch die Währungsreform, die vor allem dem materiellen Wiederaufbau starke Impulse gab, auf das ökonomisch Machbare zurückgestutzt, so daß von der ursprünglichen Vielfalt der Bemühungen um Wiedergewinnung einer geistigen und politischen Perspektive für das neue Deutschland nicht mehr viel übrig blieb.

Als den Deutschen von den Besatzungsmächten im Westen der Weg zu einer eigenen Staatsbildung eröffnet wurde, war das öffentliche Interesse an den Beratungen des Parlamentarischen Rates noch auffallend gering. Auch die Politiker selbst waren nicht gerade mit Begeisterung bei der Arbeit an der Verfassung, zumal sie wegen der damit verbundenen Spaltung Deutschlands in zwei Staaten sich nicht sonderlich wohl bei der Sache fühlten. Die Bereitschaft, die neue politische Ordnung innerlich anzuerkennen, wuchs in der Bevölkerung erst langsam, doch stetig.

Die politische Kultur der Bundesrepublik hat sich in den fünfziger Jahren unter der Herrschaft Konrad Adenauers positiv im Sinne der Systemstabilisierung entwickelt und rasch verfestigt. Die Bevölkerung begann dank des stetigen wirtschaftlichen Aufschwungs, sich mehr und mehr mit dem neuen politischen System und seiner politischen Ausrichtung nach Westen zu identifizieren. Es waren primär die wirtschaftlichen Motive, die dabei eine positive Rolle für die Akzeptanz des politischen Systems der neuen Republik durch die breite Mehrheit spielten. Es ist seitdem ein wichtiges Element der politischen Kultur der Westdeutschen geblieben, die Staatsform der Demokratie mit wirtschaftlicher Leistungsfähigkeit und wachsendem Wohlstand zu verbinden. Da diese günstigen Voraussetzungen über die Jahrzehnte hin im wesentlichen erhalten blieben, wenn auch mit gewissen Einbrüchen und Veränderungen, hat die politische Kultur der Bundesrepublik ein ziemlich festes Fundament in der Kombination von wirtschaftlichem Erfolg und Wohlergehen für die breiten Massen bei gleichzeitiger relativer Stabilität der demokratischen Institutionen gewonnen.

Die wachsende Identifikationsbereitschaft der großen Mehrzahl der Deutschen mit einer wirtschaftlich erfolgreichen Demokratie bedeutete freilich nicht, daß die politische Kultur der Westdeutschen von Anfang an von einer Vorherrschaft demokratischer Einstellungen und Verhaltensweisen geprägt gewesen wäre. Die Nachwirkungen des nationalsozialistischen Totalitarismus wurden erst langsam überwunden und blieben bei 10–15 % der Bevölkerung latent vorhanden, aber sie haben sich auf die Institutionen des demokratischen Systems kaum mehr störend ausgewirkt. Die politischen Parteien und die von ihnen getragenen Verfassungsinstitutionen praktizierten in der Ära Adenauer und bis in die sechziger Jahre hinein eine rein repräsentative, mit autoritären Zügen

versehene Variante der Demokratie. Erst die mit der Studentenbewegung in Gang gesetzte antiautoritäre Protestwelle ab 1967
brachte einen Schub Demokratisierung und ein höheres Maß an
Partizipation in die deutsche politische Kultur. Diese hat dadurch
die ihr früher noch teilweise innewohnenden autoritären Elemente weitgehend abgestreift. Noch Anfang der sechziger Jahre
hatte eine erste große empirische Untersuchung über die politische Kultur der Bundesrepublik festgehalten, wie sehr die Deutschen, etwa im Vergleich zu den angelsächsischen Demokratien,
Demokratie als eine Veranstaltung von oben verstanden und sie
vorwiegend nach dem beurteilten, was diejenigen, die in der Politik stehen und sie gestalten, für die Bevölkerung und den Staat
insgesamt zu leisten in der Lage sind, während sie die Bedeutung
des eigenen »Impuls« (der Partizipation) eher gering schätzten.

Es ist der Bundesrepublik jedoch gelungen, ein aus heterogenen
Bestandteilen zusammengesetztes Ensemble von politischen Einstellungen und Verhaltensweisen zu entwickeln, das als Konsensus
über die politischen und wirtschaftlichen Grundentscheidungen
der Bundesrepublik anzusehen ist. Das politische Bewußtsein der
deutschen Bevölkerung befindet sich weitgehend in Übereinstimmung mit dem neuen Staat. Traditionelle Elemente, die unter anderen Voraussetzungen, z. B. in der Weimarer Republik, sich gegen das demokratische System ausgewirkt haben, konnten in der
Bundesrepublik aufgrund ihrer Entstehungsgeschichte und der
starken Vorherrschaft des demokratischen Elements in den führenden Parteien vom System ohne allzu großen Schaden assimiliert werden. Der Verfassungskonsensus war so stark, daß radikale
politische Gruppierungen, für die es in der Tradition der deutschen
politischen Kultur genügend Anknüpfungspunkte gab, keinen bestimmenden Einfluß auf die Politik und das politische Bewußtsein
der Bundesrepublik gewinnen konnten. Vielmehr geht gerade aus
empirischen Umfragen hervor, daß die überwiegende Mehrheit
der Bürger der Bundesrepublik ein relativ positives Verhältnis zu
ihrer Staatsordnung besitzt. »Die Mehrheit der Bundesbürger hält
ihren Staat für demokratisch, für gerecht, für tolerant und für zuverlässig. Die staatliche Organisation ist ihnen weder zu stark noch
zu schwach, sondern gerade richtig. Sie stellen dieser staatlichen
Organisation in der Mehrheit ein gutes Zeugnis aus. 80 % meinen,

die Organisation klappe im großen und ganzen, die Mehrheit hält sie für gut. Der Staat fördere die Wirtschaft, die Mehrheit hält ihn zudem für modern, aufgeschlossen und fortschrittlich.« (Vgl. Manfred Koch: Die Deutschen und ihr Staat, Hamburg 1972)

Die Demoskopie reproduziert weitgehend das Bild, das die offiziellen Vertreter der Politik und des Staates von der Bundesrepublik zeichnen. Die Befragten sehen mehrheitlich die Bundesrepublik als einen Staat, in dem Freiheit, Wohlstand und Ordnung herrschen. Andererseits wird aus diesen Umfragen ebenfalls ersichtlich, daß, ähnlich wie bei den Bürgern anderer Demokratien, die Politik eindeutig nicht als ein Interessenschwerpunkt der Bürger rangiert. Die persönlichen und privaten Angelegenheiten und Bedürfnisse haben einen weitaus höheren Rang in der Skala der Interessen der Bundesbürger als die politischen. Insofern offenbart ihr Verhältnis zum Staat eine gewisse Distanz, die von Kritikern dieser Einstellung gern als Entpolitisierung bezeichnet wird. Für diese Entpolitisierung gibt es in den empirischen Untersuchungen zweifellos eine Reihe von Belegen, doch stellt sich zugleich die Frage, wie man sich eine vollpolitisierte und zugleich freie Gesellschaft vorstellt, in der die politischen Interessen die höchste Priorität genießen.

Die von der linken Theorie vorgetragene These, daß der Staat unter den Verhältnissen des »Spätkapitalismus« in wachsendem Maße an Legitimation einbüße und Legitimitätsdefizite kompensieren müsse, hält der empirischen Nachprüfung nicht stand. Vielmehr ist das dominierende Faktum, das die empirischen Umfragen zutage fördern, die weitgehende Übereinstimmung der politischen Einstellungen der großen Mehrheit der Bürger mit dem politischen System.

In den Einstellungen der Bundesbürger zum Staat drückt sich auch das neue, im Begriff des Sozialstaats gefaßte Verhältnis des Bürgers zum Gemeinwesen deutlich aus: Die Bürger erwarten vom Staat nicht nur Ordnungs- und Sicherheitsfunktionen, sondern machen ihn in wachsendem Maße für die befriedigende Erfüllung ihrer sozialen und wirtschaftlichen Ansprüche verantwortlich. Zum ordnenden, verwaltenden Charakter des Staates tritt somit in der Optik der Bürger auch das Bild des leistenden, sorgenden, die notwendigen Lebenshilfen bereitstellenden Staates. Man hat, um diesen Wandel zu verdeutlichen, davon gesprochen, daß das Bild des Staates als eines gestrengen Vaters in wachsendem Maße ersetzt werde durch das Bild des Staates als einer sorgenden Mutter.

Im Gefolge der Bewußtseinsveränderungen, die durch die Studentenbewegung und die auf sie folgenden Neuen Sozialen Bewegungen in der Bundesrepublik stattfanden, wurde die deutsche politische Kultur zwar vielfältiger, aber auch in sich gebrochener; sie enthielt auch erstmals Elemente eines gegen das politische System gerichteten politischen Radikalismus bis hin zum Terrorismus, der direkte, z. T. provozierende Auswirkungen auf das politische Leben in der Bundesrepublik hatte und gelegentlich noch weiter hat.

Die große Bedeutung der Neuen Sozialen Bewegungen für die deutsche Politik in den siebziger Jahren bestand darin, daß sich in ihnen Züge einer neuen politischen Kultur bemerkbar machten, die gegen die vorherrschende, durch die etablierten Institutionen und das Zusammenwirken der staatstragenden Parteien vermittelte politische Kultur gerichtet war. Man sprach eine Zeitlang sogar von der Auseinandersetzung zwischen zwei verschiedenen politischen Kulturen, einer etablierten und einer alternativen, ein Thema freilich, das in den Jahren seit der konservativen Wende von 1982 seine Brisanz für die deutsche Politik verloren hat. Wichtig für die z. T. vehemente Auseinandersetzung zwischen zwei Konzeptionen der Politik, die sich in verschiedenen politischen Verhaltensweisen manifestierten, war insbesondere der Kampf um das richtige Verständnis von Demokratie. Die traditionelle politische Kultur verstand Demokratie vornehmlich als Demokratie der Parteien und der von ihnen getragenen repräsentativen Institutionen, während die alternative politische Kultur ein völlig anderes, an den Bürgern und ihrer Aktivität ausgerichtetes Modell von Demokratie dagegensetzte (Basisdemokratie). Auch die Unsicherheit in der Gewaltfrage, ein Thema, das in der traditionellen politischen Kultur ganz klar und unmißverständlich im Sinne der ausschließlichen Legitimation des Staates zur Gewaltanwendung behandelt wurde, war ein Indiz für ein gewisses Aufbrechen der etablierten politischen Kultur.

Damals sprachen besorgte Beobachter des politischen Lebens in der Bundesrepublik von einem Verfall der politischen Kultur; damals fürchtete man hie und da, es könne eine Entwicklung zu einer ganz anderen demokratischen Republik geben. Inzwischen haben sich diese Besorgnisse weitgehend verflüchtigt. Die Bildung einer neuen politischen Partei, der Grünen, in der die Anhänger einer alternativen politischen Kultur eine politische Basis fanden, hat zu einer stärkeren Einbeziehung dieser Gruppierung in den traditionellen demokratischen Prozeß geführt und die Gegensätze zwischen alter und neuer politischer Kultur merklich entschärft. Statt dessen ist in den achtziger Jahren die politische Kultur als moralisches Problem zu einem Thema der deutschen Politik geworden. Es ging um die offen zutage tretende Neigung der Machthaber und der sie tragenden politischen Parteien, die moralischen Maßstäbe eines fairen politischen Umgangs mit dem politischen Gegner bewußt zu mißachten und sich ungeniert der Vorteile zu bedienen, die man im Gehäuse der Macht und in der politischen Auseinandersetzung für sich dienstbar machen kann.

Dieser moralische Aspekt bei der Behandlung des Themas politische Kultur im deutschen politischen Leben zeigt an, daß auch die traditionelle, durch die Verfassungsinstitutionen und die politischen Parteien vermittelte politische Kultur keine sicheren moralischen Verhaltensmaßstäbe mehr besitzt. Zwar spielen derartige Maßstäbe »demokratischen Anstandes« bei der Korrektur und der Revision entdeckter Fehlhaltungen nach wie vor eine wichtige Rolle und bezeugen damit deren latente Stärke, doch ist der in den siebziger Jahren geführte Kampf zwischen der traditionellen politischen Kultur und einer aufsteigenden, zum Teil radikalen alternativen politischen Kultur darüber weitgehend in den Hintergrund getreten, erst recht nach der Aufhebung der deutschen Teilung. Der Hauptgrund dafür ist nicht das Verschwinden alternativer Positionen, sondern deren teilweise Absorption in die Programmatik und Rhetorik der wichtigen politischen Organisationen, in erster Linie der großen politischen Parteien.

Studiert man die zahlreichen demoskopischen Umfragen, die im Laufe der Jahre zur Ermittlung von Tendenzen der politischen Kultur in der Bundesrepublik unternommen worden sind, so ergibt sich ein deutliches Zurücktreten autoritärer und obrigkeitsstaatlicher Einstellungen und Verhaltensdispositionen, und zwar am sichtbarsten in der jungen Generation, bei der sich bereits eine starke Orientierung auf die Werte der sogenannten post-industriellen Gesellschaft zeigt, für welche Leitideen wie die freie Selbstbestimmung des Menschen und eine vom industriellen Wachstumsprozeß abgekoppelte Idee der Lebensqualität im Vordergrund stehen. So ist die politische Einstellung in der jungen Generation der Westdeutschen nach den herkömmlichen Kriterien zwar demokratischer, aber sie befindet sich vielfach auch im Konflikt mit den für die Aufbauperiode bestimmenden Werten der Leistungsgesellschaft. Manche Analytiker unserer politischen Kultur sehen in dieser Umorientierung der Jugend und dem sich wandelnden Wertbewußtsein eine durchaus positive Entwicklung unserer politischen Kultur, doch ist nicht recht erkennbar, wie man auf die neuen politischen Einstellungen und Bestrebungen, die in Teilen der Jugend sichtbar werden, eine politische Kultur gründen könnte, die sowohl zur Stabilität der demokratischen Institutionen wie zur besseren Beherrschung der wirtschaftlichen und sozialen Probleme hochentwickelter Industriegesellschaften ihren Beitrag zu leisten vermag. In den neuen Einstellungen sind nämlich antiautoritäre und romantische Tendenzen wirksam, die zwar oberflächlich als demokratisch firmieren, aber, wie im extremsten Fall des Terrorismus, auch höchst destruktiv auf eine politische Kultur einwirken können.

Die politische Kultur der Bundesrepublik, die in den ersten beiden Jahrzehnten durch ein relativ hohes Maß an Konsensus bestimmt war, bis sich dann ab 1967 Züge einer kritischen bis antagonistischen politischen Kultur unter Minderheiten bemerkbar machten, ist seit der Mitte der achtziger Jahre von den antagonistischen Elementen der alternativen politischen Kultur, die im Terrorismus ihre kriminelle Ausprägung fanden, wieder stärker entlastet worden. Sie hat zu einem pluralistisch aufgefächerten Konsensus zurückgefunden, der zwar nicht spannungslos ist, aber die Funktionsfähigkeit des Systems nicht mehr besonders beansprucht.

Insgesamt kann man für die Bundesrepublik feststellen, daß ihre politische Kultur sich dem Verhalten und den Wertorientierungen der großen westlichen Demokratien stark angenähert hat. Zwar gibt es Spannungen zwischen der Protestkultur, die auf eine »neue politische Lebenswelt« hinaus will, und der nach wie vor herrschenden, von den großen Parteien getragenen politischen Kultur der organisierten Industriegesellschaft, wie sie sich im Zuge des Aufbaus der Bundesrepublik herausgebildet und dann zusehends gefestigt hat, aber diese Spannungen haben auch ihre positiven Wirkungen für die Dynamik des politischen Prozesses in einer sich rasch verändernden Welt.

Im großen und ganzen wird man trotz der zutage getretenen moralischen Defizite folgern dürfen, daß ein gewisses Vertrauen in die Qualität der politischen Kultur der deutschen Demokratie gerechtfertigt ist. Andererseits muß jedoch daran erinnert werden, daß wirklich ernste Herausforderungen an diese Demokratie noch nicht gestellt worden sind, weder im wirtschaftlichen Bereich, wo es uns besser geht als fast allen anderen westlichen Ländern – von den anderen Weltregionen ganz zu schweigen –, noch im Bereich der politischen Institutionen, wo nach wie vor relativ stabile Verhältnisse vorherrschen. Dies wird aller Voraussicht nach auch in Zukunft der Fall sein. Es wird vorerst nicht zu einer echten Bewährungsprobe für die demokratische Qualität unserer politischen Kultur in der Bundesrepublik kommen. Da zudem eine demokratische Kultur mit der Zeit, sofern stabile Verhältnisse fortwirken, immer mehr Kraft und Substanz gewinnt, darf man füglich davon ausgehen, daß die möglichen Herausforderungen auch von dieser demokratischen Kultur konstruktiv absorbiert und positiv bewältigt werden können. Der Einigungsprozeß berührt die politische Kultur der Bundesrepublik ungleich viel weniger als die Gebiete der früheren DDR. (Vgl. das folgende Kapitel)

Ich bin also nicht pessimistisch für unsere politische Kultur, doch können wir nur dann ein wirklich optimistisches Vertrauen in deren Zukunft haben, wenn die Bürger auch täglich bereit sind, für eine demokratische politische Kultur einzustehen, sie stetig zu entwickeln und gegebenenfalls für sie zu kämpfen. Diese Verpflichtung gilt nicht nur den politisch Verantwortlichen, so sehr es auf sie ankommt, sie erstreckt sich auf alle. Sie ist ein Stück der gemeinsamen Verantwortung aller Deutschen für eine menschenwürdige und demokratische Lebenswelt in ihrem Staat.

3. Traditionen Politischer Kultur in Deutschland

Es gibt keine allgemeine deutsche politische Tradition und keine historische Kontinuität in den politischen Einrichtungen Deutschlands, sondern es gibt einige Traditionselemente, die zu verschiedenen Zeiten, je nach den äußeren Bedingungen, verschieden stark sind. Diese Traditionsbestände prägen zum Teil auch noch heute das politische Bewußtsein und soziale Verhalten. »Die Epochen, welche die Deutschen am stärksten prägten und auch ihren Begriff von sich selbst am meisten bestimmten, sind der Ausgang des Mittelalters bis zum Ende der Glaubenskämpfe, das Biedermeier (die Romantik) und die Wilhelminische Gründerzeit« (J. Gross). Das Mit- und Gegeneinander der Konfessionen stammt aus dieser frühen Zeit, ebenso die politische Profilierung der deutschen Stämme, die noch heute die rudimentäre ethnische Basis der föderativen Struktur bilden, sowie bestimmte Formen deutscher Geselligkeit. Das Fehlen einer zentralstaatlichen Organisation sowie der Ausstrahlungskraft einer Hauptstadt hat den Diversifikationsprozeß der politischen Kultur unterstützt.

Die Romantik brachte dann den sozial zwar aufgeschlossenen, aber politisch nicht engagierten Bürger hervor, das idyllische Vorbild des unpolitischen Deutschen, der gleichwohl nicht reiner Individualist ist, sondern sich gern mit seinesgleichen zusammentut (Gemeinschaftsbewußtsein). Die Wilhelminische Epoche schließlich produzierte jene ungute Verbindung von nationaler Prestigesucht und harter Realpolitik, die Deutschland im 20. Jahrhundert zu einem so schwierigen Partner des europäischen Konzerts gemacht und das im 19. Jahrhundert mühsam stabilisierte europäische Gleichgewicht bedroht hat. In den Gründerjahren wächst die deutsche Sehnsucht, etwas in der Welt zu sein, einen Platz an der Sonne zu haben; im Wilhelminismus vermischt sich der Stolz über die erstarkende Wirtschaftskraft mit dem Begehren, auch als politische Macht Weltgeltung zu erlangen.

Die ideologischen Voraussetzungen für diese Auffassung von der Sonderrolle Deutschlands als Macht im Herzen Europas, die Deutschland eine historische Mission für diesen Erdteil zuschrieb, wurden schon in der Romantik gelegt. Damals wehrten sich Vertreter des deutschen Geistes gegen die Übernahme westlichen

Denkens und westlicher Institutionen. In dieser Epoche bildete sich ein deutscher Konservatismus aus, dem es nicht nur um die Verteidigung einer traditionellen Besitzstruktur ging, sondern der mit ebenso eindrucksvollen wie gefährlichen neuen Formeln arbeitete: der Idee des Organischen im Gegensatz zu den angeblich mechanisch-konstruierten Ordnungen des westlichen Liberalismus; der Idee der Ganzheit und der Gemeinschaft im Gegensatz zum Gedanken der Individualität und der persönlichen Freiheit; der missionarischen Vorstellung schließlich, am deutschen Wesen solle die Welt genesen, weil im Deutschtum kraft seiner einzigartigen Geschichte die hohen Werte des Menschseins besonders tief verankert wären.

Das industrielle Deutschland der Vorkriegszeit ist mit einer schizophrenen politischen Philosophie groß geworden: Es spannte alle seine Kräfte an, um mit den Mitteln wirtschaftlicher und wissenschaftlicher Rationalität eine industrielle Gesellschaft des technischen Fortschritts aufzubauen, und war darin sehr erfolgreich – auf der anderen Seite verharrte es im Geistig-Politischen in einem eigenwilligen Partikularismus und Irrationalismus, den es – so etwa 1914 – nach innen und außen verteidigte. Der deutsche Freiheitsbegriff war, wie Thomas Mann schon hervorhob, immer nach außen gerichtet: »Er meinte das Recht, deutsch zu sein, nur deutsch und nichts anderes, nichts darüber hinaus, er war ein protestierender Begriff selbstzentrierter Abwehr gegen alles, was den völkischen Egoismus bedingen und einschränken, ihn zähmen und zum Dienst an der Gemeinschaft, zum Menschheitsdienst anhalten wollte« (Deutschland und die Deutschen).

Das politische Bewußtsein der Deutschen und ihr politisches Verhalten in der Gegenwart ist somit von vielen geschichtlichen Faktoren geprägt worden, die aus oft gegenläufigen Tendenzen herrühren. Das Bild des säbelrasselnden, bramarbasierenden Deutschen, das Deutschland reaktionärer preußischer Junker, kriegslüsterner Militaristen und unterwürfiger, strammstehender Untertanen ist allerdings erst zu Anfang des 20. Jahrhunderts aufgekommen und hat vor allem die Einstellung der westlichen Demokratien gegenüber den Deutschen bestimmt. Aber dieses Deutschland der liberalen Karikatur war nie das ganze Deutschland – heute erst recht nicht.

Der Nationalsozialismus mit seiner imperialistischen und verbrecherischen Politik, seiner ins Gigantische gesteigerten technisierten Romantik, seiner menschheitsfeindlichen Rassenlehre und seiner gut geölten Maschinerie des totalitären Staates hat die negativen Bilder des Deutschen noch einmal in aller Welt verbreitet und zum Stereotyp geformt. Heute, wo die Deutschen mit Recht anders zu sein glauben, wo sie die Demokratie endlich ernst nehmen und ehrlich und in Frieden ihrem Wohlstand leben wollen, fällt es ihnen schwer zu begreifen, daß ihr »Image« draußen noch immer von den negativen Erfahrungen der Jahre zwischen 1900 und 1945 bestimmt ist. Es gehört zu den Komplexen ihres heutigen Bewußtseins, daß sie sich in der Welt nicht recht verstanden glauben; darum erregen sie sich noch immer, wenn das Ausland ein allzu schlechtes Bild ihres Charakters und ihrer politischen Verhältnisse zeichnet.

Jeder tiefe historische Einschnitt verändert das politische Bewußtsein, das immer auch von den äußeren Bedingungen, unter denen ein Volk lebt, mitgeformt wird. Das Ende des Nationalsozialismus war ein solcher Einschnitt. Deutschland lag am Boden, und es konnte als politisches Gemeinwesen nur wieder Gestalt gewinnen, wenn es bereit war, bestimmten politischen Traditionen, die es in die Katastrophe geführt hatten, abzuschwören. In der Tat haben die Deutschen nach dem Zweiten Weltkrieg ihre nationalistischen, militaristischen und antidemokratischen Traditionen weitgehend unterdrückt – nicht vollständig, aber doch so stark, daß sie keinen bestimmenden Einfluß mehr auf das politische Bewußtsein der Deutschen der Bundesrepublik haben gewinnen können. Deutschland schloß sich der politischen Kultur des Westens wieder auf. Es wurde ein Land westlicher Zivilisation.

Die offizielle Politik der Bundesregierungen und der führenden Parteien konnte in der Tat kaum eine der Befürchtungen mehr nähren, die man in der ersten Hälfte des Jahrhunderts im Ausland immer wieder mit der deutschen Politik assoziiert hatte. Im Angesicht der Katastrophe mußte Deutschland sein westlich-demokratisches Potential entwickeln, und es tat es. Aber innerhalb dieses Rahmens wirkten gleichwohl einige der alten Traditionen nach, die Deutschland davon abgehalten hatten, bereits im 19. Jahrhundert eine liberale Verfassung und ein parlamentarisches System zu erhalten.

(a) Die etatistische Tradition

Unter den aus der Vergangenheit nachwirkenden Traditionen ist als erste die etatistische zu nennen, die sich nach dem Zeitalter der Glaubenskriege im Absolutismus entfaltet hat. In Deutschland galt der Staat immer besonders viel. Hegel hatte ihn zur Wirklichkeit der sittlichen Idee erhoben, seine zahlreichen Epigonen sahen im Staat den Zuchtmeister der sonst ungeordneten Gesellschaft. Staat war die Inkarnation des Gemeinwohls, und obwohl auch der über den Parteien stehende Staat vor 1918 sehr wohl die Interessen der herrschenden Klasse wahrte, gelang es ihm, den Untertanen seine Politik als gemeinwohlorientiert darzustellen. Das deutsche politische Denken sah seit der Mitte des 19. Jahrhunderts die ungeformte Gesellschaft als einen Gegenspieler des geformten Staates. Es sah im Staat nicht die politische Organisation der Gesellschaft, sondern das unanfechtbare Instrument zur Sicherung und Ordnung der gesellschaftlichen Verhältnisse. Dementsprechend wurden die Werte der Zucht, der Pflicht und des Gehorsams stets höher eingeschätzt als die Freiheit, die Individualität, die Opposition.

Aus dieser Einstellung erwuchs das Unbehagen an gesellschaftlicher Spontaneität, die Schwierigkeit, Parteien und Interessenverbände anders zu begreifen denn als Manifestationen partikularer Interessen, die sich gegen den Staat als Verkörperung des Allgemeininteresses richteten. Die konservative Kritik am Pluralismus wird im Prinzip noch immer durch diese deutsche Staatsideologie bestimmt. Sie sieht in der politischen Aktivität gesellschaftlicher Gruppen ein potentiell anarchisches Element.

Diese Tradition ist nach 1949 jedoch nicht mehr wirklich mächtig geworden. Sie beherrschte in der Ära Adenauer zwar zu einem Teil auch die offizielle Terminologie des Regimes, das den Bürger fester an diesen Staat binden wollte, aber faktisch hat sich das pluralistische System der Parteien und Interessenverbände – den modernen Triebkräften der politischen Willensbildung – voll durchgesetzt. Auch die deutsche Politische Wissenschaft hat einiges zum theoretischen Verständnis des modernen Demokratiemodells beigetragen. Dennoch ist die etatistische Tradition im deutschen politischen Bewußtsein noch immer lebendig. Es zeigte sich, daß sie um so stärker wird, je weniger es gelingt, den Konsensus über die Grundlagen unseres politischen und wirtschaftlichen Systems zu behaupten. Die unter Bundeskanzler Erhard verfolgte Konzeption einer »formierten Gesellschaft« war dafür ein Indiz; doch sie blieb ein Übergangsphänomen. Die Idee des starken Staates erweckt heute mehr Abwehr als Zustimmung.

(b) Die unpolitische Tradition
In einem losen Zusammenhang mit dem Etatismus steht die Nachwirkung der Tradition des unpolitischen Deutschen. Sie ist die Fortsetzung der obrigkeitsstaatlichen Untertanengesinnung in die Epoche der Demokratie hinein. Sie drückt sich darin aus, daß die Politik nicht potentiell Angelegenheit des ganzen Volkes, sondern vorzugsweise derer ist, die dazu berufen sind. Die unpolitische Tradition wurde zunächst verstärkt durch die negativen Erfahrungen mit dem Naziregime. Das klägliche Ende der Hitler-Ära belebte in der Masse der Deutschen den Wunsch, nie wieder etwas mit Politik zu tun zu haben. So blieb das Interesse, sich in Parteien zu organisieren, nur auf ca. 3 % der Bevölkerung beschränkt, und auch die vielen Verbände der Bundesrepublik zählen unter ihren Mitgliedern zumeist nur passive Anhänger, die sich an den Prozessen der Meinungs- und Willensbildung kaum beteiligen. Die unpolitische Tendenz wird endlich unterstützt durch die wachsende Verbürokratisierung des Staates und die Tendenz zur Oligarchisierung seiner politischen Führungsgruppen. Der einzelne hat in Deutschland weniger als in den klassischen westlichen Demokratien den Eindruck, er könnte die Gestaltung der Verhältnisse mitbestimmen und durch Partizipation am politischen Leben Spuren seines Engagements hinterlassen.

Aus der Tradition des sich auf seine häusliche Sphäre zurückziehenden und dem Kult der Innerlichkeit hingebenden Deutschen, die aus dem Pietismus und dem Biedermeier stammt, kommt die noch immer verbreitete Auffassung, Politik sei nichts für einen anständigen Menschen, sie mache nur schmutzig. Diese Ideologie begünstigt umgekehrt die Opportunisten und Karrieremacher und bestätigt eben deshalb den bei vielen vorherrschenden negativen Eindruck über das politische Geschäft und seine Prozeduren.

Die demokratischen Staatsorgane haben sich bemüht, dieses Vorurteil gegenüber der Politik bei ihren Bürgern abzubauen. Sie haben durch politische Bildungseinrichtungen den Versuch gemacht, die Bürger an die Politik heranzuführen und mit ihr zu versöhnen. Weniger diese Bemühungen als ein seit 1967 sich stärker artikulierendes Interesse an Partizipation haben die unpolitische Attitüde der Deutschen spürbar abgemildert und zu neuen Formen des Engagements in sog. Bürgerinitiativen geführt.

(c) Die Tradition des »deutschen Idealismus«

Im politischen Denken der Bundesrepublik, speziell in einigen politischen Theorien, die in gewissen Kreisen hohen Kurswert besitzen, findet man immer wieder Spuren einer Tradition, die man, abgekürzt, als die Tradition des deutschen Idealismus bezeichnen könnte. Die idealistische Tradition unserer politischen Kultur hängt mit der bereits erwähnten etatistischen und unpolitischen Tradition eng zusammen, doch findet sie ihre charakteristische Ausprägung in einer Denkhaltung, welche die vorfindlichen politischen und sozialen Verhältnisse an einem idealen Maßstab mißt und darum zu einem mehr oder weniger vernichtenden Urteil über die bestehenden Verhältnisse kommt. Aufgrund dieser Tradition hat sich in Deutschland immer wieder ein unversöhnlicher Gegensatz zwischen *Macht und Geist* entwickelt, der auch die zum Teil extrem kritische oder zumindest skeptische Einstellung vieler Intellektueller gegenüber der Politik der Bundesrepublik erklärt. Die idealistische Tradition begünstigt immer von neuem die theoretische Spekulation, den unguten Hang auch eines Teils der modernen Sozialwissenschaft in der Bundesrepublik, sich in theoretischen Spitzfindigkeiten zu ergehen, die mit der empirischen Wirklichkeit wenig zu tun haben, oder diese Wirklichkeit an einem abstrakten, weltfremden theoretischen Ideal zu messen.

In der studentischen Protestbewegung kam es zeitweilig zu einem erneuten Durchbruch dieser idealistischen Denktradition – selbst in Gestalt des Marxismus –, vor deren Richterstuhl die politischen Verhältnisse in der Bundesrepublik als total verderbt, ja als Auftakt zu einem neuen Faschismus erschienen. Die in der politischen Theoriediskussion entwickelten Entwürfe und Erwartungen, z. B. die Einführung der Rätedemokratie oder die Theorie

von den sozialen Randgruppen als den neuen Statthaltern des ver-
bürgerlichten Proletariats, erwiesen sich als so wenig mit der konkreten Wirklichkeit vermittelt, daß sie sich für die politische Praxis
als untauglich erwiesen. Nach den wenigen Jahren des idealistischen Überschwangs ist zwar seit Mitte der siebziger Jahre eine
»Tendenzwende« eingetreten, aber nach wie vor prägt ein starker
idealistischer Grundzug das politische Denken in der Bundesrepublik, deren politische Kultur in den ersten zwei Jahrzehnten stärker durch skeptische und antiideologische Einstellungen charakterisiert war. Es ist vor allem diese Tradition, die es den Deutschen
heute schwer macht, sich mit den gegebenen Verhältnissen zu arrangieren bzw. sie reformerisch-konstruktiv Stück für Stück zu
verbessern.

(d) Die Tradition der Konfliktscheu
Das Gewicht der Tradition wird ferner sichtbar in dem Unvermögen der meisten Deutschen, im begrenzten und geregelten Konflikt ein Mittel produktiver Gesellschaftsgestaltung zu erblicken.
Die Deutschen haben ihren Wunsch nach Harmonisierung, nach
einem alle verbindenden Band nationaler Gemeinschaft, dem
Interesse an fairer Konkurrenz und offenem Wettbewerb meist
übergeordnet. Zum Beispiel ist die innere Ordnung der Parteien
nicht nur ein Problem zwischen der Masse der Parteimitglieder
und der Führungsoligarchie, sondern auch ein Problem der kon-
fliktscheuen deutschen Öffentlichkeit, die Richtungskämpfe und
interne Differenzen innerhalb und zwischen politischen Gruppen
gern als Zeichen der Schwäche deutet. Konflikte erscheinen in dieser Perspektive als Ausdruck der Unvollkommenheit einer sozialen Ordnung.

Vor diesem Hintergrund ist das immer wieder aufflackernde
Interesse der Deutschen an sozialen Utopien zu erklären, an Ge-
sellschaftsentwürfen, die Konflikte und Meinungsverschiedenhei-
ten nicht kennen, weil alles sich einig ist. Dieses radikale Verlangen nach einer besseren Ordnung, das bei manchen mit einer un-
bezähmbaren Ungeduld gepaart ist, die neue Welt schon heute
und nicht erst morgen zu verwirklichen, hat sich in der Renaissance des Rechtsradikalismus und – noch prononcierter – im studentischen Linksradikalismus erneut manifestiert. Dadurch

schien die pragmatische Grundhaltung, die so viel zur Stabilisierung der politischen Verhältnisse in Westdeutschland beigetragen hatte, ernsthaft in Frage gestellt. Seit der Studentenrebellion ist wieder ein Zug der Intoleranz und Ungeduld in die deutsche Politik gekommen, der die Tradition des deutschen Radikalismus und Irrationalismus, die nach 1945 unterbrochen schien, wieder verstärkt hat, ohne allerdings die Stabilität der politischen Verhältnisse ernsthaft antasten zu können.

(e) Die Tradition des Formalismus

Als letztes wäre noch eine Eigenheit des deutschen politischen Lebens zu erwähnen, die sich auch in der Bundesrepublik ziemlich ungebrochen fortgesetzt hat: die Tendenz, politische Probleme in formale Rechtsprobleme zu kleiden und unter juristischen Gesichtspunkten zu diskutieren. Diese Tendenz geht vor allem auf das Konto der Juristen, die das Rückgrat der deutschen Bürokratie und der Interessenorganisationen bilden und das öffentliche Leben stark geprägt haben. Der juristische Formalismus wird von den Nichtjuristen oft kopiert und noch übertrumpft, z. B. in Geschäftsordnungsdebatten. Damit hängt es zusammen, daß in Deutschland die Lösung politischer Fragen oft abhängig gemacht wird von rechtlichen Voraussetzungen. Juristische Fiktionen haben zum Beispiel die Deutschlandpolitik der Bundesrepublik viele Jahre belastet; rechtliche Streitigkeiten hemmen heute wie gestern die Entwicklung eines balancierten Föderalismus, und die Politiker selbst haben eine Tendenz, politische Entscheidungen durch die Gerichte klären zu lassen. Die Fixierung auf das formale, gesetzte Recht verstellt in Deutschland oft den Blick auf die eigentlichen Probleme.

Im ganzen ist das Gewicht der negativen politischen Traditionen allerdings nicht mehr so stark, daß es das politische Bewußtsein der Deutschen in einen direkten Gegensatz zu den Prinzipien der demokratischen Ordnung bringen könnte; andererseits jedoch ist das politische Bewußtsein in der Bundesrepublik noch kein Garant für eine Sicherung der demokratischen Verfassungsordnung in Krisenzeiten. Dies soll in der nachfolgenden Studie im einzelnen gezeigt werden.

4. Wandlungen der Politischen Kultur in der Ära der sozialliberalen Koalition

Das starke Interesse, das heutzutage Forschungen, Beobachtungen und Bemerkungen über die politische Kultur der Bundesrepublik in unserer Öffentlichkeit finden, hat seinen wichtigsten Beweggrund zweifellos in dem Verlangen, sich möglichst verläßlich über die Stabilität unserer politischen Ordnung zu informieren. Das politische Interesse an der Stabilität der neuen demokratischen Institutionen hat die Geschichte der Bundesrepublik von Beginn an beherrscht: Alle wichtigen innenpolitischen Auseinandersetzungen, ob sie das Aufkommen radikaler Bewegungen, Parteien und Ideologien oder die Struktur des Parteiensystems betrafen, waren stets überschattet von der Frage, ob die sich abzeichnenden oder die beabsichtigten Veränderungen die in den fünfziger Jahren geschaffenen politischen Strukturen erschüttern und die Bundesrepublik in ein der Weimarer Republik vergleichbares Schicksal hineintreiben könnten. Die politischen Institutionen der zweiten deutschen Demokratie haben zweifellos von der insgesamt günstigen, aus dem Blickwinkel der unmittelbaren Nachkriegszeit in der Tat an ein Wunder grenzenden Aufwärtsentwicklung des deutschen Wirtschaftslebens profitiert und tun es bis heute. Für alle Staatsformen gilt ja, daß kaum etwas besser geeignet und wirksamer ist, sie faktisch zu legitimieren, als der wirtschaftliche Erfolg, vor allem, wenn er auch der breiten Masse zugute kommt. Wirtschaftliche Krisen sind potentiell immer auch politische Krisen. Nicht von ungefähr erblickte der Marxismus in der vermeintlich permanenten, da strukturellen Krisenhaftigkeit des kapitalistischen Systems die wesentliche Ursachenkette für dessen Übergang zum Sozialismus. Die in allen westlichen Demokratien feststellbare Tendenz, den Staat mit den notwendigen Machtmitteln zur Intervention ins Wirtschaftsleben auszustatten, hat ihre Ursache sowohl in dem Bemühen, die negativen sozialen Folgen zu begrenzen, die ein sich selbst überlassener Wirtschaftsprozeß hervorrufen könnte, wie auch in der immer drängender gewordenen Verpflichtung des Staates, durch gezielte Interventionen die wirtschaftliche Entwicklung insgesamt zu fördern und möglichst optimale Rahmenbedingungen für die wirtschaftliche

Tätigkeit zu gewährleisten. Doch alle diese Vorkehrungen und Handlungspotentiale können das erwünschte Ergebnis, nämlich politische Stabilität, soziale Sicherheit und eine stetige Verbesserung der allgemeinen Lebensverhältnisse natürlich nicht mit absoluter Sicherheit hervorbringen.

Hier kommt nun das Interesse an der politischen Kultur ins Spiel. Eine gefestigte demokratische Kultur, so geht die Annahme, ist eine Stabilitätsreserve für ein demokratisches Verfassungssystem. Auch wenn es einmal nicht gelingen sollte, die wirtschaftliche Entwicklung so positiv zu gestalten, daß von ihr die erwünschten legitimierenden Wirkungen für das System ausgehen – und dies kann nicht immer gelingen –, dann kann man sich bei einer intakten politischen Kultur darauf verlassen, daß wirtschaftliche und soziale Schwierigkeiten und Probleme nicht sogleich zu einer Infragestellung, wenn nicht gar einer akuten Gefährdung des demokratischen Systems führen.

Die politische und politikwissenschaftliche Literatur über die Bundesrepublik war immer von neuem im Zweifel darüber, ob die politische Kultur der Bundesrepublik demokratisch genug sei, um auch in wirtschaftlichen Krisensituationen als Stabilitätsreserve eingesetzt werden zu können. Auch die Rezessionen von 1966/67 und 1974/75, die man nur mit Zögern als Wirtschaftskrisen bezeichnen möchte, weil dieser Terminus im Bewußtsein der Deutschen noch immer mit der verheerenden Krise der ausgehenden zwanziger Jahre verbunden wird, waren für die um die Stabilität unserer demokratischen Ordnung besorgten Beobachter noch keine ausreichende Bewährungsprobe unserer Demokratie. So besteht bei vielen Beobachtern die Besorgnis weiter fort, unser nach außen hin ziemlich gut funktionierendes demokratisches System werde nicht verläßlich abgestützt durch ein demokratisches Bewußtsein und ein demokratisches Verhalten der Bevölkerung; die Bundesrepublik habe es auch in ihrer bisher vierzigjährigen Geschichte nicht vermocht, die große Masse der Bürger so fest an die Grundwerte und Verfahren der freiheitlichen Demokratie zu binden, daß man für die Zukunft dieser Demokratie nicht mehr zu fürchten brauche. Es gehört geradezu zu den Gemeinplätzen der Literatur über die politische Kultur der Bundesrepublik, daß diese vom demokratischen Ideal noch ziemlich weit entfernt, daß in ihr noch immer die Schatten einer obrigkeitsstaatlichen, wenn nicht gar totalitär-faschistischen Vergangenheit zu erkennen wären, oder man vertritt die neue These, das politische Bewußtsein der deutschen Bevölkerung, insbesondere das der jungen Generation habe sich zwar weiter positiv in Richtung Demokratie und weg vom Obrigkeitsstaat entwickelt, doch die praktische Politik, die Politik der Parteien, Regierungen und Parlamente zeige mehr und mehr die negativen Züge der obrigkeitsstaatlichen Tradition und trage auf diesem Wege sogar zu einem Abbau des inzwischen vor allem in der jungen Generation aufgebauten demokratischen Potentials bei. (Greiffenhagen, Ein schwieriges Vaterland, München 1979)

Damit bin ich schon mitten im Labyrinth des Problems. Offensichtlich eignen sich Forschungsergebnisse und -beobachtungen über die politische Kultur eines Landes trefflich für die Untermauerung bestimmter politischer Urteile über die Qualität des politischen Systems. Der Gegenstand Politische Kultur ist eben keineswegs so klar und eindeutig bestimmt, wie es für eine möglichst objektive Analyse hilfreich wäre, mehr noch: Die Art und Weise, wie wir ihn erforschen, ist vielfach bereits von Prämissen abhängig, die die Ergebnisse präjudizieren. Die bahnbrechende vergleichende Studie der amerikanischen Politologen Almond und Verba über *The Civic Culture*, die der modernen Politikforschung wichtige Impulse gegeben hat, ging quasi selbstverständlich von den Werten und Verhaltensmustern der angelsächsischen Demokratietradition als der optimalen Ausprägung einer demokratischen politischen Kultur aus. Wahrhaft demokratisch ist demnach eine politische Kultur dann, wenn der Informationsstand der Bevölkerung über politische Vorgänge relativ hoch, der Grad der politischen Partizipation der Bürger beachtlich und das Ausmaß gefühlsmäßiger Bindung an das politische System stark ist. Empirisch erforscht werden in der Regel nur die subjektiven Auffassungen und Haltungen in einer Bevölkerung nach den in der empirischen Umfrageforschung gebräuchlichen Methoden. Die Umfrageforschung ist denn auch zum wichtigsten methodischen Instrument der modernen politischen Kulturforschung geworden. So unentbehrlich dieses Forschungsmittel auch ist, um etwas über die Meinungen und Einstellungen der Bürger in Erfahrung zu bringen, so unzureichend ist es als *ausschließliche* oder primäre Quelle für unsere Urteile über die Qualität einer politischen Kultur oder gar über die politische Stabilität eines Systems. Denn die im Zusammenhang mit der Erforschung einer politischen Kultur so stark interessierende Frage nach der Stabilität und Entwicklungsfähigkeit eines demokratischen Systems läßt sich mit dem Blick auf »ein spezifisches Muster von Orientierungen gegenüber politischen Handlungen« – so hat Gabriel Almond den Begriff Politische Kultur dürre definiert – wohl kaum beantworten. Freilich ist es schwierig, zu einem Einverständnis darüber zu gelangen, was jenseits des Ertrags von spezifisch ausgerichteten Meinungsumfragen denn noch zum Bereich der politischen Kultur eines Landes gehöre, ob und inwieweit man auch die politischen Institutionen und die von ihnen praktizierten Verfahren und Wertorientierungen zu berücksichtigen habe, ja, ob man nicht die sozialen Institutionen wie z. B. Familie, Schule, Betriebe etc. und die Massenmedien ebenfalls zur politischen Kultur rechnen müsse. Es ist unstreitig, daß in diesen Institutionen und in den Medien Prozesse ablaufen, die politisch höchst relevant sein können. Und schließlich sollte man das Leben des Geistes, die »geistige Situation der Zeit« wohl auch nicht ganz vernachlässigen.

So wäre am Ende dieses knappen Überblicks über die Motive unseres Interesses an politischer Kultur und ihrer möglichen Erforschung die Verwirrung eher noch größer als bei einer unbefangenen Betrachtung der Dinge. Das von Greiffenhagen praktizierte Verfahren, die Ergebnisse der Umfrageforschung zu rezipieren und sie nach Bedarf in seine Darstellung einzubauen, im übrigen aber die politische Kultur der Bundesrepublik ziemlich willkürlich unter den von der liberalen bis linken Publizistik entwickelten Topoi abzuhandeln, die in der Regel einen Rückgang, eine Art Entdemokratisierung unserer politischen Kultur suggerieren, halte ich für wissenschaftlich nicht vertretbar. In Greiffenhagens Buch erscheint die politische Kultur der Bundesrepublik denn auch wie ein Potpourri, aus dem jeder sich seine Melodie aussuchen kann. Da Greiffenhagen sein tiefes gegenwärtiges Mißtrauen gegenüber der politischen Kultur der Bundesrepublik zum Ausdruck bringen wollte, die Umfrageergebnisse über demokratische Einstellungen in der Bevölkerung aber eher nahelegten, von einem Fortschritt der demokratischen Kultur der Deutschen zu sprechen, behauptete er einfach einen Widerspruch in der Entwicklung: Es sei wohl wahr, daß die Deutschen sich immer mehr von traditionell autoritären politischen Traditionen entfernten, aber das verbesserte demokratische Bewußtsein habe es nun in wachsendem Maße mit Handlungsweisen der praktischen Politik zu tun, die in scharfem Gegensatz zu dieser positiven Entwicklung des demokratischen Bewußtseins stünden. So hätten wir also, vor allem in der Jugend, ein starkes demokratisches Bewußtseinspotential, aber wir ermangelten einer diesem Potential entsprechenden demokratischen Politik. Das demokratische Bewußtsein des Volkes sei ungleich höher entwickelt, als es im politischen Handeln der Institutionen zum Ausdruck komme. Deshalb müßten sich die Institutionen des demokratischen Staates auf die neuen Bewußtseinshaltungen positiv einstellen; sie sollten dem Verlangen nach einer neuen, auf Selbstbestimmung und Partizipation ausgerichteten Politik mehr Raum geben und so den Weg in die »am Zukunftshorizont heraufziehende neue Gesellschaft« ebnen, die er »postmateriell« oder »nachbürgerlich« nennt. Die politische Kultur der Bundesrepublik gewinnt durch dieses Vorgehen kein deutlicheres Profil, sondern eher die Gestalt eines Chamäleons, das die politische Farbe dessen annimmt, der das Phänomen beschreibt.

Vor allem aber zeigt sich, daß aus den vorliegenden empirischen Untersuchungen über die politische Kultur der Bundesrepublik wenig zu gewinnen ist, wenn man die bemerkenswerten Wandlungen zu erfassen versucht, die sich seit der Mitte der sechziger Jahre im *politischen Bewußtsein* der Bundesrepublik vollzogen haben. Daß unsere politische Kultur demokratischer geworden sein soll, wo wir es in dieser Zeitspanne doch mit einer zum Teil radikalen Infragestellung unserer durch das Grundgesetz normierten politischen Institutionen zu tun haben, will auf Anhieb schwer einleuchten, und es scheint ebensowenig zu dem positiven Bild zu passen, das manche von unserer politischen Kultur zeichnen, wenn sie nur die Umfrageergebnisse interpretieren, daß wir in dieser Zeitspanne ganz neuartige Formen und Methoden der politischen Auseinandersetzung kennengelernt haben, die den demokratischen Prinzipien der Toleranz, der Achtung der Meinung Andersdenkender und des versöhnlichen Umgangs zwischen Menschen verschiedener politischer Auffassungen hohnsprechen. Wenn, wie unsere radikalen Linken unentwegt behaupten, auch der Terrorismus eine verständliche, wenn auch kaum zu billigende Reaktion auf die bestehende gesellschaftliche und politische Ordnung sein soll, dann wäre er ebensosehr ein Bestandteil unserer politischen Kultur wie das politische Stammtischgerede oder die politische Auseinandersetzung zwischen Parlamentsparteien. Der politische Terrorismus ist das Ende jeder demokratischen politischen Gesittung, aber daß er sich in einer Gesellschaft wie der unseren ereignete, das zeigt immerhin, wie zerklüftet unsere politische Kultur zumindest an ihren Rändern in Wahrheit ist, und zwar nicht nur, weil die Maßnahmen, die der Staat zu seiner legitimen Verteidigung ergreift, umstritten sind, sondern weil es innerhalb der deutschen Politik, wenn auch vielleicht nur bei kleinen Minderheiten, theoretische Auffassungen und politische Einstellungen gibt, für die die Anwendung von Gewalt ein legitimes politisches Mittel zu sein scheint.

Ich möchte deshalb in diesem Kapitel über Wandlungstendenzen in der politischen Kultur der Bundesrepublik in der Ära der sozialliberalen Koalition mich weder an einschlägigen Umfrageergebnissen orientieren, weil aus ihnen gerade nicht erkennbar wird, wie sich Bewußtseinsveränderungen, die zweifelsohne stattgefunden haben, auf die Politik selbst auswirken, noch halte ich es für richtig, die politischen Vorgänge, die sich in Reaktion auf Wandlungen des politischen Bewußtseins und Verhaltens bestimmter Gruppen bei uns abgespielt haben, als eine Rückbildung einer sich entwickelnden demokratischen Kultur zu interpretieren.

Wandlungen des politischen Bewußtseins

Unstreitig scheint mir zu sein, daß bereits in der zweiten Hälfte der sechziger Jahre sich in einem wichtigen Teil der veröffentlichten Meinung politische Bewußtseinsveränderungen angebahnt haben, die den Wahlsieg der sozialliberalen Koalition entscheidend begünstigt haben und mit der Übernahme der Regierung durch die Sozialliberalen erst ihre volle Wirkung entfalten konnten. Die sozialliberale Koalition war sich bewußt, daß sie mit neuartigen politischen Erwartungen und Forderungen konfrontiert war und suchte ihnen zu entsprechen, soweit sie das mit ihren Auffassungen vom demokratischen Konsensus vereinbaren konnten. Sie wurde so zum Promotor und zum Repressor neuer politischer Gesinnungen und Bewußtseinsinhalte zugleich, zum Promotor, weil die Regierung Brandt mit der Parole: Wir wollen mehr Demokratie wagen! die Erwartung aller, die eine Veränderung der demokratischen Verhältnisse für notwendig hielten, bewußt auf sich zog und an sich band, zum Repressor, weil sich schon sehr bald zeigte, daß die radikalen Reform- und Veränderungsbestrebungen eine Eigendynamik entwickelten, welche die Regierungsparteien nicht so einfach in ihre traditionelle Politik integrieren konnten, so daß sie immer wieder gezwungen waren, radikaleren Veränderungsbestrebungen repressiv entgegenzutreten, was sie dann oft genug mit halben Maßnahmen und schlechtem Gewissen taten.

Man kann plausible Gründe dafür anführen, warum sich im Zeitraum zwischen der Ära Adenauer und dem Beginn der sozialliberalen Ära in wichtigen Sektoren der deutschen Gesellschaft langsam ein Bedürfnis nach Veränderung, nach Auflockerung von als starr und unbeweglich empfundenen politischen und sozialen Strukturen bemerkbar machte: den Immobilismus in der Deutschlandpolitik, die Verfestigung des pluralistischen Systems, die Schwerfälligkeit der traditionellen Bildungspolitik angesichts neuer Herausforderungen der technischen Zivilisation, das Einfrieren partizipatorischer und plebiszitärer Elemente des demokratischen Prozesses zugunsten einer von oligarchischen Tendenzen durchsetzten rein repräsentativen Demokratie; die sich vermehrenden Zweifel an der Richtigkeit einer vorwiegend von materiellen Interessen gesteuerten gesellschaftlichen Entwicklung und erste konkrete Erfahrungen mit einer wirtschaftlichen Rezessionsperiode – doch alle diese Ursachen können meines Erachtens nicht genügend und nicht wirklich plausibel erklären, wieso es in Verbindung mit der Revolte der Studenten zu einem so massiven Durchbruch neuer politischer Bewußtseinsinhalte kam, die von da an die politische Kultur der Bundesrepublik wirksam verwandelten und deren Spuren heute noch sichtbar sind.

Manche haben in diesem Zusammenhang sogar von einer *Kulturrevolution* gesprochen und damit zum Ausdruck bringen wollen, daß durch die Studentenrevolte und die von ihr ausgehenden geistigen und politischen Wirkungen unsere Kultur revolutioniert worden sei. Wenn man den Gedanken der Revolutionierung einer Kultur nicht im Sinne einer totalen Umwertung der Werte der bestehenden Kultur versteht, sondern etwas bescheidener im Sinne einer starken Akzentverschiebung, einer Gewichtsverlagerung, durch die Wertorientierungen und Maßstäbe, die bis dahin von eher sekundärer Bedeutung waren, an eine vorrangige Stelle rükken, dann kann man in der Tat sagen, daß zwischen 1965 und 1975 die politische Kultur der Bundesrepublik revolutioniert worden ist.

Ich will diesen Prozeß an einem zentralen Beispiel veranschaulichen: In der politischen Kultur der Bundesrepublik, wie sie sich in den ersten beiden Nachkriegsjahrzehnten herausbildete, war die Idee der Demokratie eng mit dem repräsentativen Prinzip verbunden. In Übereinstimmung mit dem Grundgesetz sah man in der Repräsentation des Volkes durch Politiker und Parteien die einer modernen demokratischen Verfassungsform am besten angemessene Ausprägung des demokratischen Prinzips. Plebiszitärdemokratische Elemente wurden für eine potentielle Bedrohung der freiheitlichen Verfassung gehalten, die Idee demokratischer Partizipation im Sinne direkter Demokratie galt für einen Flächenstaat mit großen Bevölkerungsmassen als unpraktikabel; sie wurde ausschließlich auf die Mitarbeit in den politischen Parteien und den sozialen Verbänden bezogen, wo man sich über den Wahlakt hinaus einen »mündigen Bürger« wünschte. In der politischen Kultur der Bundesrepublik der siebziger Jahre hat die Idee der Demokratie einen ganz anderen Inhalt. Zwar ist der repräsentative Charakter unseres Verfassungssystems erhalten geblieben, aber dieses wird eher als eine Art demokratisches »Mängelwesen« interpretiert. Die Idee der partizipatorischen Demokratie, derzufolge die Bürger prinzipiell an allen politischen Entscheidungen, die sie betreffen, unmittelbar beteiligt werden sollten, kann in der Rangskala der Wertvorstellungen unserer politischen Kultur der Gegenwart zweifellos die höhere Dignität beanspruchen.

Im gleichen Zuge hat sich auch die egalitäre Komponente des Demokratiebegriffs auf Kosten seiner freiheitlichen Komponente in den Vordergrund geschoben. Das liberale Demokratieverständnis, das die beiden ersten Jahrzehnte der Bundesrepublik weitgehend geprägt hatte, verstand den Gleichheitsgedanken in erster Linie als politische Gleichheit der Staatsbürger, während das neue egalitäre Demokratiebewußtsein in der weitgehenden Verwirklichung materieller, gesellschaftlicher Gleichheit erst die notwendige Vorbedingung für die politische Gleichheit der Staatsbürger erblickt. Im Gegensatz zu der seit Tocqueville vertrauten liberalen Demokratiekonzeption, die von einer nicht völlig aufhebbaren Spannung zwischen den Prinzipien der Freiheit und der Gleichheit ausgeht, leugneten die plötzlich in großer Zahl auftretenden neuen Demokratietheoretiker eine solche Unvereinbarkeit und behaupteten ganz einfach, gesellschaftliche Gleichheit sei die notwendige Voraussetzung demokratischer Freiheit, die beiden Prinzipien schlössen einander nicht aus.

Von daher war es nur konsequent, die Prinzipien egalitärer Demokratie in den Bereich der Gesellschaft zu tragen und die »Demokratisierung aller gesellschaftlichen Bereiche« zu fordern. Kaum eine Forderung der letzten Jahre hat größere Auswirkungen auf die Entwicklung gesellschaftlicher Teilbereiche der Bundesrepublik gehabt wie diese. Hier haben die Bewußtseinsänderungen, in diesem Falle ein radikaleres Demokratieverständnis, auch zu institutionellen und strukturellen Wandlungen geführt, die zwar im kulturellen Bereich am stärksten sichtbar wurden, aber nicht auf ihn beschränkt blieben.

Auseinandersetzung mit Jürgen Habermas

Wie ich hier am Beispiel des Demokratiebegriffs zu zeigen versuchte, haben sich tragende Begriffe unseres in der Nachkriegszeit formierten politischen Selbstverständnisses mit neuen Inhalten vollgesogen, so daß der früher bestehende Konsensus über die wesentlichen Prinzipien unserer politischen, sozialen und ökonomischen Ordnung an vielen Stellen brüchiger geworden ist. Im Kielwasser von Jürgen Habermas haben viele deutsche Sozialwissenschaftler die These vertreten, die Demokratietheorie des Westens habe eine Art Schrumpfungsprozeß durchgemacht und die klassischen Autoren des 18. und 19. Jahrhunderts verleugnet.

Zwar hatte es in der amerikanischen und auch deutschen Sozialwissenschaft Ende der fünfziger Jahre gewisse Tendenzen gegeben, die entsprechenden Ergebnisse empirischer Demokratieforschung quasi zur Norm zu erheben, aber das radikale Demokratieverständnis, das sich in unserer politischen Kultur mehr und mehr in den Vordergrund schob, konnte sich nur auf einen klassischen Ahnherrn zu Recht berufen, dessen Theorie im bis dahin vorherrschenden deutschen Demokratieverständnis wegen ihrer totalitären Implikationen aus gutem Grund kritisch gesehen wurde: auf Jean-Jacques Rousseau.

Habermas hat in der Einleitung zu den von ihm herausgegebenen »Stichworten zur geistigen Situation der Zeit« (edition suhrkamp Bd. 1000, 1979) selbst vermerkt, daß »sich im Verlaufe der Protestbewegung das politische Begriffsregister verschoben hat«. Er selbst gehört ja in exponierter Weise zu jenen kritischen Intellektuellen, die der Bewußtseinsveränderung wesentliche Stichworte geliefert haben (z. B. »Technik und Wissenschaft als Ideologie«, »Legitimationsprobleme im Spätkapitalismus«, um nur zwei einflußreiche Buchtitel zu nennen). Darüber braucht es also keinen Streit zu geben, denn eine wesentliche Wandlung der politischen Kultur, die in der Ära der sozialliberalen Koalition vor sich gegangen ist, lag gerade in jener signifikanten Verschiebung des, wie Habermas es ausdrückt, politischen Begriffsregisters.

Die interessante Frage freilich ist, wie es zu einer solchen Verschiebung kommen konnte, was ihre Ursachen sind. Sie hat immerhin zur Folge gehabt, daß wir heute über zentrale politische Begriffe, mit denen wir entweder normative politische Zielsetzungen oder konkrete politische Situationen benennen, ziemlich verunsichert sind.

Habermas geht in seiner Argumentation von der Auffassung aus, daß sich im Wert- und Begriffswandel, den wir in der letzten Dekade durchgemacht haben und weiterhin durchmachen, der »objektive Geist« manifestiere. Politisch-theoretische Grundbegriffe, so meint er, könnten sich langfristig nur dadurch verändern, daß »sie komplexe Argumentationen aufsaugen, daß sich in ihnen Innovationen und Lernprozesse niederschlagen«.

Lassen wir einmal dahingestellt, wie komplex die Argumentationen sind, die z. B. in den egalitären und emanzipatorischen Demokratiebegriff der Gegenwart tatsächlich eingegangen sind (man könnte mit vielleicht größerem Recht argumentieren, daß unser komplexes Demokratieverständnis durch eine höchst simple, eindimensionale Interpretation seiner früheren Komplexität beraubt worden ist), so ist es zweifellos richtig gesehen, daß die geistig-politische Auseinandersetzung der letzten zehn bis zwanzig Jahre durch einige »Innovationen« charakterisiert war, die von einem Teil der politisch engagierten Intelligenz schnell rezipiert, also gelernt worden sind. So hat man sich beispielsweise ohne besondere Skrupel den von dem Norweger Johan Galtung erfundenen Begriff der »strukturellen Gewalt« zu eigen gemacht, ein Vorgang, der sowohl zu einer Entschärfung des herkömmlichen, auf die Idee physischer Gewaltsamkeit bezogenen Gewaltbegriffs beigetragen und so das Problem der Legitimität von Gewalt auch im Gewande demokratisch sanktionierter Machtausübung überhaupt erst erzeugt hat, wie auch zur Perhorreszierung ungleicher sozialer Lebensverhältnisse, die nun als gewalttätige interpretiert wurden. Die Folge dieser Innovation war zumindest eine beträchtliche Verunklarung des Gewaltbegriffs, und demzufolge eine Verunsicherung des politischen Bewußtseins, das unschlüssig wurde, wie man den um sich greifenden politisch legitimierten Gewaltakten – bis hin zum Terrorismus – richtig begegnen sollte.

Ein anderes Beispiel für begriffliche und theoretische Innovationen, die m. E. allzu schnell gelernt wurden, ist die seit Jahren geführte Debatte über die Legitimität des westlich-demokratischen Systems auf der Grundlage einer kapitalistischen Wirtschaftsordnung. Diese Debatte war nicht etwa die Folge akuter Bestands- oder gar Überlebensprobleme des bestehenden demokratischen Systems, sondern nachweislich eine Innovation von politischen Theoretikern, die in Anlehnung an das marxistische Modell vom Grundwiderspruch zwischen Arbeit und Kapital und unter Verarbeitung mehr oder weniger treffender Beobachtungen über soziale und ökonomische Verlaufsprozesse in der gegenwärtigen Gesellschaft zu Aussagen über das System der Bundesrepublik gelangten, die verklausuliert darauf hinausliefen, diesem System seine Legitimität, und damit auch seine moralische Existenzberechtigung abzusprechen.

Wenn Habermas nun einigen Autoren, darunter auch mir, vorwirft, wir betrachteten die geistige Auseinandersetzung als so etwas wie einen »paramilitärischen Einsatz an der semantischen Bürgerkriegsfront«, wir betrieben »Ideologieplanung mit Mitteln der Sprachpolitik«, dann hat er polemisch jene Bemühungen im Visier, die durch diese »Aufsaugungen« und Neuinterpretationen unserer theoretisch-politischen Grundbegriffe in den vergangenen Jahren entstandene Verunsicherung unserer politischen Kultur wieder rückgängig zu machen, um so den brüchiger gewordenen Konsensus über die tragenden Prinzipien unseres Verfassungslebens wieder zu stabilisieren. Auf der Linken wird dieser Vorgang, bei dem es darum geht, den seit der Studentenrevolte eingerissenen Hang zur normativen Übersteigerung von Verfassungsprinzipien, zur Willkür in der Setzung von kritischen Maßstäben zur Beurteilung unserer sozialen Wirklichkeit, die im Lichte dieser Kriterien als inhuman und undemokratisch erscheint, wieder auf ein vertretbares Maß zurückzustutzen und den traditionellen Verfassungskonsensus vor weiterer Erosion zu schützen, als *Tendenzwende* bezeichnet. In Wirklichkeit jedoch hat eine geistige Tendenzwende im Sinne der Rückkehr zu den politischen Orientierungs- und Wertmaßstäben der Ära vor dem Ausbruch der Kulturrevolution nicht oder nur sehr begrenzt stattgefunden. Die Schwerpunkte der öffentlichen Debatte haben sich freilich etwas verlagert. Sie wird heute im politischen Raum nicht mehr so stark mit dem politischen Vokabular aus dem Arsenal des Marxismus und Neomarxismus bestritten, sondern hat sich mit starken antizivilisatorischen Tendenzen vermischt, die oft ganz unbefangen auf die Topoi der bürgerlich-konservativen Kulturkritik zurückgreifen und auch Anleihen beim traditionellen deutschen Irrationalismus nicht scheuen. Die Verlagerung der kritischen Argumentation auf Probleme der Ökologie und die damit einhergehende Tendenz, sich an »alternativen« Modellen auszurichten, ist die neue Form, die der ursprünglich eher politische Protest heute angenommen hat. Die studentische Protestbewegung ist an ihren eigenen Extravaganzen und Übersteigerungen, an ihrem mangelnden Sinn für gesellschaftliche und politische Realitäten, an ihrer Versponnenheit in politische Theorien gescheitert, die zwar die politische Kultur der Bundesrepublik belebt und auch gebeutelt, doch die politischen und ökonomischen Strukturen nicht in Mitleidenschaft gezogen haben.

Man lese nur, was heute Anhänger oder Anführer der Studentenrevolte über zurückliegende Phasen ihrer eigenen Lebensgeschichte schreiben, um etwas Abstand zu bekommen von den dramatischen Lagebeschwörungen, die in einem Sektor unserer politischen Kultur gang und gäbe geworden sind.

Im Blick auf die siebziger Jahre läßt sich für den Bereich der politischen Kultur, insbesondere für den Bereich der geistig-politischen Auseinandersetzung mit Sicherheit das folgende festhalten: Das Spektrum sowohl der Themen wie vor allem der Positionen der Debatte, in der es um unser politisches Selbstverständnis geht, hat sich durch die kulturelle Revolution bemerkenswert erweitert. Es hat – im Gegensatz zur Zeit zwischen 1950 und 1965 – eine beträchtliche Erweiterung nach links erfahren und umschließt heute eine ähnliche Vielfalt von ideologischen Positionen wie zur Weimarer Zeit, wobei allerdings die nationalistischen und konservativ-reaktionären Positionen ein weitaus geringeres Gewicht haben als damals. Der Einbruch linker Theorien und Ideologien in das politische Bewußtsein der Bundesrepublik ist im wesentlichen in der Ära der sozialliberalen Koalition erfolgt, aber er hat die konkrete Politik dieser Koalition mehr am Rande, nicht in ihrem Kern, der mehr traditionellen Mustern folgt, beeinflußt. Die Koalition selbst hat sich vor allem in den Reihen ihrer eigenen Parteien mit dem neuen kritischen Potential auseinandersetzen müssen, das bei ihnen naturgemäß viel stärker zur Wirkung kam als in den Gliederungen der konservativen Opposition. Die SPD wie die FDP haben beachtliche innere Wandlungsprozesse durchmachen müssen, blieben in ihrer Regierungspolitik jedoch gleichwohl bemüht, der Kontinuität größeres Gewicht zu geben als dem Wandel. Dennoch ist an den Rändern der Parteien und nicht zuletzt außerhalb des Parteienspektrums ein nicht unerhebliches Potential von Menschen verblieben, die für andere politische Zielsetzungen mobilisierbar sind, als sie derzeit in den großen Parteien durchgesetzt werden können. Deren politisches Bewußtsein speist sich von den kritischen Ansätzen, die in den Jahren der Kulturrevolution entwickelt worden sind, wobei bemerkenswert ist, daß die mit der Re-Ideologisierung einhergehenden härteren politischen Umgangsformen – radikale Opposition, Mißachtung des Kompromisses als Mittel politischen Ausgleichs, Minderung der Toleranzbereitschaft – geblieben sind und sich wechselnden politischen Inhalten anpassen. Da zur politischen Kultur nicht nur der Bestand an politischen Überzeugungen, Meinungen und Ideologien, sondern auch das Verhalten, der Umgang mit dem politischen Gegner, die Formen des Protestes und der Ablehnung etc. gehören, kann man sagen, daß auch in dieser Hinsicht, trotz wechselnder politischer Akzente im Inhaltlichen, eine Tendenzwende nicht stattgefunden hat.

Die Verantwortung der Intellektuellen

Bleibt schließlich die entscheidende Frage: Können Menschen, die sich geistig mit den Fragen der Politik und der gesellschaftlichen Entwicklung befassen und auf die Öffentlichkeit einwirken, geistige Veränderungen, Bewußtseinswandlungen, wie wir sie in der Bundesrepublik ohne Zweifel gehabt haben, von sich aus herbeiführen? Sind die Intellektuellen schuld an der politischen Verunsicherung, an der Brüchigkeit des demokratischen Konsens, oder sind sie, wie Habermas für sich und die Seinen behauptet, nur »die Boten«, die für »die üble Botschaft« bestraft werden, die sie ausstreuen und die sich in den Köpfen ihrer Epigonen einnistet?

Die These, die linken Kritiker der Bundesrepublik, die eine Legitimitätskrise und dergleichen behaupten und die Bundesrepublik Deutschland als eine Art politischer Mißgeburt beschreiben, seien die Künder einer Wahrheit, die den Herrschenden wenig genehm sei und darum vom politischen und wissenschaftlichen *Establishment* dem Volk vorenthalten werde, wobei sie sich der »Tendenzschriftsteller« bedienten, um die kritische Botschaft zu konterkarieren, erscheint mir ziemlich absurd, doch steckt darin natürlich das Problem der Triftigkeit und Richtigkeit theoretischer und empirisch gewonnener Erkenntnis. So richtig die Behauptung ist, daß es eine voraussetzungslose Erkenntnis nicht gibt, so notwendig bleibt die kritische Auseinandersetzung darüber, welche Erkenntnisprämissen in Aussagen über politische Verhältnisse jeweils eingehen. Immerhin ist die Tatsache, daß die Bundesrepublik als demokratischer Staat eine im internationalen Vergleich bemerkenswerte Stabilität und auch Kontinuität aufweist, dem nicht mit ideologischen Scheuklappen versehenen kritischen Beobachter vom Range eines Habermas so evident, daß er dieses Faktum gar nicht leugnet – Habermas: »Tatsächlich steht ja die Bundesrepublik nicht schlecht da: historisch im Vergleich mit anderen politischen Systemen auf deutschem Boden, international im Vergleich mit anderen industriell fortgeschrittenen Gesellschaften« –, aber anstatt politischer oder ökonomischer Krisenphänomene, die sich (leider) nicht in ausreichender Zahl einstellen wollen, diagnostiziert man »Krisen der Motivation und Krisen des Bewußtseins« oder verweist auf »Anfälligkeiten der politischen Kultur« oder auf »Erosionen von Wertorientierungen«. Doch ich behaupte gerade nicht, daß die zuletzt genannten Phänomene »linke Hirngespinste mit medienverstärkten Effekten« seien, wie Habermas unterstellt, sondern halte gerade die geschilderten Veränderungen in unserer politischen Kultur für sehr real und für das z. Zt. maßgebliche Krisenphänomen der Bundesrepublik. Ich bekämpfe, soweit dies überhaupt in der Macht eines in einem komplexen System agierenden Intellektuellen mit einem Hang zur common-sense-Argumentation liegt, (die der Demokratie jedoch zweifellos angemessener ist als elitäre Theorieansprüche) die Wandlungs- und Verunsicherungstendenzen in unserer politischen Kultur, weil ich der Auffassung bin, daß sie durch »das Wirken des Geistes« mit erzeugt worden sind. Man kann sich einer genaueren Analyse der im kulturellen Bereich zweifellos identifizierbaren Störungen und Krisen und ihrer Genesis freilich dadurch entziehen wollen, daß man ihre Entstehung »auf die Kolonialisierung der Lebenswelt durch ein verselbständigtes ökonomisches und administratives System« zurückführt, aber in dieser pauschalen Erklärung des Phänomens durch Habermas ist eigentlich jedes Teilstück einer überzeugenden, an den empirischen Verhältnissen gewonnenen Erklärung bedürftig.

Natürlich sind Wandlungen der politischen Kultur, wie sie sich im letzten Jahrzehnt bei uns abgespielt haben, und wie sie sich vor allem in der jungen Generation – und dort wiederum vornehmlich in den intellektualisierten bürgerlichen Schichten – vollzogen haben, nicht einfach das Produkt von Gesinnungsaposteln oder ideologischen Verführern oder blutleeren Theoretikern, sondern es handelt sich um geistige und psychische Reaktionen auf eine erlebte Wirklichkeit, aber die Geistesgeschichte und auch die politische Geschichte lehren uns, daß die Ideen, durch die wir uns die Wirklichkeit erkennend aufschließen, selbst Wirklichkeit konstituieren. Sie sind kein bloßes Produkt zugrundeliegender ökonomischer Verhältnisse, wie die vulgäre marxistische Überbautheorie uns versichert, sondern stets auch ein Produkt des kreativen und unabhängigen Geistes selbst, der sich denkend der Wirklichkeit zu bemächtigen versucht. Insofern sind die linken Intellektuellen, die den Gedanken der notwendigen und tiefgreifenden Veränderung unserer Gesellschaftsstrukturen propagieren, weil die von ihnen beschriebene Welt des Gegenwärtigen nicht so heil ist, wie es ihrem utopischen Verständnis entspricht, eben keineswegs nur die »Boten«, d. h. die Träger einer wahren Botschaft, sondern auch die Gestalter und Schrittmacher eines Bewußtseins, das sich mit den gegebenen Verhältnissen in unserer Gesellschaft nicht arrangieren will. Je mehr es den Wortführern des Ressentiments gegen die bürgerliche Demokratie gelingt, Bewußtseinsinhalte zu vermitteln, die sich mit den gewiß unzulänglichen Gegebenheiten einer prinzipiell unvollkommenen, gleichwohl verbesserungsfähigen demokratischen Ordnung unseres Typs kaum oder gar nicht vereinbaren lassen, desto stärker gerät das politische Bewußtsein und damit auch die politische Kultur in einen kritischen Gegensatz zu den bestehenden Verhältnissen. Es ist für die Qualität einer politischen Kultur höchst relevant, welchen Denkmustern sie folgt, welche Maßstäbe zur Beurteilung der politischen und sozialen Verhältnisse in ihr entwickelt werden und Geltung erlangen. Hier kommt die Verantwortung des Geistes für das Leben entscheidend ins Spiel.

Unsere historische Erfahrung ist reich genug, um uns vor der Naivität zu bewahren, die kritischen Intellektuellen seien samt und sonders die Hüter des Guten und des Wahren und die unbestechlichen Anwälte menschlicher Vernunft. Es gibt auch die Geschichte der »Irrungen und Wirrungen« des menschlichen Geistes. Zu Beginn der fatalen Endphase der Weimarer Republik hat der sozialdemokratische Staatsrechtslehrer Hermann Heller in einem Vortrag die Auffassung vertreten, die Krise des demokratischen Staates der Weimarer Republik sei zwar einerseits im kritischen Zustand der Gesellschaft begründet, doch sie werde andererseits »ungebührlich vergrößert durch gewisse kritische Maßstäbe, welche man an diesen politischen Zustand anzulegen pflegt.« Die Probleme der Bundesrepublik sind weit weniger virulent, weil die Demokratie einigermaßen funktioniert und gewisse Krisenphänomene sich vorwiegend im Bereich der politischen Kultur produzieren. Die neuen Krisenphänomene sind nur mittelbar von den gesellschaftlichen Vorgängen selbst induziert, sie sind zu einem guten Teil einer geistigen Einwirkung zu danken, die dem Krisenbewußtsein in unserer politischen Kultur die Stichworte liefert. Deshalb muß man versuchen, sie vorwiegend mit den Mitteln geistiger Auseinandersetzung zu korrigieren, um unser politisches Bewußtsein in eine bessere Übereinstimmung mit der Wirklichkeit zu bringen.

Die Veränderungen unserer politischen Kultur, so viel scheint mir sicher zu sein, sind durch die Veränderungen und Wandlungstendenzen der komplexen Industriegesellschaft allein nicht ausreichend zu erklären. Sie haben ihre Ursache auch in der Propagierung neuer Wertorientierungen, die keineswegs ausschließlich kritikbedürftig sind, in der Entwicklung radikalerer Maßstäbe zur Beurteilung der Qualität demokratischer Systeme, und nicht zuletzt in der Überzeugung vieler Kritiker, die sich an der marxistischen Theorie orientieren, daß die kapitalistische Wirtschaftsform und die mit ihr verbundene liberale Demokratie auf die Dauer nicht Bestand haben können, sondern überwunden werden müssen.

Wollte man die komplizierte Ursachenkette noch weiter zurückverfolgen, so müßte man freilich auch fragen, woher es kommt, daß radikalere Maßstäbe heute von zahlreichen Bürgern für angemessen gehalten werden; wie es geschah, daß die liberalen und bürgerlichen Werte etwas von ihrer Überzeugungskraft eingebüßt haben, doch wird man immerhin soviel sagen können: Wandlungen der beschriebenen Art berühren immer auch die Verantwortung derer, die durch ihre geistige Tätigkeit daran mitwirken, sie herbeizuführen. Gewiß ist die Wirkungsgeschichte von Ideen höchst komplex, aber daß es sie gar nicht gäbe, daß linke Intellektuelle gewissermaßen nur der Mund wären, aus dem der »objektive Geist« spricht, das ist eine Verhüllungsideologie.

Die politische Kultur ist, was wir aus ihr machen. Sie setzt sich nicht einfach naturwüchsig durch. Insofern stellt sich bei der Analyse der Wandlungen unserer politischen Kultur, wenigstens bis zu einem gewissen Grade, das Problem der geistigen Verantwortung. Für alle, die durch ihre geistige Aktivität auf das politische Bewußtsein einwirken, sollte intellektuelle Redlichkeit das oberste Gebot sein und bleiben.

Unser berechtigtes Interesse an der politischen Kultur einer Demokratie und an Veränderungen des politischen Bewußtseins beruht auf der Prämisse, daß zwischen den gesellschaftlichen Verhältnissen und ihrer formaldemokratischen Organisation einerseits und der politischen Kultur andererseits ein Verhältnis gegenseitiger Abstützung und produktiver, spannungsreicher Ergänzung bestehen sollte. Gewisse Wandlungen unserer politischen Kultur, die in den Augen linker Kritiker sehr wohl als eine Annäherung an ihre eigenen geistigen und politischen Positionen interpretiert werden können, erweisen sich jedoch als wenig geeignet, das bestehende politische System der Bundesrepublik, dem man unter konventionell demokratischen wie unter wohlfahrtsstaatlichen Gesichtspunkten einen relativen Erfolg nicht wird absprechen können, bewußtseinsmäßig abzustützen. Die eingetretenen geistigen Wandlungen drängen unser politisches System eher in Richtung auf eine *andere Republik*. Es ist darum sehr die Frage, ob die hier vor sich gegangenen Wandlungen, die ebenso vielschichtig wie facettenreich sind, unserer liberalen Demokratie, wie sie sich unter der Herrschaft des Grundgesetzes herausgebildet und in vier Jahrzehnten stabilisiert hat, unserer politischen Kultur die Kraft geben, einer von materiellen Krisenerscheinungen heimgesuchten Demokratie als Stabilitätsreserve dienen zu können. Darum ist die althergebrachte Sorge um unsere politische Kultur nicht behoben, sie könnte sich in einer ökonomischen Krisensituation als nicht gefestigt genug erweisen, um jederzeit demokratischen Lösungen der Krisenbewältigung den Vorrang zu geben. Im Gegenteil: Die Situation ist durch radikalere, den hergebrachten demokratischen Konsensus sprengende Tendenzen in unserer politischen Kultur selbst eher noch schwieriger geworden. Die in den letzten Jahren vor sich gegangenen Änderungen des politischen Bewußtseins in relevanten, meinungsbildenden Teilen unserer Gesellschaft, die bis weit in die politischen Gliederungen hineinreichen, sind nun selbst zu Faktoren der Verunsicherung unserer politischen und wirtschaftlichen Ordnung geworden, einer Verunsicherung, die sich auch auf die Strukturen unseres Systems auszuwirken beginnt. Wir leben in einer durch ihre politische Kultur »verunsicherten Republik«. (Vgl. mein Buch »Die verunsicherte Republik«, Piper-Verlag München 1979)

(1980)

III. Die Politische Kultur der DDR

(in Zusammenarbeit mit Wolfgang Bergem)

Die Politische Kultur der Bundesrepublik ist das Ergebnis einer prinzipiell freien politischen Entwicklung. Sie hat sich im Zusammenwirken von politischen Institutionen und Bürgern unter Verarbeitung von Traditionsbeständen aus vorangegangenen Epochen gebildet. Ungeachtet der Zustimmung der großen Mehrheit der Bundesbürger zu ihrem politischen System ist sie kein einheitlicher Block von Einstellungen und Verhaltensweisen, sondern reflektiert die pluralistische Struktur des demokratischen Systems. In einer freiheitlichen Demokratie, in der verschiedene politische Gruppen, Interessen und Anschauungen miteinander wetteifern, kann es keine völlig einheitliche, durch identische Überzeugungen, Verhaltensweisen und Emotionen charakterisierte politische Kultur geben. Es ist der *Konsensus* über die grundlegenden Werte der freiheitlichen Ordnung, der die Stärke einer in sich differenzierten politischen Kultur in der Demokratie ausmacht. Eine offizielle, durch die Staatsorgane zu realisierende politische Kultur kann es in der freiheitlichen Demokratie nicht geben.

Ganz anders in der DDR. Der zweite deutsche Staat gab sich zwar als Demokratie aus, war aber von Anfang an nichts anderes als eine von der führenden Partei, der SED, und ihrer Oligarchie gelenkte totalitäre Herrschaft auf der Basis der marxistisch-leninistischen Ideologie. Mit Hilfe dieser politischen Ideologie hatten die Herrschenden eine klare Vorstellung von der für ihr sozialistisches System funktionalen und durch die Herrschafts- und Erziehungsmittel des Einparteistaates zu schaffenden politischen Kultur. Man kann die von der SED offiziell propagierte politische Kultur der DDR eine *Zielkultur* nennen, weil sie trotz des massiven Einsatzes der Machtmittel unmöglich voll realisiert werden konnte. Auf jeden Fall ist es notwendig, die offizielle politische Kultur der DDR von der inoffiziellen politischen Kultur, den unter den Bürgern real sich herstellenden politischen Einstellungen und Verhaltensweisen, zu unterscheiden. Demgemäß gliedert sich die folgende Darstellung in mehrere Abschnitte: Der erste behandelt die offizielle politische Kultur des SED-Staates und ihre Wirksamkeit und Bedeutung für das System; der zweite gibt eine Darstellung der real existierenden politischen Kultur, wie sie sich vor allem seit der Machtübernahme durch Erich Honecker (1971) neben und gegen das offizielle politische System entwickelt hat. Daran schließt sich eine vorläufige Untersuchung über die politische Kultur in der deutschen Revolution vom Oktober 1989 an, die durch einen Ausblick auf die politische Kultur Deutschlands im Prozeß der Wiedervereinigung abgerundet wird.

1. Die offizielle Politische Kultur des SED-Staates

Die Beschäftigung mit der offiziellen, von der SED propagierten politischen Zielkultur ist auch nach der deutschen Revolution von 1989 sinnvoll: Die Versuche einer staatlichen Steuerung der politischen Kultur, denen die Menschen in Sachsen, Sachsen-Anhalt, Brandenburg, Thüringen und Mecklenburg über vier Jahrzehnte hinweg ausgesetzt waren, blieben nicht ohne prägende Wirkungen auf die Bewußtseinshaltung dieser Gesellschaft – wenn auch anderen Wirkungen als den intendierten.

Die offizielle politische Kultur des ostdeutschen Staates war an den Prinzipien des Marxismus-Leninismus orthodoxer sowjetischer Prägung orientiert und sollte nach dem Willen der SED-Ideologen alle Lebensbereiche der »entwickelten sozialistischen Gesellschaft« der DDR durchdringen. Im Zentrum dieser staatlich propagierten politischen Zielkultur stand der Begriff der »sozialistischen Lebensweise«, personifiziert wurde sie in der »allseitig entwickelten sozialistischen Persönlichkeit« (Programm der SED von 1976). Im Prozeß einer lebenslangen, ideologisch geprägten und staatlich angeleiteten Erziehung war der Neue sozialistische Mensch heranzubilden, der sich aktiv und engagiert für die Angelegenheiten der sozialistischen Gesellschaft einsetzt. Die anthropologische Prämisse der prinzipiell möglichen Erziehbarkeit des Menschen zu einem ideal definierten Ziel zeigte sich in der DDR in der herausgehobenen Bedeutung der *Sozialisation*. Mit der Anleitung der Sozialisationsagenturen, mit deren Hilfe die intendierte politische Kultur geschaffen werden sollte, nahm der SED-Staat seine Bürger in die Pflicht: Schulen und Kindergärten, Massenmedien und Volkseigene Betriebe, gesellschaftliche Organisationen und die Nationale Volksarmee hatten – neben ihrer primären Funktion – die Aufgabe, allseitig gebildete sozialistische Persönlichkeiten heranzuziehen, mit denen die neue Gesellschaft mit ihren ganz anderen sozialen Beziehungen aufgebaut werden sollte. Die Absicht, mit der ›alten‹ Gesellschaft der deutschen Vergangenheit zu brechen und eine neue, bessere Gesellschaft zu schaffen, verband sich in den Jahren nach dem Zweiten Weltkrieg bei der Aufbaugeneration des sozialistischen deutschen Staates mit viel Hoffnung und Optimismus, unterstützt durch den Glauben an die Utopie einer kommunistischen Gesellschaft.

In den fünfziger Jahren glorifizierte Walter Ulbricht diese Zielvorstellung mit dem harmonisierenden Begriff der »sozialistischen Menschengemeinschaft«. Der SED-Generalsekretär aus Leipzig war es auch, der 1958 als sittlichen Leitfaden für den Neuen Menschen die zehn »Grundsätze der sozialistischen Ethik und Moral« verkündete, an denen sich das Verhalten des Bürgers orientieren sollte: »Das moralische Gesicht des neuen, sozialistischen Menschen, der sich in diesem edlen Kampf um den Sieg des Sozialismus entwickelt, wird bestimmt durch die Einhaltung der grundlegenden Moralgesetze: 1. Du sollst Dich stets für die internationale Solidarität der Arbeiterklasse und aller Werktätigen sowie für die unverbrüchliche Verbundenheit aller sozialistischen Länder einsetzen. 2. Du sollst Dein Vaterland lieben und stets bereit sein, Deine ganze Kraft und Fähigkeit für die Verteidigung der Arbeiter-und-Bauern-Macht einzusetzen. 3. Du sollst helfen, die Ausbeutung des Menschen durch den Menschen zu beseitigen. 4. Du sollst gute Taten für den Sozialismus vollbringen, denn der Sozialismus führt zu einem besseren Leben für alle Werktätigen. 5. Du sollst beim Aufbau des Sozialismus im Geiste der gegenseitigen Hilfe und der kameradschaftlichen Zusammenarbeit handeln, das Kollektiv achten und seine Kritik beherzigen. 6. Du sollst das Volkseigentum schützen und mehren. 7. Du sollst stets nach Verbesserung Deiner Leistungen streben, sparsam sein und die sozialistische Arbeitsdisziplin festigen. 8. Du sollst Deine Kinder im

Geiste des Friedens und des Sozialismus zu allseitig gebildeten, charakterfesten und körperlich gestählten Menschen erziehen.

9. Du sollst sauber und anständig leben und Deine Familie achten.

10. Du sollst Solidarität mit den um ihre nationale Befreiung kämpfenden und den ihre Unabhängigkeit verteidigenden Völkern üben.«

Diese neue Moral, die sich in der Folge in zahlreichen Programmen und pädagogischen Richtlinien niederschlug, wurde zum Kampfinstrument der Einheitspartei, denn Sittlichkeit und Menschlichkeit und Sozialismus waren eins: »Nur der handelt sittlich und wahrhaft menschlich, der sich aktiv für den Sieg des Sozialismus einsetzt«, hieß es in der Einleitung zu Ulbrichts Dekalog. Von der ethischen Diskriminierung aller Gegner der offiziellen Ideologie war es nur noch ein Schritt zu ihrer Kriminalisierung.

In jedem Staatswesen gibt es bestimmte Verpflichtungen für die Bürger. Die Anforderungen, die der auf die sozialistische Weltanschauung mit ihrem optimistischen Menschenbild gegründete Staat der SED an seine Bürger stellte, waren besonders hoch; die angestrebte Entwicklung von der sozialistischen zur kommunistischen Gesellschaft war auf die tätige Mitarbeit, das aktive und freiwillige Engagement selbstloser Sozialisten angewiesen. Gleichzeitig waren die von der sozialistischen Persönlichkeit erwarteten Bekenntnisse, Eigenschaften und Verhaltensweisen funktional im Sinne der Systemstabilisierung und Machterhaltung der herrschenden Partei, und sie lagen auch im ökonomischen Interesse der Produktivitätssteigerung. Grundlage für die Beteiligung an der Lösung der »Hauptaufgabe«, der weiteren »Gestaltung der entwickelten sozialistischen Gesellschaft«, war das feste, rational und emotional fundierte Bekenntnis zum Marxismus-Leninismus sowjetischer Prägung.

Der tiefen Liebe zur Deutschen Demokratischen Republik und dem Stolz auf ihre sozialistischen Errungenschaften entsprach im ideologischen Freund-Feind-Schema des antagonistischen Denkens der »leidenschaftliche Haß gegen die imperialistischen Feinde unseres Volkes«, wie es etwa im Leitfaden für die Erziehungsarbeit in Jugendheimen hieß. Eine besonders krasse Anwendung fand die simplifizierende Freund-Feind-Schablone in der Sozialistischen Wehrerziehung, die vor allem nach 1971 immer mehr Sozialisationsbereiche militarisierte. Der Sinn des Erziehungsziels ›Liebe zum Sozialismus – Haß auf seine Feinde‹ lag im militärischen Bereich in der Steigerung der Wehrbereitschaft und Kampfmotivation, im gesamtgesellschaftlichen Zusammenhang in der Stärkung von Loyalität und Legitimität: Mit der Propagierung einer emotionalen Bindung an die DDR und der deutlichen Abgrenzung von der Bundesrepublik sollte das Identitätsdefizit des demokratisch nie vollgültig legitimierten SED-Staates kompensiert werden.

Die aktive Teilnahme an der Gestaltung der sozialistischen Gesellschaft hatte in der DDR konstitutionellen Rang; in Artikel 21 der Verfassung von 1968 wurde der Grundsatz »Arbeite mit, plane mit, regiere mit!« als eine »hohe moralische Verpflichtung für jeden Bürger« bindend gemacht. Neben dieser Pflicht zur Mitbestimmung und Mitgestaltung wurden als weitere »Grundpflichten der Bürger« die Wehrpflicht (Art. 23,1), die Pflicht zur Arbeit (24,2), die Berufsbildungspflicht (25,4) und die elterliche Erziehungspflicht (38,4) in der Verfassung normiert. Die affirmative Partizipation in den gesellschaftlichen Organisationen unter Leitung und Kontrolle der SED sollte nicht auf Zwang, sondern auf Einsicht beruhen; der Neue sozialistische Mensch hatte nach dem Willen seiner Erzieher ein »entwickeltes Verantwortungs- und Pflichtbewußtsein für das Schicksal des Volkes und die Entwicklung des Landes« auszubilden.

Die Konzeption der sozialistischen Persönlichkeit war von einer grundsätzlich optimistischen Lebensauffassung getragen; erwartet wurde vom einzelnen die Unterordnung privater und individueller Interessen unter gesellschaftliche und kollektive Ziele – positiv ausgedrückt: Solidarität und Brüderlichkeit. Weiterhin sollten die Verantwortung und Zuständigkeit des »vormundschaftlichen Staates« (Rolf Henrich) für die Regelung aller politischen, gesellschaftlichen, zum Teil selbst der privaten Angelegenheiten anerkannt werden.

Mit der Forderung nach Kollektivität als einer maßgeblichen Verhaltensform knüpfte die SED an eine deutsche Tradition politischer Kultur an, in der dem größeren Ganzen, der Gesellschaft, stets der Vorrang vor dem Einzelnen, dem Individuellen, zukam.

Die auf dieser Haltung basierende etatistische Tradition politischer Kultur, die in Deutschland eine prinzipielle Loyalität und Unterordnungsbereitschaft gegenüber der staatlichen Autorität herausgebildet hat, ließ sich relativ einfach in die auf den Machterhalt des SED-Staates zugeschnittene offizielle politische Kultur integrieren; dem kam entgegen, daß vor allem die Gebiete Preußen und Sachsen nachhaltig von dieser obrigkeitsstaatlichen Tradition geprägt worden waren.

Die kommunistische Zielkultur der DDR bildete ein eigentümliches Amalgam aus überlieferten, seit Generationen gepflegten Normvorstellungen einer lutherisch geprägten Bevölkerung und den postulierten neuen Persönlichkeitsmerkmalen, deren Begründung aus der revolutionären Ideologie oft nur wie rhetorische Ornamentik erschien. Diese Funktionalisierung traditioneller deutscher Werthaltungen und Einstellungen für die Stabilisierung des SED-Regimes zeigte sich auch in der staatlichen Forderung nach Anerkennung der beruflichen Arbeit als einem zentralen Raum für Selbstverwirklichung und Entfaltung des Menschen. Der Leistungsorientierung als einer in der deutschen Werteskala traditionell oben stehenden Verhaltensnorm entsprach es, wenn von dem Neuen sozialistischen Menschen die ständige Fortbildung und Weiterqualifizierung auch in der Freizeit erwartet wurde. Der rege Gebrauch, den die Bürger der DDR unter Honecker von den angebotenen Maßnahmen zur Weiterbildung und beruflichen Mehrfachqualifikation machten, zeigt an, daß die SED mit der Aktivierung ökonomisch nützlicher Sekundärtugenden wie Fleiß, Disziplin, Pflichtbewußtsein oder dem Sinn für Ordnung und Gründlichkeit an durchaus vorhandene traditionelle Orientierungen deutscher politischer Kultur appellierte.

Im Zuge der Modernisierungsbemühungen, die in den Jahren vor dem Machtverlust der SED (1989) von der Erkenntnis zunehmender krisenhafter Symptome und der sinkenden volkswirtschaftlichen Leistung der DDR in Gang gesetzt wurden, gab es auch am offiziellen Bild der sozialistischen Persönlichkeit einzelne Korrekturen. So plädierte der Ostberliner Gesellschaftswissenschaftler Harald Schliwa für eine Aufwertung der Individualität gegenüber der Kollektivität sowie für Kreativität, individuelle Initiative, selbständiges Denken und Handeln als Ziele der staatlichen Erziehung. Allerdings räumte Schliwa die Funktionalität dieser Revision des sozialistischen Wertekanons für das übergeordnete Ziel einer ökonomischen Leistungssteigerung ein.

Die skizzierte offizielle politische Kultur der sozialistischen DDR wirkte darum besonders massiv auf die ostdeutsche Gesellschaft ein, weil es der SED gelungen war, die Sozialisationsagenturen, welche die Herausbildung von Werten, Einstellungen und Verhaltensweisen beeinflussen, zu ihren Zwecken zu instrumentalisieren. So begegneten die Inhalte der kommunistischen Zielkultur dem Bewohner der DDR bereits im Kindergarten und in der Vorschule, mit stärker kognitivem Schwerpunkt in der Schule, in der Berufsausbildung und an der Universität sowie, mit vor allem integrativer Funktion, beim Militär, im Betrieb, in den Zeitungen und Fernsehprogrammen, nicht zu vergessen in den überall plakatierten ideologischen Losungen. Die Mitgliedschaft in der Freien Deutschen Jugend (FDJ), die als wichtiger Transmissionsriemen der Einheitspartei intensiven Einfluß auf die Entwicklung der politischen Kultur ihrer jungen Genossen zu nehmen versuchte, war zwar freiwillig; jedoch konnten dank der monopolartigen Stellung dieser Organisation in weiten Bereichen der Freizeit- und Urlaubsgestaltung, dank der in Aussicht gestellten Privilegien und mit Hilfe des oft nur indirekt ausgeübten sozialen Drucks immerhin drei von vier Jugendlichen zum Beitritt in den staatlichen Jugendverband veranlaßt werden.

Zu den Integrationsstrategien der SED gehörte es auch, daß sie die Rahmenbedingungen politischer Sozialisation auf eine möglichst große Reichweite der staatlichen Einflußnahme hin organisierte; so wurde die Rolle der Familie durch die Bindung beider Elternteile an eine ganztägige berufliche Tätigkeit, ergänzt durch flankierende soziale Maßnahmen, zugunsten der Sozialisation in staatlich kontrollierten Institutionen und Organisationen stark zurückgedrängt. Die unumschränkt herrschende Einheitspartei wollte ihre sozialistische Konzeption einer politischen Kultur mit allen verfügbaren Mitteln durchsetzen; gemildert wurden diese staatlichen Indoktrinierungsversuche in den letzten Jahren vor der Revolution allenfalls von der Erkenntnis ihrer wachsenden offenen Ablehnung. Doch war dies ein pragmatisches Lavieren, kein Zugeständnis im Prinzip. Den offensichtlichen und jedermann bewußten Widerspruch zwischen ideologischem Anspruch und gesellschaftlicher Wirklichkeit wußten die SED-Ideologen durchaus zu parieren: Mit dem heuristischen ›Trick‹ der Dialektik ließen sich viele Antithesen unter Hinweis auf bevorstehende Synthesen erklären.

Die DDR war auf die allgemeine Akzeptanz der staatlich intendierten politischen Zielkultur angewiesen. Die Stabilität ihres politischen Systems gründete sich auf die Übereinstimmung der autoritär-hierarchischen Herrschaftsstruktur und einer politischen Kultur obrigkeitshöriger Untertanen. Bis zum sichtbaren Zusammenbruch dieser Übereinstimmung im Herbst 1989 war es der SED vierzig Jahre lang gelungen, durch die Funktionalisierung bestehender Traditionen politischer Kultur, durch die alleinige Verfügungsgewalt über die Sozialisationsagenturen sowie mit einem differenzierten Sanktions- und Repressionsapparat die Bürger der DDR zu veranlassen, dem sozialistischen System einen Anschein von Legitimität zu verleihen. Die tatsächlich in der DDR bestehende politische Kultur war jedoch nuancierter und facettenreicher, als es die nach außen gezeigte Zustimmung zum Staat der SED erwarten läßt.

2. Die real existierende Politische Kultur der DDR unter Honecker

Bereits vor der Revolution vom Herbst 1989 mußten die intensiven Sozialisations- und Integrationsstrategien der SED als gescheitert angesehen werden; der alte Adam ließ sich trotz aller Bemühungen nicht zum Neuen sozialistischen Menschen erziehen. Interessant ist dennoch die Frage, welche Spuren die massiv einwirkende offizielle politische Kultur in der tatsächlichen Verteilung der politisch relevanten Wertüberzeugungen, Einstellungen und Verhaltensweisen hinterlassen hat.

Auf die umfassenden Bestrebungen der herrschenden Partei, mit ihrer Ideologie alle Sphären des Lebens zu durchdringen, die Bürger zu politisieren und zu bewußt ›sozialistisch‹ lebenden und handelnden Persönlichkeiten heranzubilden, reagierten die Menschen in der DDR mehrheitlich mit politischem Desinteresse und

Teilnahmslosigkeit. Den geforderten Pflichten der Partizipation und des Sich-Bekennens wurde in der Regel zuverlässig, wenn auch ritualisiert und oft nur soviel wie gerade nötig, nachgekommen. Man gab dem Staat, was er von einem forderte, aber darüber hinaus fand sich nur bei den wenigsten ein Interesse oder gar ein freiwilliges, über das notwendige Maß hinausgehendes Engagement für die Politik des sozialistischen Staates. Diese politische Apathie hatte ihre Wurzeln zum einen im Fortwirken der unpolitischen Tradition deutscher politischer Kultur; zum anderen entsprang sie – sich selbst reproduzierend – der Resignation, dem desillusionierten Sich-Abfinden mit der stets aufs neue bestätigten Aussichtslosigkeit autonomer, nicht fremdbestimmter Partizipation. Die sowjetischen Panzer hatten am 17. Juni 1953 jedem deutlich genug gezeigt, was unkontrollierter politischer Aktivität in der DDR drohte. Die kritisch Engagierten, die noch drüben blieben, sahen schließlich nur noch in der Flucht ins Private, in der politischen Apathie, eine Möglichkeit ihrer Existenz.

Die politische Abstinenz wurde verstärkt durch den Entzug von Eigenverantwortung; er lag darin, daß der sozialistische Staat, eine Vaterrolle wahrnehmend, seine Bürger entmündigte, sich selbst in die persönlichen Angelegenheiten des einzelnen einmischte und ihm wichtige Entscheidungen über die Gestaltung seines Lebenswegs abnahm. Irene Böhmes Schilderung des Verhältnisses zwischen Volk und Obrigkeit in der DDR traf für die siebziger und frühen achtziger Jahre zu: »Der Mensch sieht sich als Kind behandelt und verhält sich entsprechend. Junge und Ältere gehen in die Defensive, verweigern sich, ohne ihre Verweigerung zu proklamieren. Sie lehnen die Verantwortung fürs Ganze wie für sich selbst ab. Sie erwarten vom Staat, daß er ihre Bedürfnisse befriedigt, wie Kinder von ihren Eltern erwarten, daß für Behausung, Nahrung und Kleidung gesorgt wird. Sie lehnen den Staat ab wie Söhne einen gestrengen Vater, eine überfürsorgliche Mutter. Sie schieben Verantwortung von sich, erwarten die Unterdrückung, fügen sich unwillig und werden nicht aktiv. Bewußt oder unbewußt beharrt ein Teil der Bevölkerung auf Infantilität, grenzt sich ab und beraubt sich möglicher Emanzipation.«

Das Verhältnis der DDR-Bürger zur propagierten Ideologie war ganz überwiegend von Indifferenz bzw. von einer Abwehrreaktion geprägt, die sich allerdings nicht öffentlich manifestierte. Der Marxismus-Leninismus ist den Menschen zwischen Elbe und Oder ziemlich äußerlich geblieben, seine Inhalte drangen nicht bis zu den tieferen Bewußtseinsschichten vor. Was er in diesem Bereich bewirken konnte, war gleichwohl nicht unbedenklich, nämlich eine psychische Deformation; sie bestand für die meisten Menschen der DDR in dem Zwang, sich permanent zu Positionen oder Theorien bekennen zu müssen, die man persönlich nicht teilte oder glaubte. Am ehesten wurden noch diejenigen Forderungen der kommunistischen Zielkultur innerlich akzeptiert, die implizit an tradierte Normvorstellungen aus der Zeit vor 1945 anknüpften. Die für die DDR häufig konstatierte Reaktion des Festhaltens an Überliefertem, an Bekanntem und Vertrautem war eine Art Schutzmechanismus, mit dessen Hilfe man sich gegen die weitreichenden ideologischen Ansprüche des sozialistischen Staates immunisierte. Die Pflege von Tradition und Konvention begünstigte in Verbindung mit der allgegenwärtigen offiziellen Traditionspflege und der ständigen Berufung auf das geschichtliche und kulturelle *Erbe* jenen eigentümlichen Konservatismus, der vielen Beobachtern die DDR als den ›deutscheren‹ Staat erscheinen ließ, als den Teil Deutschlands, in dem noch weit mehr von den alten deutschen Traditionen weiterlebte als in der Bundesrepublik. Aufgrund der begrenzten Mobilität und der geistigen sowie künstlerischen Abschottung des SED-Staates gab es für die DDR-Bürger nur wenig Austauschmöglichkeiten und Anregungen von außen. Die Gesellschaft und die Kultur der DDR waren mehr als anderswo auf sich selbst verwiesen, schmorten gewissermaßen vierzig Jahre lang im eigenen Saft. Der bis zu den Aufbrüchen der späten achtziger Jahre langsamere Pulsschlag eines Lebens in geordneten Bahnen, der auch vom systembedingt gemächlichen Arbeitstempo im real existierenden Sozialismus herrührte, hat drüben ein größeres Beharrungsvermögen der politischen Kultur zur Folge gehabt als im westlichen Teil Deutschlands. Durch die bundesdeutschen Fernsehprogramme, die man fast überall in der DDR regelmäßig verfolgte, hatten die Ostdeutschen sehr konkrete Kenntnisse über das Leben und die politischen Entwicklungen in der Bundesrepublik. Dieses Wissen führte, abgesehen von einem gewissen Einfluß auf die Entstehung der Friedens- und Ökologiebewegung, jedoch nicht zu einer Angleichung an die westdeutsche politische Kultur; zu unterschiedlich waren die Rahmenbedingungen für die politischen Kulturen in den beiden Staaten.

Im Produktionsbereich der DDR zeigte sich, daß die im Bild des Neuen sozialistischen Menschen beschriebene idealistische Vorstellung eines hohen und freiwilligen Arbeitseinsatzes zum Wohle der Gemeinschaft an der Wirklichkeit völlig vorbeiging. Der Schlendrian in den Volkseigenen Betrieben, der sich nicht selten zu einer Art Bummelstreik steigern konnte, hatte verschiedene Gründe: das Fehlen einer nach Leistung differenzierten Entlohnung, die Notwendigkeit zeitaufwendiger alltäglicher Besorgungen während der Arbeitszeit, das Ausbleiben benötigter Ersatzteile und Materialien zusammen mit anderen Fehlleistungen der zentral gesteuerten Planwirtschaft. Die laxe Arbeitsmoral der Werktätigen im Arbeiter-und-Bauern-Staat spiegelte aber auch etwas von der Apathie und der Nicht-Verantwortung wider, die von der Mehrheit der DDR-Bürger gegenüber ihrer Umwelt eingenommen wurde. Dieser unbeteiligten Gleichgültigkeit und dem damit verbundenen Sinken der volkswirtschaftlichen Produktivität versuchte die SED-Führung vor allem in den achtziger Jahren mit ihren steten Aufrufen zu höherem Arbeitseifer und den regelmäßigen Selbstverpflichtungsaktionen zu begegnen; letztlich ohne Erfolg. Der Forderung des sozialistischen Staates nach beruflicher Fortbildung wurde in der DDR weitgehend entsprochen; nicht wenige Bürger haben mehrere Berufsabschlüsse. Die Motive für dieses Interesse an Qualifizierung waren indes kein Spezifikum der sozialistischen Lebensweise, sondern lagen eher in allgemeinen industriegesellschaftlichen Entwicklungstendenzen, wie etwa dem Wunsch nach besseren Verdienst- und Karrieremöglichkeiten oder dem Bedürfnis nach sozialer Differenzierung durch Ausbildung und Berufstätigkeit. Dieser Differenzierungsprozeß wurde dadurch verstärkt, daß es in der Gesellschaft der DDR mit ihren nivellierenden Tendenzen nur wenige andere Möglichkeiten gesellschaftlicher Nuancierung gab.

Ein quantifizierbares Indiz für die mangelnde Akzeptanz der offiziellen politischen Kultur ist das Freizeitverhalten. Im Staat der SED kam diesem Bereich besondere Bedeutung zu, da er zusammen mit der Arbeitswelt die komplexe »Einheit der sozialistischen Lebensweise« bilden sollte. Untersuchungen zum Freizeitverhalten von Arbeitern und Jugendlichen haben gezeigt, daß die zur freien Verfügung stehenden Stunden überwiegend außerhalb der staatlichen Organisationen und vor allem mit politikfernen Betätigungen verbracht wurden. Die Formeln des Parteidogmatismus waren in den Zeitungsartikeln, Rundfunkreportagen und Fernsehsendungen täglich präsent, auch in der Schule, bei der Armee und im Betrieb begegnete man ihnen; anstatt sich nun auch noch in der Freizeit der ideologisch inspirierten gesellschaftlichen Aktivität zu widmen, wie es von der allseitig gebildeten sozialistischen Persönlichkeit erwartet wurde, zogen die meisten es vor, die Feierabende und Wochenenden mit politikferner Unterhaltung, Fernsehen und Lesen zu verbringen, am liebsten im Kreise der Familie, wenn möglich in der Datsche, dem eigenen Wochenendhäuschen. Im Zeitbudget der Jugendlichen in der DDR beanspruchten gesellschaftlich-politische Tätigkeiten mit ein bis zwei Stunden in der Woche nur 4–5 % ihrer freien Zeit. Die Arbeiter im Arbeiter-und-Bauern-Staat verbrachten ihre Freizeit in den siebziger Jahren überwiegend mit unpolitischen Beschäftigungen wie Fernsehen, Gartenarbeit, Sport und Wandern; die Angehörigen der »Intelligenz«-Schicht nannten in diesem Zusammenhang Lesen, Fernsehen, Sport und Wandern am häufigsten. Wo gesellschaftliches Engagement in der Freizeit über das vorgeschriebene Muß hinausging, ließ sich dies meist trefflich mit den beruflichen Perspektiven des »Aktivisten« verbinden.

Das Gros der DDR-Bürger wußte die private Sphäre dem Zugriff des Staates zu entziehen und floh in individuelle, politikferne Freiräume, die das System gestattete, die aber keine oppositionellen Zellen waren. Günter Gaus, der erste und langjährige Leiter der Ständigen Vertretung der Bundesrepublik in Ostberlin, prägte für diese privaten Refugien den treffenden Begriff »Nischen« und für die Bevölkerung der DDR, die überwiegend in diesen Freiräumen lebte, »Nischengesellschaft«. Eine Nische in der Gesellschaft der DDR definierte Gaus als den »bevorzugte(n) Platz der Menschen drüben, an dem sie Politiker, Planer, Propagandisten, das Kollektiv, das große Ziel, das kulturelle Erbe – an dem sie das alles einen guten Mann sein lassen, Gott einen guten Mann sein lassen und mit der Familie und unter Freunden die Topfblumen gießen, das Automobil waschen, Skat spielen, Gespräche führen, Feste feiern. Und überlegen, mit wessen Hilfe man Fehlendes besorgen, organisieren kann, damit die Nische noch wohnlicher wird.« In diesem privaten Nischendasein sah Gaus »die vorherrschende Existenzform«, geradezu den »Kern des Existierens in der DDR«.

Daß die Refugien der Privatheit und des Individualismus den Dogmatikern der SED ein Dorn im Auge waren, läßt sich leicht nachvollziehen, denn sie paßten nicht in das kollektivistische Weltbild, das den affirmativ engagierten Neuen sozialistischen Menschen vorsah. So hieß es etwa in einem offiziellen Lehrbuch: »Passivität, Gleichgültigkeit sind Überreste kulturlosen Verhaltens und müssen entschieden ausgemerzt werden... Überreste von apolitischem Verhalten sind konsequent zu überwinden, da sie Ausdruck spießbürgerlicher Lebensgewohnheiten darstellen, zur Abkapselung von großen gesellschaftlichen Fragen und zur Ausbildung egoistischer Züge in der Lebensweise und im Verhalten zur Gesellschaft führen.« Jedoch ist anzunehmen, daß die Pragmatiker in der Staats- und Parteiführung die Existenz der unpolitischen Nischen tatsächlich eher begrüßten als verurteilten, hatten diese in der geschlossenen Gesellschaft der DDR doch eine willkommene Ventilfunktion. Man nahm jenes Quantum an politischer Apathie, das auch in westlichen Demokratien anzutreffen ist, als eine Gegebenheit hin, solange die Nischenexistenz die SED-Herrschaft nicht tangierte.

Die Menschen in der DDR Honeckers fügten sich in die Bedingungen ihres Daseins, die zu ändern sie schon lange nicht mehr versuchten; sie schlossen ihren Kompromiß mit dem System der SED, arrangierten sich mit dem Staat der DDR. Die von der politischen Führung rhetorisch geächtete, jedoch praktisch eingeräumte Möglichkeit des Nischendaseins war für die meisten Ostdeutschen die Grundlage für ihr *Arrangement* mit dem Regime der Einheitspartei. Die von Staat und Partei geforderten Pflichten und Verhaltensformen wurden in der DDR nach einer stillschweigenden Übereinkunft zwischen Volk und Obrigkeit formal erfüllt, solange die Freiräume des privaten Rückzugs gewahrt blieben. Den Ansprüchen des politischen Systems wurde im Betrieb, in den gesellschaftlichen Organisationen, auf den Massenversammlungen oder im Staatsbürgerkundeunterricht Genüge geleistet, jedoch geschah dies ohne Passion, ohne innere Beteiligung, eher blutleer als begeistert; man paßte sich eben an, um keine Scherereien zu bekommen. Die Bürger der DDR spielten die Inszenierung der SED mit: Auf dem Spielplan stand ›Sozialismus‹, vor den Kulissen der offiziellen DDR verliehen die zu ihren Rollen Gezwungenen dem sozialistischen System jenen Anschein von Aktivismus und Betriebsamkeit, den es zu seiner Selbstrechtfertigung dringend benötigte. Mehr verlangte der Staat der SED am Ende nicht mehr; er selbst sah zu, daß er die Volksdarsteller über das vereinbarte Engagement hinaus in Ruhe ließ und sich um ihren relativen Wohlstand bemühte. Der Zwang zu einem Arrangement zwischen politischer Führung und Bevölkerung, der sich seit dem Mauerbau vom August 1961 konsolidiert hatte, war wechselseitig: Auch die SED mußte ihre hochfliegenden revolutionären Ziele aus der Aufbauphase der DDR mit der Zeit korrigieren, mußte ihre Pläne in Übereinstimmung mit der sozialen Wirklichkeit bringen. Sie konnte die ostdeutsche Gesellschaft nicht ad libitum ummodeln, sie hatte mit den real existierenden Menschen zurechtzukommen; schließlich konnte sie nicht, wie Bert Brecht einmal ironisch vorgeschlagen hat, das Volk auflösen und ein anderes wählen.

Die offizielle und die reale politische Kultur der DDR bedingten sich somit bis zu einem gewissen Grad wechselseitig; sie existierten eher neben- als gegeneinander; auch aufgrund ihrer gemeinsamen partiellen Bezogenheit auf die Traditionen politischer Kultur standen sie in keinem antagonistischen, sondern eher in einem dualistischen bis komplementären Verhältnis zueinander. Die politische Realkultur war nicht die reine Negation der kommunistischen Zielkultur, sondern das komplizierte Produkt der Auseinandersetzung mit dieser.

Dennoch blieb der Dualismus von offizieller und realer politischer Kultur nicht ohne Konsequenzen für die innere Befindlichkeit der Gesellschaft in der DDR. Das Arrangement der Ostdeutschen mit den Verhältnissen im SED-Staat ging nicht völlig glatt vonstatten; es überdeckte nicht die Doppelbödigkeit, auf der die Erfahrung des Alltags in diesem Lande beruhte und die das Bewußtsein seiner Bewohner prägte. Da war einerseits der Druck, die Gesinnungsmaskerade des Rollenspiels im öffentlichen Leben mitzumachen, der Zwang, eine äußerliche Schein-Identität anzunehmen, und andererseits die tägliche Wahrnehmung der Wirklichkeit. Dies führte bei den meisten der sich arrangierenden DDR-Bürger zum Vorhandensein zweier verschiedener Bewußtseins- und Verhaltensebenen, zu einer Spaltung des politisch-sozialen Bewußtseins in ein öffentliches und ein privates, in gewisser Weise zu einer *kollektiven Schizophrenie*. Diese Zweigleisigkeit des individuellen Existierens zwischen Elbe und Oder erklärt auch den Widerspruch, der zwischen den hohen Mitgliederzahlen der gesellschaftlichen Organisationen und der weithin geleisteten formalen Partizipation auf der einen Seite und der privaten Distanzierung von der öffentlich bekundeten Affirmation des sozialistischen Systems auf der anderen Seite bestand. Die Zwiespältigkeit des Lebens in der DDR schlug sich in einer doppelgleisigen Sprachentwicklung nieder: Öffentliche und private, dogmatisch-formelhafte und spontane, *entre nous* gebrauchte Sprache klafften im östlichen Teil Deutschlands weit auseinander. Bei der Verständigung über Themen, die man für brisant hielt, – in öffentlichen Räumen meistens mit gedämpfter Stimme – konnten DDR-Bürger durch den Gebrauch von Andeutungen und das Abbrechen begonnener ›heikler‹ Wörter einen Code entwickeln, der Außenstehenden kaum verständlich war.

Ein gewisser Doppelcharakter war auch für den Staat der SED charakteristisch: Zum einen hatte er höchst progressive Züge in seiner normativen Zielsetzung, zum anderen war er in puncto Konformismus und System- und Machterhaltung äußerst konservativ. Die ständige Berufung auf die Tradition und das Erbe in der Phraseologie der SED paßte ebensowenig zur Zukunftsorientierung und revolutionären Diktion der Ideologiestifter wie der gravitätische Stil staatlicher Selbstdarstellung in der DDR. Ungereimtheiten, Verwerfungen und Brüche finden sich auch in anderen arbeitsteiligen Industriegesellschaften; die Widersprüche jedoch, denen die Menschen in der DDR ausgesetzt waren, überstiegen das Maß, das für die westlichen Massengesellschaften typisch ist. Gegenüber der »Schizophrenie des Alltagslebens«, so befand Antonia Grunenberg, ist »der westliche ›Rollenkonflikt‹ eine Lappalie«, zumal sich den Menschen drüben viel weniger individuelle Kompensationsmöglichkeiten boten als den Bürgern in den hochentwickelten Freizeitkulturen westlicher Systeme.

Das Bewußtsein der persönlichen Beteiligung an dem allgemeinen ideologischen Palaver versuchten die Menschen in der DDR zu verdrängen. Neben der generellen Systemunzufriedenheit erklärt dieser Verdrängungsprozeß etwas von der chronisch mürrischen Stimmung im öffentlichen Leben der DDR, die in den Jahren vor der Revolution noch gereizter und aggressiver wurde. Jahrzehntelang hinter Fassaden zu leben, ist anstrengend. Der Wunsch nach Überwindung der persönlichen Spaltung in eine öffentliche und eine private Existenz, nach Gewinnung einer ungeteilten, authentischen Identität war ein starkes Motiv für die Bereitschaft zum Aufbruch im Herbst 1989. Eine eigene Identität im Sinne eines übereinstimmenden, von der politischen Führung und den Bürgern geteilten Selbstverständnisses als Staat und Gesellschaft hat es in der DDR nie gegeben. Für die Zerklüftung des politischen Bewußtseins im SED-Staat, die der Aufteilung in mehrere politische Kulturen korrespondierte, prägte Hermann Rudolph den Begriff »fragmentierte Identität«. Gerade in dem auseinanderklaffenden Selbstverständnis lag das Charakteristische der ›Identität‹ der DDR-Gesellschaft. Die Grundlage für den Aufbau eines gewissen Maßes an Loyalität zum Staat der SED wurde durch äußeren Zwang geschaffen: Erst nachdem der Bau der Berliner Mauer im August 1961 die DDR nach außen völlig abgeschottet hatte, konnte der Prozeß der inneren Konsolidierung der ostdeutschen Gesellschaft beginnen, der dann mit der Zeit bei der Mehrheit der DDR-Bevölkerung die Bereitschaft zur Identifikation mit ihrem Staat erhöhte.

Der angestrengte Versuch der Parteiführung, die Bürger im »sozialistische(n) Staat der Arbeiter und Bauern« (Art. 1 der Verfassung) zu beheimaten, schlug fehl; die Teile, in denen das offizielle Identitätsangebot angenommen wurde, hatten mit dessen ideologischer Begründung nichts zu tun. Das Maß an Legitimität, das die Menschen in der DDR ihrem Staat zuerkannten, gründete sich auf die greifbaren Leistungen und Erfolge, die dieser Staat vorzuweisen hatte; es handelte sich um eine mittelbare, vorpolitische Zustimmung der Bürger. Man war stolz auf die unter erschwerten Bedingungen erbrachten Leistungen der eigenen Volkswirtschaft, die als modernste im gesamten Ostblock galt, auf die Aufbauleistung der Nachkriegszeit sowie auf den mit der Zeit erreichten Lebensstandard; auch die respektablen Erfolge der DDR bei internationalen Sportwettkämpfen führten zu einem gemeinsamen Stolz und förderten ein Wir-Gefühl. Identität und Loyalität stehen in einem wechselseitigen Wirkungsverhältnis: Eine stabilisierte Identität zieht eine Steigerung der Loyalität nach sich, das gleiche gilt umgekehrt. So entsprach der fragmentierten Identität der DDR-Gesellschaft eine partielle Loyalität, die sich auf die Zustimmung der Bürger zu einzelnen Output-Leistungen des Systems wie das Verfassungsrecht auf Arbeit (Art. 24,1), das Schulsystem oder die Mutterschutzgesetzgebung stützte.

Die Parteiführung unter Erich Honecker sah in dieser indirekten, auf persönliche Sicherheit und leidlichen Wohlstand gegründeten Loyalität zum Staat einen Aktivposten und gestaltete ihre Politik entsprechend. Sie stellte die Bemühung um ideologisch motivierte Legitimierung hinter den Aufbau einer effizienten Leistungsgesellschaft und der damit verbundenen Erhöhung des allgemeinen Lebensstandards zurück. Mit der deutlichen Verbesserung der Konsumgüterversorgung der breiten Bevölkerung und der bedarfsorientierten Bereitstellung von Wohnraum stieg in den siebziger Jahren, in denen die DDR auch international als Staat anerkannt wurde, die Akzeptanz des sozialistischen Staates bei seinen Bürgern. Allerdings war die Abhängigkeit dieser indirekten Loyalität von ökonomischen Faktoren, ihre Bindung an einen gesicherten Lebensstandard für die Staats- und Parteiführung nicht ungefährlich: Als ab Mitte der achtziger Jahre die Volkswirtschaft der DDR auch bei Ausschöpfung aller Devisenquellen auf dem sich dynamischer entwickelnden Weltmarkt immer weniger mithalten konnte, als die Versorgungsengpässe sich mehrten und das Warenangebot wieder dürftiger wurde, als zudem der Wohnraum spürbar knapper wurde, sank bei wachsender Unzufriedenheit über ökonomische Mängel das Maß an Loyalität, das die Bürger der DDR ihrem Staat entgegenbrachten.

Die latente Verdrossenheit der Ostdeutschen wurde auch von dem ständigen vergleichenden Blick auf die Konsumtionsverhältnisse in der Bundesrepublik geschürt. Der westliche Nachbarstaat, nicht die Bündnispartner aus dem Rat für Gegenseitige Wirtschaftshilfe, war für die DDR-Bürger der wirkliche Vergleichs-maßstab für die Beurteilung des eigenen Systems. Die DDR als der kleinere der beiden deutschen Staaten identifizierte sich viel stärker im Hinblick auf den anderen deutschen Staat, als dies umgekehrt für die Bundesrepublik galt. Bei den häufig angestellten Vergleichen mit der Bonner Republik schnitt der sozialistische Staat im Konsumbereich stets schlechter ab; das daraus entstehende Gefühl eigener Unterlegenheit wurde gerne mit der – von der offiziellen Propaganda übernommenen – Auffassung kompensiert, in der DDR werde doch mehr soziale Gleichheit und Gerechtigkeit verwirklicht als in der ›kalten‹ Bundesrepublik. Das Verhältnis der Menschen in der DDR zum übermächtigen Nachbarn im Westen war von Zwiespältigkeit geprägt, ständig oszillierend zwischen dem latenten Minderwertigkeitskomplex und einem fast trotzigen Stolz auf die eigenen Leistungen, zwischen kritikloser Bewunderung und dem Widerwillen gegen die protzige Arroganz im Auftreten mancher Westdeutscher in der DDR.

Die in den achtziger Jahren stark anwachsende Zahl von Ausreisewilligen war ein tiefer Stachel in der DDR-Gesellschaft. Mit der Genehmigung vieler tausend Ausreiseanträge unzufriedener Bürger wollte die SED-Führung innenpolitisch Ruhe schaffen; jedoch erfüllten diese Ausreisewellen wie die vom Frühjahr 1984 ihre beabsichtigte Ventilfunktion nicht, da sie stets weitere Bürger zur Antragstellung ermutigten. Auch die in den Jahren 1987 bis 1989 stark erhöhte Zahl genehmigter Besuchsreisen in die Bundesrepublik wirkte nicht, wie es die Einheitspartei erhofft hatte, systemstabilisierend: Vielen Westreisenden aus der DDR wurde hier erst bewußt, was ihnen in ihrem Arbeiter-und-Bauern-Staat an Lebensmöglichkeiten und Lebensstandard vorenthalten wurde.

Wachsende Kritik und Unruhe kam in der Gesellschaft der DDR in den achtziger Jahren auch von den alternativen, mehr und mehr oppositionellen Gruppierungen, die sich im Umfeld der evangelischen Kirche gebildet hatten. Die überwiegend jungen Träger dieser alternativen politischen Kultur setzten sich bewußt und entschieden von den offiziell vorgesehenen Verhaltensnormen und Wertmustern, aber auch von der politischen Apathie der zahlenmäßig dominierenden Nischenbewohner ab. Es kennzeichnete diese Gruppierungen, daß sie sich nicht als oppositionell im Sinn einer totalen Ablehnung jeder Form von Sozialismus in der DDR und einer Befürwortung der westlich-kapitalistischen Demokratieform verstanden, sondern gegen bestimmte Praktiken in ihrem Staat opponierten. Somit saßen sie zwischen allen Stühlen: Sie gehörten weder zum realsozialistischen Establishment noch zu denjenigen, die jede Hoffnung auf eine Verbesserung der Verhältnisse in der DDR aufgegeben hatten und früher oder später ausreisten, noch zu der Mehrheit der unpolitischen DDR-Bürger.

Je deutlicher die evangelische Kirche, die glaubte, als größte staatsunabhängige Organisation in der DDR einen Modus vivendi mit der Parteiführung finden und bewahren zu müssen, als eine Vermittlerin zwischen Staat und Gesellschaft in Erscheinung trat, die alternativ orientierte Kritikpotentiale bei sich auffing und institutionell domestizierte, desto schwieriger wurde das Verhältnis der Friedens-, Umwelt-, Frauen- und Menschenrechtsbewegungen zu den Kirchenleitungen, auf deren Schutz sie angewiesen waren. In den Gruppen unter kirchlichem Dach trafen sich zunehmend auch nicht-gläubige, aus der Kirche ausgetretene junge Bürger, die der Formierung und Disziplinierung durch die FDJ überdrüssig waren. Die alternativen Gruppen der DDR, die von einer engagierten Minderheit getragen wurden, hatten eine über ihre Zirkel hinausreichende Bedeutung für die ostdeutsche Gesellschaft insofern, als sie jedem zeigten, daß es im Staat der SED in den achtziger Jahren durchaus möglich war, abweichende Meinungen zu artikulieren, sich nicht verbiegen zu lassen, gegen Mißstände zu protestieren. In der zweiten Hälfte der achtziger Jahre steckten mehr und mehr Menschen in der DDR den Kopf aus ihrer Nische, brachten Kritik vor, mischten sich, mutiger als zuvor, in die Angelegenheiten ihres Staates ein. Sobald die äußeren Bedingungen der SED-Herrschaft sich zu ändern begannen, wuchs in der DDR-Bevölkerung ein Potential heran, das schließlich zu einer ›friedlichen Revolution‹ imstande war.

3. Die politische Kultur der deutschen Revolution von 1989

Die fehlende historische Erfahrung einer erfolgreich durchgeführten Revolution wurde häufig als ein Mangel der deutschen politischen Kultur empfunden. Mit Blick auf die englische und französische Geschichte wurde das in der nationalen Identität eines Volkes verankerte Bewußtsein, einmal einen König geköpft zu haben, zur Quelle einer selbstbewußten demokratischen politischen Kultur stilisiert. Wie der schottische Historiker Gordon A. Craig überzeugend argumentiert, hatte die traumatische Erfahrung der Schrecknisse des Dreißigjährigen Krieges fundamentale Bedeutung für die Bereitschaft der Deutschen, sich willig jeder staatlichen Autorität zu unterwerfen, sofern diese nur ein gewisses Maß an Sicherheit und Ordnung zu garantieren vermag. Der wilhelminische obrigkeitshörige Untertan, dem Heinrich Mann in seinem Roman ein literarisches Denkmal gesetzt hat, wurde im Ausland zur Symbolfigur der deutschen, stark von Preußen geprägten politischen Kultur des späten 19. und frühen 20. Jahrhunderts. Die geschichtliche Entwicklung Deutschlands mit ihrer territorialen, konfessionellen und politischen Zersplitterung bildete eine spannungsreiche und regional unterschiedliche politische Kultur aus. So lagen die Wurzeln des Liberalismus und der demokratischen Freiheitsbewegungen eher im Westen und Südwesten Deutschlands, während der preußische Zentralstaat stärker obrigkeitlich und autoritär-hierarchisch geprägt war.

Vor diesem Hintergrund erscheint es als eine kleine Ironie, daß die einzige erfolgreiche Revolution der deutschen Geschichte nun ausgerechnet in der DDR stattgefunden hat, also in jenem Teil Deutschlands, den man im Westen häufig als »das rote Preußen« bezeichnet hat und in dem man vielfach den Hort deutscher Untertanengesinnung sah. Der Aufstand der DDR-Bevölkerung, der das verkrustete Gewalt-Regime des Erich Honecker hinwegfegte und die herrschende Partei zum Teilen und schließlich zur Preisgabe der Macht zwang, schien sich mit den gängigen Stereotypen des Unpolitischen und Etatistischen in der realen politischen Kultur der DDR nur schwer vereinbaren zu lassen. Wie ist es zum Umsturz der bestehenden Ordnung im ostdeutschen Staat gekommen?

Der Boden für den Aufbruch vom Herbst 1989 war in der DDR durchaus bereitet: Die Unzufriedenheit mit der Verschlechterung der Lebensbedingungen; die Angst und Ungeduld, angesichts der Reformen in der Sowjetunion, in Polen und Ungarn einerseits und der halsstarrigen Unbeweglichkeit der Ost-Berliner Führung andererseits, den Anschluß an den Demokratieprozeß in Mittel- und Osteuropa zu verpassen; die Erbitterung darüber, hinter der Mauer persönliche Freiheit und materiellen Wohlstand vorenthalten zu bekommen; der resigniert stimmende Vergleich mit der Lage der Deutschen im Westen; der Überdruß an der alltäglichen Bevormundung und Gängelei; das Leiden an der vom System erzwungenen Spaltung der Persönlichkeit – all dies und vieles andere mehr hatte sich in der zweiten Hälfte der achtziger Jahre zu einem explosiven Gefühlsgemisch verdichtet. Bei den Kommunalwahlen vom 7. Mai 1989 waren viele Bürger der DDR nicht mehr bereit, die das System tragende Lüge der 100%igen Zustimmung mitzumachen: Zahlreiche Mitglieder der kirchennahen Basisgruppen hatten verabredet, entweder die Wahl zu boykottieren oder zur Einheitsliste der regierenden Blockparteien mit ›Nein‹ zu stimmen. Regimekritiker errechneten für diese fehlenden oder ablehnenden Stimmen einen Anteil von bis zu 20% der Wahlberechtigten, das offizielle Wahlergebnis meldete statt dessen die übliche Erfolgsquote nahe bei 100%. Dieser organisierte Akt verweigerter Loyalität war eine Art Probelauf für den Aufstand vom Oktober und November desselben Jahres. Die staatliche Reaktion der Wahlfälschung verschärfte das gespannte Verhältnis zwischen einem Teil des Volkes und der Obrigkeit.

Eine weitere Zuspitzung erfuhr die aufgeladene Situation im Spätsommer und Herbst 1989, als nach dem Durchbrechen des Eisernen Vorhangs in Ungarn Zehntausende junger Bürger aus dem DDR-Staat via Plattensee oder Palais Lobkowicz (der bundesdeutschen Botschaft in Prag) in die Bundesrepublik flohen, während zur gleichen Zeit die Jubelfeierlichkeiten zum vierzigsten Jahrestag der Gründung der DDR die Doppelbödigkeit dieses Staates besonders kraß sichtbar machten. Die Geschwindigkeit, mit der sich in jenen Wochen die verzweifelte Rette-sich-wer-kann-Stimmung verbreiten konnte und bis dahin unauffällige Bürger zur überstürzten Flucht veranlaßte, deutet an, wie fragil die

Stützen der Loyalität und Legitimität, ohne die kein politisches System auf Dauer überleben kann, im Staat der SED geworden waren. Die *raison d'être* des Systems der DDR, der Sozialismus, wurde von seinen Bürgern in den achtziger Jahren immer weniger anerkannt, am Ende nur noch von den Trägern der politischen Klasse, die von der bestehenden Herrschaftsform persönlich profitierten. Selbst innerhalb der SED, an der Basis und im Mittelbau der zentralistischen Kaderpartei, wuchs seit der Einleitung von Gorbatschows Perestrojka-Politik die Ansicht, die vergreiste Führungsmannschaft um Erich Honecker müsse abgelöst werden. Allerdings wollte man hier, im Unterschied zur Mehrheit der DDR-Bevölkerung, eine irgendwie demokratisch geläuterte Form des Sozialismus für die Zukunft des östlichen deutschen Staates retten. Im Grunde warteten die jüngeren Reformkräfte in der SED in den letzten Monaten vor der Revolution nur noch auf das Startsignal zur Ablösung der Honecker-Riege.

Das Signal zum Aufbruch kam schließlich zu einem Zeitpunkt, an dem die offizielle DDR ihre vierzigjährige Geschichte als große sozialistische *success-story* feiern und in alle Zukunft fortschreiben wollte. Den Bürgern, die sich in den dramatischen Wochen des Oktober 1989 in den Städten der DDR zu Massendemonstrationen mit bis zu Hunderttausenden von Teilnehmern versammelten, um eine demokratische Erneuerung und freie Wahlen zu fordern, hatte die drohende Ausblutung ihres Landes durch die sprunghaft wachsende Zahl von Flüchtlingen den letzten Anstoß gegeben, auf die Straße zu gehen. Die Reformen, mit denen sie eine freie demokratische DDR schaffen wollten, sollten es ihnen möglich machen, im Lande zu bleiben und in einer erneuerten DDR zu leben.

Diese nach außen und nach innen gerichtete Aufbruchsstimmung und der Besuch Gorbatschows mit eindringlichen Ermahnungen gegenüber dem Politbüro waren, sich wechselseitig verstärkend, das doppelte Fanal für die Reformer in der herrschenden Partei, den Sturz Honeckers und der anderen Alt-Repräsentanten des Systems zu betreiben. Die von der SED unter Egon Krenz ziemlich unbedacht vollzogene Öffnung der Grenzen der DDR, der spektakuläre Abriß der symbolträchtigen Berliner Mauer sowie die schrittweise Gewährung von Meinungs- und Pressefreiheit sollten

den angestauten Druck in der Bevölkerung ablassen, die Einheitspartei entlasten und somit systemstabilisierend wirken. Diese
Zugeständnisse beschleunigten jedoch nur den Prozeß des Macht-
zerfalls der SED, die das Land vierzig Jahre lang unumschränkt
beherrscht hatte. Die letzten Reste von Loyalität der DDR-Bürger
zerschmolzen wie Schnee im März, selbst beim größten Teil der
über zwei Millionen Mitglieder der Einheitspartei.

Eine Revolution, die von der breiten Bevölkerung getragen
wird, entsteht nicht von selbst; auch der Umbruch in der DDR war
im Bewußtsein der ostdeutschen Gesellschaft vorbereitet worden.
Eine nicht unwichtige Rolle spielten in diesem Zusammenhang die
Schriftsteller und Künstler, die der SED in den achtziger Jahren
mehr und mehr geistige Freiräume abtrotzten, vor allem aber die
wenigen Engagierten, die mit ihrem mutigen öffentlichen Eintre-
ten für abweichende Meinungen und mit ihrer Bereitschaft zum
Tragen der hieraus entstehenden persönlichen Konsequenzen die
Idee einer anderen Republik im Bewußtsein der Allgemeinheit
wachhielten. Diese Minderheit mit kritisch-partizipativem Anspruch, die sich zu großen Teilen aus den alternativen Gruppierungen der Friedens-, Umwelt- und Menschenrechtsbewegungen in
der DDR rekrutierte, hat die deutsche Revolution von 1989 initi-
iert; ihr Ziel war eine demokratischere, freiere und selbständigere
DDR, deren politisches System und Selbstverständnis sich von der
Bundesrepublik deutlich unterscheiden sollten. Die Früchte ihres
Einsatzes haben jedoch nicht diese mutigen Gruppen geerntet,
sondern die bis dahin unpolitische Mehrheit, die bald nichts anderes im Sinn hatte als die Angleichung ihrer materiellen Lebensbedingungen an die ihrer westlichen Nachbarn. Nachdem der Zug
der Revolution erst einmal ins Rollen gekommen war, war es ein
leichtes, die Weichen neu zu stellen. Dem Verlangen nach Freiheit
und demokratischer Erneuerung folgten alsbald die Rufe nach
»Deutschland, einig Vaterland«. Diese gewichtige Akzentverschiebung, weg von einer demokratischen Erneuerung der DDR
hin zur Wiedervereinigung, war vor allem die Folge der Öffnung
der Grenzübergänge zur Bundesrepublik am 9. November, deren
politische Tragweite die Krenz-Führung unterschätzt hat.

Die große Mehrheit der deutschen Bevölkerung zwischen Elbe
und Oder hatte und hat keinerlei Interesse mehr daran, ein weite-

res Mal als Versuchskaninchen für noch so gutgemeinte gesellschaftliche Experimente zu fungieren. Anstelle eines »dritten Weges« zwischen stalinistischem Kommunismus und westlichem Kapitalismus, den manche Sprecher der am Runden Tisch versammelten Oppositionsgruppen für die DDR einschlagen wollten, favorisierte man mehrheitlich die bekannten und verlockenden Pfade des erfolgreichen bundesdeutschen Modells. Der verständliche und legitime Wunsch nach Befriedigung materieller Bedürfnisse war von nun an wichtiger als das Interesse an der Selbstgestaltung der soeben erkämpften politischen Freiheit. Die schnellste Möglichkeit, zu einem besseren Lebensstandard zu gelangen, sah man – mit Recht – in der nach der Grenzöffnung nähergerückten, auch international gebilligten staatlichen Vereinigung der DDR mit der Bundesrepublik.

So fanden die Aufrufe, mit denen sich Schriftsteller, Schauspieler und andere Intellektuelle für die Erneuerung der DDR in einem geläuterten sozialistischen System einsetzten, nur geringe Resonanz in der breiten Bevölkerung. Das schwache Echo auf den Appell »Für unser Land«, mit dem Ende November prominente Künstler und Bürgerrechtler für eine eigenständige DDR als »sozialistische Alternative zur Bundesrepublik« plädierten, verdeutlichte nur die Kluft, die zwischen den DDR-Intellektuellen und der Mehrheit der Bevölkerung hinsichtlich der staatlichen Selbständigkeit der DDR zu diesem Zeitpunkt bereits bestand. In den Augen der meisten DDR-Bürger war der Sozialismus jeder Spielart zu sehr diskreditiert, als daß Forderungen nach einem »demokratischen Sozialismus« (Christa Wolf) oder einem »wirklichen Sozialismus« (Stefan Heym) noch eine Chance auf allgemeinere Zustimmung hätten finden können.

Die euphorische Stimmung in der DDR wurde von der jubelnd gefeierten Öffnung des Brandenburger Tores kurz vor den Weihnachtsfesttagen noch einen Moment in Schwung gehalten, war jedoch nach Neujahr bereits verflogen. Das Bewußtsein, als Volk die Regierung gestürzt zu haben, der Triumph der Volkssouveränität, der in dem Demonstrationsruf »Wir sind das Volk« zum Ausdruck kam, wich der Sorge um die Zukunft und trat in den Schatten der auf den 18. März 1990 vorgezogenen Volkskammerwahl. Diese wurde zum Tummelplatz der westdeutschen Parteien. Je mehr sich die Bonner Parteien mit der finanziellen, technischen und personellen Unterstützung ihrer jeweiligen DDR-Partner in den ostdeutschen Wahlkampf einmischten, desto mehr verkümmerte die ursprüngliche Demokratiebewegung, desto nebensächlicher wurden die Rollen, welche die frühen ›Helden‹ der Revolution, etwa die mutigen Frauen und Männer des Neuen Forums, im politischen Prozeß noch spielen konnten.

So war das Bündnis zwischen denen, die die Revolution vorbereitet, und den Volksmassen, die sie, als es ohne großes Risiko war, unterstützt hatten, nur von kurzer Dauer: Der demokratische Impetus des revolutionären Aufstands war schnell verpufft, die politische Mobilisierung großer Bevölkerungsteile ebbte rasch wieder ab; schon bald machten sich Anzeichen eines Zurückfallens in die altbekannte Lethargie und Untertanengesinnung bemerkbar. Auch im Rahmen der neugewonnenen politischen Freiheit war eine passive Orientierung gegenüber der Politik weiterhin vorherrschend; es bereitete den Organisatoren z. B. Schwierigkeiten, für die lange herbeigesehnten ersten freien Wahlen in der DDR eine ausreichende Zahl von Wahlhelfern zu finden. Die meisten Bürger der DDR erleben Politik nun wieder eher als Zuschauer denn als Akteure; in ihrem Verhalten zeigt sich das Fortwirken der unpolitischen, obrigkeitsstaatlichen Tradition deutscher politischer Kultur, die auch im real existierenden Sozialismus überlebt hatte. Man ruft wieder nach dem Staat, jetzt dem bundesdeutschen, und nach seiner starken Währung; die neue politische Freiheit wird der Obhut des Stärkeren, der Regierung der Bundesrepublik und ihren Parteien anvertraut. Dies war das Ergebnis der Wahlen vom 18. März 1990.

4. Was bleibt von der Politischen Kultur der DDR?

Solange die DDR noch ein selbständiger, sozialistischer Staat unter der Führung der SED war, also bis zum Oktober 1989, dem vierzigsten Jahrestag ihrer Gründung, war ihre politische Kultur aufgespalten in die von der führenden Partei dem Volk verordnete Gesinnung mit den ihr entsprechenden angepaßten Verhaltensweisen und eine von den politischen Zumutungen des Systems weitgehend abgekoppelte, stark privatistisch orientierte Lebenswelt, die wir die real existierende politische Kultur der DDR genannt haben. Solange die SED-Herrschaft, unterstützt durch eine totalitär alles und jedes überwachende Staatssicherheitsorganisation, währte, war das politische Verhalten der großen Mehrheit der DDR-Bürger charakterisiert durch ein oberflächliches Sich-Arrangieren mit den Forderungen des Systems auf den verschiedenen Ebenen des sozialen Lebens. Doch trat in der Ära Honecker das Verlangen, sich eine eigene selbstbestimmte Lebenswelt abseits der geforderten politischen Rituale zu schaffen, immer stärker hervor (Nischengesellschaft) und entzog den Ansprüchen der offiziellen politischen Kultur der SED in wachsendem Maße die Wirkungsmöglichkeit. Es war darum nur konsequent, daß mit der Macht der SED im politischen System der DDR auch die offizielle politische Kultur verschwand. Erstaunlich ist gleichwohl, daß nach vierzig Jahren so gut wie nichts von ihr übrig blieb, denn selbst die Nachfolgerin der SED, die PDS, hat sich als erneuerte Partei des Sozialismus weitgehend von den Forderungen der einst offiziellen politischen Kultur verabschiedet. Die offizielle politische Kultur der DDR, die vier Jahrzehnte lang mit den Mitteln der Staatsgewalt durchzusetzen versucht worden war, hat keine direkten Spuren hinterlassen. Sie ist tot. Ihr indirektes Fortwirken in Gestalt der eingeübten Praxis des politischen Verhaltens von Untertanen gegenüber einer totalitären Herrschaft stellt für den Aufbau der Demokratie in der ehemaligen DDR gleichwohl ein großes Problem dar. Die politische Kultur der DDR hat, nur kurz unterbrochen durch die Phase der Umwälzung, Züge der Untertanenkultur in die neue demokratische Ära hinübergenommen.

Die politische Kultur der Nischengesellschaft war wesentlich unpolitisch, auch wenn sie politisch relevante Werte wie Solidarität, Kameradschaft, Geborgenheit hervorbrachte, die für das heutige Bewußtsein der DDR-Bevölkerung noch eine gewisse Rolle spielen. So erklären sich zum Beispiel die Ängste, mit denen nicht wenige DDR-Bürger dem durch ihre Revolution ermöglichten Systemwandel und ihrer Eingliederung in die Bundesrepublik entgegensahen. Die Bürger der unpolitischen Nischengesellschaft haben die Revolution zwar nicht vorbereitet, doch zum friedlichen Triumph geführt, denn sie haben durch ihr zeitweiliges Verlassen der Nischen in den Tagen und Wochen der revolutionären Umwälzung dem Aufstand gegen das alte System die notwendige Schubkraft von unten gegeben. Träger der Opposition und dann der Revolution waren allein die kleinen aktiven Minderheiten, deren politisches Bewußtsein durch die westlichen und osteuropäischen Friedens-, Umwelt- und Bürgerrechtsbewegungen beeinflußt worden war und in denen ein starkes basisdemokratisches Denken und Verhalten lebendig war; doch sie konnten mit der ihnen eigenen aktivistischen politischen Kultur, die eine neue demokratische DDR, nicht aber die Wiedervereinigung, zum Ziel hatte, keine Massen mobilisieren, geschweige denn das enorme Vakuum ausfüllen, das durch den rapiden Machtverfall der SED entstanden war.

Es waren die politischen Parteien der Bundesrepublik, die, ihren neu gebildeten Schwesterparteien massiv zu Hilfe eilend, das politische Vakuum umgehend besetzten, das die erfolgreiche friedliche Revolution hinterlassen hatte. Für die kritischen Minderheiten, die als Katalysator der Revolution gewirkt hatten, war nun kein Platz mehr. Die Wahlen vom 18. März 1990 haben sie wieder in den Status kleiner Minderheiten zurückverwiesen, den sie in der Phase der wankenden SED-Herrschaft besessen hatten. Für die künftige politische Kultur des Gebiets der DDR werden sie zwar nicht ganz verloren sein, doch sie werden, ähnlich wie in der Bundesrepublik die diversen Protestgruppen, nicht viel mehr sein können als ein kritischer Stachel gegen die herrschenden Tendenzen, die von den herrschenden Kräften der Bundesrepublik gesteuert werden, weil die große Mehrheit der DDR-Bürger es so will.

Nach der Abdankung der SED ist von einer DDR-Identität so gut wie nichts mehr übriggeblieben. Die Mehrheit der DDR-Bürger will weder einen eigenen selbständigen deutschen Staat auf demokratischer Grundlage noch ein eigenes Wirtschafts- und Gesellschaftssystem mit gewissen sozialistischen Grundzügen. In einer diffusen Weise möchte diese Mehrheit zwar einige Vorteile des alten Systems mit den Vorzügen des bundesrepublikanischen Systems kombinieren, aber da es ein eigenes politisches DDR-Bewußtsein nicht mehr gibt, das sich im Einigungsprozeß zur Geltung bringen könnte, wird es bei der Vereinigung faktisch um eine

Übernahme des westdeutschen Systems und seiner politischen Kultur gehen, um ein Aufgehen der DDR in der Bundesrepublik.

Für die politische Kultur der DDR heißt dies, daß sie kein Faktor mehr sein kann, der mit einer gewissen Eigenständigkeit auch auf die politische Kultur der Bundesrepublik einwirken könnte. Die alte gespaltene politische Kultur der DDR ist vergangen, die friedliche Revolution hat ihr Werk der Umwälzung getan, doch ein politisches und geistiges Vakuum hinterlassen, das nun sukzessive durch den Westen aufgefüllt wird.

Gewissen Werten der politischen Kultur der Nischengesellschaft, nämlich dem Sinn für Nachbarschaftshilfe, einer hohen Bewertung sozialer Gleichheit, einer entwickelten Sensibilität für Solidarität und Brüderlichkeit möchte man auch verstärkten Eingang in die politische Kultur der Bundesrepublik wünschen, weil sie die Demokratie stärken könnten, aber ihre Entfaltung in der DDR verdanken sie mehr den ökonomischen Zwängen des totalitären Systems als einem Akt freier Selbstbestimmung. Sie werden unter den Imperativen der liberalen Marktgesellschaft wieder in den Hintergrund gedrängt werden.

Die ehemalige DDR-Gesellschaft entgeht durch die von der Mehrheit gewünschte rasche Eingliederung in die Bundesrepublik bis zu einem gewissen Grade dem schwierigen und mühseligen Prozeß der Aufarbeitung der eigenen Vergangenheit, der im Rahmen einer staatlichen Neugründung unausweichlich gewesen wäre. Dennoch wird die Auseinandersetzung mit dieser Vergangenheit ein Problem des politischen Bewußtseins der ehemaligen DDR-Bürger auch unter den Fittichen der bundesrepublikanischen Ordnung sein. Hatte etwa die nicht-konforme DDR-Literatur in der Ära Honecker die Funktion, die offizielle politische Kultur des Systems kritisch zu unterlaufen und an einem autonomen DDR-Bewußtsein zu arbeiten, so wird die offene Abrechnung und Auseinandersetzung mit der Vergangenheit nun eine wichtige Aufgabe für ehemalige DDR-Intellektuelle sein. Es wird auch eine kritische Auseinandersetzung sein müssen mit den unpolitischen und untertänigen Seiten der realen politischen Kultur der DDR, die es der herrschenden Partei immerhin möglich gemacht haben, vierzig Jahre lang ein politisches System aufrechtzuerhalten, das im vermeintlichen Interesse der Menschen, den real existierenden

Menschen der DDR-Gesellschaft ihr Menschenrecht auf Freiheit und Selbstbestimmung raubte.

Von der doppelten politischen Kultur der alten DDR wird kaum etwas zurückbleiben. Nun kommt es darauf an, daß die befreiten DDR-Bürger selbst die Chance ergreifen, eine demokratische politische Kultur bei sich auszubilden. Die politische Kultur der Bundesrepublik sollte ihnen dabei nicht unbesehen als Vorbild und Maßstab dienen. Es ist schwer abzuschätzen, ob die Vereinigung sich als eine Stärkung von Deutschlands politischer Kultur erweisen wird.

IV. Politische Kultur der Vorkriegszeit

1. Der »deutsche Geist« als Ideologie

In der in den letzten Jahren unter Historikern geführten lebhaften Debatte über die Frage, inwieweit die historische Entwicklung Deutschlands im 19. und 20. Jahrhundert als ein »deutscher Sonderweg« zu charakterisieren sei, hat Karl Dietrich Bracher die Auffassung vertreten, einer fundierten Theorie von einem deutschen Sonderweg stünden zu viele relevante empirische Einwände entgegen; wohl aber sei es historisch gerechtfertigt und auch angemessen, für die geistig-politische Entwicklung Deutschlands, die in das Dritte Reich hineinführte, von einem *deutschen Sonderbewußtsein* zu sprechen [1].

Auch diese Bezeichnung erhebt nicht den Anspruch, die gesamte geistig-politische Entwicklung Deutschlands seit dem Kaiserreich zu umfassen. Mit dem Begriff »deutsches Sonderbewußtsein« sollen allein jene geistigen Strömungen bezeichnet werden, in denen sich ein spezifisch deutsches Selbstverständnis, ein deutsch-nationales historisches und politisches Bewußtsein artikuliert. Es identifiziert sich mit den Machtstrukturen des Kaiserreichs und des Hitlerschen Dritten Reichs als besonderen Ausprägungen des historischen Genius der Deutschen, und es bekämpft die liberale und parlamentarische Verfassungsordnung der Weimarer Republik als undeutsch oder westlich [2]. Es ist, auf eine knappe Formel gebracht, eine auf Staat und Politik bezogene Ideologie des deutschen Wesens und des deutschen Weges [3]. Das deutsche Sonderbewußtsein ist ein Bewußtsein der politischen Besonderheit Deutschlands und seiner Verfassung sowie seiner spezifischen historischen Mission in der Welt.

Die Artikulation dieses deutschen Sonderbewußtseins ist vielfältig und reichhaltig. Es ist darum nicht so ohne weiteres auf einen Nenner zu bringen oder auf einige wenige griffige Formeln zu reduzieren. Es gibt indes eine historische Konstellation, in der dieses deutsche Sonderbewußtsein am klarsten, am reinsten sozusagen, hervortritt – nämlich in den ersten Monaten nach dem Ausbruch des Ersten Weltkrieges. Damals haben die dem kaiserlichen Regime ergebenen deutschen Intellektuellen, in erster Linie die Universitätsprofessoren, in einer Art kollektiver Euphorie ihre Idee des Deutschtums und der deutschen Sendung definiert und verteidigt. In ihren Äußerungen und Bekenntnissen wird das deutsche politische Sonderbewußtsein wie in einem Brennspiegel beleuchtet.

Es ist die Intention der folgenden kurzen Abhandlung, eine Art *ideologisches Modell* des deutschen Sonderbewußtseins zu entwerfen. In dieser Absicht fußt dieser Beitrag einerseits auf den zahlreichen Untersuchungen, die über das deutsche Sonderbewußtsein in seiner historischen Einbettung bereits angestellt worden sind, und ergänzt sie, geht aber andererseits darüber hinaus, indem er bemüht ist, dieses Sonderbewußtsein in seiner *ideologischen Gestalt* und seiner politischen Bedeutung zu fassen und möglichst klar vor Augen zu stellen. Die Arbeit des Historikers geht dabei in die eines Sozialwissenschaftlers über; sie praktiziert en miniature, was Karl Dietrich Bracher in seiner eigenen Forschung mit so großer Wirkung vorgeführt hat.

Die Selbstbestimmung des »deutschen Geistes« im August 1914

In den Kriegsschriften des akademischen Deutschland ist die Ideologie von der Besonderheit des deutschen Geistes und der ihm entsprechenden politischen Verfassung am reinsten ausgeprägt. Aus ihnen läßt sich darum die Quintessenz des deutschen Selbstverständnisses, wie es seine politisch und kulturell führende Schicht in den Anfangsmonaten und -jahren des Krieges artikulierte, am besten ableiten. Dabei wird das Verhältnis von Geist und Politik stets unter der idealistischen Prämisse gesehen, daß der Geist das Ursprüngliche, das Schaffende und darum auch das die Politik Bestimmende sei, daß mithin auch die politische Ordnung, zu der Deutschland im Kaiserreich gefunden habe, eine Hervorbringung und Ausprägung deutschen Geistes sei.

Was macht den deutschen Geist aus? Worin unterscheidet er

sich vom Geist anderer Nationen? Was sind seine Stärken, was seine Schwächen? Auf die beiden letzten Fragen haben die Vertreter deutschen Geistes meist eine tautologische Antwort: Sie bezeichnen als Schwäche und Anfälligkeit des deutschen Geistes einfach alles, was *nicht* deutsch ist, was ihn von seinem Ursprung, von seinem Deutschsein wegführe. Der Philosoph Max Wundt z. B. leugnete zwar nicht, daß die deutschen Denker und Philosophen auch viel vom »Auslande« gelernt hätten, aber das seien im Grunde Äußerlichkeiten gewesen. Die Besonderheit des deutschen Geistes habe darin bestanden, daß er durch solche von außen herangetragenen Äußerlichkeiten hindurch »alsbald zu dem inneren Wesen vordrang«[4]. Indem der deutsche Geist die äußerlichen Standpunkte des Auslandes überwand, habe sich ihm seine eigene Tiefe erschlossen. Bezeichnend für das deutsche philosophische Denken sei der Umstand, daß es sich dem gemeinen Menschenverstand nicht so ohne weiteres erschließe wie die meisten ausländischen Philosophien, sondern über diesen hinausweise: »Die philosophische Anschauung der Welt ist etwas Besonderes, wie auch die künstlerische eine besondere ist. Sie ist Weisheit, nicht die bloße Klugheit des Verstandes. Deshalb bedarf es eines besonderen Entschlusses, um sich in ihre Sphäre zu erheben, einer geistigen Tat, die das gemeine Sorgen und Denken überwindet. Solange wir in diesem befangen sind, vermögen wir nicht, die reine Luft im Reiche des Geistes zu atmen.«[5]

Die gewöhnliche Auffassung, so fährt dieser Philosoph des Deutschen fort, setze Körper und Geist, inneres und äußeres Sein in einen Gegensatz – »die deutsche Auffassung erkennt ein solches, unabhängig vom Bewußtsein bestehendes Sein gar nicht an, sie kennt also auch diesen Gegensatz nicht, sondern ist über ihn hinaus«. Während für die landläufige – und ausländische – Weltauffassung das Äußere, die Natur, stets das erste sei und der Geist gemeinhin aus ihnen erklärt würde, sei für das spezifisch deutsche Denken der Geist das erste, und das Verständnis der Natur werde aus ihm abgeleitet. Immer wenn jemand in der Natur, der Materie, das Erste und Ursprüngliche sehe – wie im Empirismus und Materialismus –, hätten wir es mit fremdem, undeutschen Denken zu tun. Der deutsche Geist hingegen erhebt sich hoch über die Natur: »Indem er das wahre Wesen des bloß Äußeren in seiner Nichtigkeit einsieht, erhebt er sich zu sich selbst, erkennt sich selbst als die schöpferische Kraft, die sich das Sinnliche entgegenstellt und damit den Gegensatz aufgerissen hat und findet in dieser Erkenntnis auch die Kraft, diesen Gegensatz zu überwinden.«[6] So gelinge es dem deutschen Geist, in allem Wirklichen einen »inneren Sinn« zu finden, »ein Allgemeines, das auch das Einzelne als sein wahres Wesen beherrscht«. Das ausländische Denken verliere sich statt dessen an die Wirklichkeit, es erschöpfe sich in der Erkenntnis des Äußerlichen, während deutsches Denken Gott suche, wie er sich in allem Wirklichen offenbare.

Aus dieser theoretischen Grundposition lassen sich sodann politisch bedeutsame Folgerungen ziehen. Die wichtigste ist, daß das Allgemeine, die Idee, die wahre Wirklichkeit ausmache, nicht jedoch der einzelne; dieser habe überhaupt nur durch die Einbeziehung in das Allgemeine an der Wirklichkeit teil. Nur indem der einzelne an den wahren Mächten, die das Allgemeine repräsentieren, teilhabe, könne er als ein sittliches und vernünftiges Wesen existieren. Daraus folgt, daß »die deutsche Idee der Freiheit« nicht die Rechte von Individuen meinen kann, sondern eine »Freiheit der Pflichten« sei. Der Unterschied der deutschen von der westlichen Freiheitsidee liege darin, daß die deutsche Freiheit eine solche des »inneren Motivs« sei, die westliche hingegen eine Freiheit des Zwecks. Das westliche Ideal bestehe darin, daß jeder einzelne sich in der Erfüllung seiner egoistischen Triebe die Zwecke selber setzen könne, um zu erreichen, was ihm gerade gefalle, indes die deutsche Freiheit eine verpflichtende Macht anerkenne, die dem einzelnen mit dem sittlichen Imperativ des »Du sollst« entgegentrete: »Diesem ›Du sollst‹ sich hinzugeben, das ist der deutsche Begriff der Freiheit.«[7]

Der liberale Gedanke einer rechtlich verbürgten Freiheit des einzelnen sei dem wahren deutschen Denken fremd, das in der Sphäre der Idee die wahre Heimstatt der Freiheit besitze. In der Idee sei das einzelne Bewußtsein mit den allgemeinen Lebensmächten verschmolzen. Daraus folgt: »Der deutsche Gedanke der Freiheit bedeutet nicht eine Revolutionierung von Staat, Beruf oder Familie zugunsten der abstrakten Forderungen des Einzelnen, sondern im Gegenteil die innere Versöhnung des Bewußtseins mit diesen Mächten.«[8]

Dementsprechend muß auch die dem deutschen Geist gemäße politische Ordnung eine andere sein als bei den Nationen, die in ihrem philosophischen und politischen Denken vom Einzelnen ausgehen und darum notwendig die Demokratie als Staatsform besitzen oder anstreben. »Der deutsche Staat dagegen ruht auf dem Grundsatz der Autorität.« In ihm verkörpere sich die Idee des Allgemeinen, die nicht, wie im westlichen Denken, der Willkür der einzelnen entlehnt sei, sondern etwas Ursprüngliches meine, in das der einzelne eingeschlossen sei. Parteien, in denen sich einzelne zu politischen Organisationen zwecks Verfolgung ihrer Interessen zusammenschließen, seien darum etwas ganz und gar Undeutsches. Deutsch hingegen sei die »Gemeinschaft aller Stände«, durch die sich das Staatsleben mit sozialem Gehalt erfüllt.

Die Ideologie des deutschen Geistes gibt sich freilich nicht damit zufrieden, deutsches Denken und deutsches Sein dem »Fremden« entgegenzustellen, sondern sie ist auch davon überzeugt, daß im deutschen Geist die Wahrheit enthalten sei. Nur im deutschen Denken, so Max Wundt, sei der Geist wirklich zur Besinnung über sich selbst gekommen.

Wo man deutschen Geist und deutsches Wesen so deutlich zu unterscheiden weiß vom Nicht-Deutschen, Fremden, da können natürlich auch die Feindschaften zwischen Nationen und die zwischen ihnen entstehenden Kriege aus solcher »ursprünglichen Verschiedenheit des Wesens, aus einer grundsätzlichen Verschiedenheit des ganzen Denkens«[9] erklärt werden. Der Krieg ist darum eine natürliche, wenn auch die extremste Form der weltanschaulichen Konfrontation.

Der deutsche Geist ist jedoch nicht nur Idee, nicht bloß eine bestimmte Weise der Welt-Anschauung, sondern auch *Wille*. Erst dank dieser Kombination aus Idealismus und Voluntarismus läßt sich im Geiste eines ungezügelten Chauvinismus die Forderung aufstellen: »Nur wenn wir es endlich wagen, im Bewußtsein unseres höheren Wertes unsere Wesensart rückhaltlos zur Geltung zu bringen und dem unbedingten Willen zu unserer Vernichtung den ebenso unbedingten Willen, uns in unserer Eigenart zu behaupten, entgegenstellen, wird uns der Sieg zufallen.«[10]

Was man vom deutschen Geist und seiner Einzigartigkeit zu wissen meint, gilt analog auch für die deutsche Kultur und Politik. Sie seien spezifisch und eigentümlich für Deutschland, in keinem anderen Volk zu finden und durch eine tiefe Kluft geschieden von den vergleichbaren Institutionen und Ideen der Westvölker. Die Herausstellung eines besonderen deutschen Geist- und Kulturverständnisses mit entsprechender Ausstrahlung in den Bereich des Politisch-Sozialen war in der Ideologie vom deutschen Wesen in der Regel mit einem Bewußtsein nationalen Stolzes und nationaler Überlegenheit verbunden. Ein Beispiel: Der Jurist Otto von Gierke geriet in einer Kriegsrede von 1914 geradezu ins Schwärmen, als er, den sicheren deutschen Sieg antizipierend, davon sprach, die deutsche Kultur werde vom Zentrum unseres Erdteils aus ihre Strahlen verbreiten, die »Energie des deutschen Wesens« sich in der ganzen Welt entfalten; ohne den befruchtenden Einschlag der deutschen Kultur wäre die Weltkultur »jämmerlich und flach«[11]. Nach einer Fülle von ähnlichen Äußerungen im Geiste eines unverhohlenen deutschen Imperialismus behauptet Gierke auch noch, die deutsche Kultur sei »gerecht«; er klagt Engländer und Franzosen an, daß sie nur an die ausschließliche Berechtigung ihrer eigenen Kultur glaubten, um abschließend zu sagen: »Wir sind uns des unvergleichlichen Wertes der deutschen Kultur bewußt geworden und wollen sie in Zukunft vor Verfälschung durch minderwertige Einfuhr bewahren. Niemandem drängen wir sie auf. Wir glauben aber, daß sie durch ihre innere Größe sich überall die Geltung verschaffen wird, die ihr gebührt. Denn wir sind stolz auf sie und wissen, was sie für die Menschheit bedeutet.«[12]

Was aber ist der Inhalt deutscher Kultur? Was sind die »Grundpfeiler deutscher Kultur«? Otto von Gierke gibt folgende charakteristische Aufzählung: »Die seit der germanischen Urzeit von Geschlecht zu Geschlecht vererbte Treue. Das strenge Pflichtbewußtsein. Der Ernst der Lebensauffassung. Der schlichte und gerade Sinn, die Wahrhaftigkeit und die Gerechtigkeit. Der Mut, der die Furcht nicht kennt. Und als der tiefste Born unserer Kraft die religiöse Gewißheit, der Glaube an ein höheres Ziel des Lebens und an das Walten Gottes in den Schicksalen der Menschen.«[13]

In solchen und ähnlichen Wendungen umschreibt die Ideologie vom deutschen Geist und Wesen die Besonderheit deutscher Kultur und deutschen Seins, das sich vom Wesen anderer Völker grundsätzlich unterscheide. Indem sie das wahrhaft Deutsche in solcher oder ähnlicher Weise bestimmen, gewinnen die Ideologen des deutschen Sonderbewußtseins zugleich einen einfachen Maßstab, um bedrohliche Entwicklungen auch innerhalb des eigenen Landes aufzuspüren und anzuprangern, als da sind: Egoismus und Materialismus, Pazifismus und Krämergeist, Partikularismus und Zwietracht. Diese Erscheinungen gelten allesamt als Auswirkungen fremden Geistes und fremder Gesinnung, deshalb kann die Parole immer nur lauten, die Deutschen sollten das Fremde von sich abtun und ihrem Wesen treu bleiben, dann allein könnten sie ihre kulturelle und politische Weltmission, ihre *Sendung* erfüllen.

Eine Variante der Idee von Deutschlands kultureller Überlegenheit und Weltmission (»deutsche Art und Sitte, deutsche Bildung sollten zum Heile der gesamten Menschheit erhalten und gestärkt werden«, so der Hegel-Herausgeber Adolf Lasson[14]) besteht darin, Deutschland sowohl politisch wie kulturell als das *Zentrum Europas* zu begreifen: »Deutschland ist das Land der Mitte, deutsche Kultur nimmt eine zentrale Stellung ein. Die ganze europäische Kultur, die doch die eigentlich allgemein menschliche Kultur ist, sammelt sich wie in einem Brennpunkte auf diesem deutschen Boden und im Herzen des deutschen Volkes. Es wäre töricht, über diesen Punkt sich mit Bescheidenheit und Zurückhaltung äußern zu wollen. Wir Deutschen repräsentieren das Letzte und Höchste, was europäische Kultur überhaupt hervorgebracht hat; darauf beruht die Stärke und Fülle unseres Selbstgefühls.«[15]

Aus Deutschlands politischer und kultureller Mittellage zwischen Ost und West läßt sich sogar ein *universaler* Anspruch ableiten. Weil sich in Deutschland die »Diagonalen des Weltalls« schneiden, ist es auch zur bestimmenden geistigen und politischen Macht Europas berufen. »Denn wir Deutschen vertreten nach unserem ganzen Wesen gegenüber der Partikularität der Einzelnationen die Universalität der Gedanken und Interessen... Deutsche Kultur ist universell europäisch, und alles Europäische findet sich in Deutschland beisammen.«[16]

Doch der universale europäische Charakter der deutschen Kultur wird nicht als produktive Synthese verschiedener europäischer Geistesströmungen verstanden, sondern im Stile eines unbekümmerten Kulturimperialismus aus der Überlegenheit deutschen Geistes begründet. Diese Überlegenheit des deutschen Geistes wird mit Vorliebe in seiner angeblichen Fähigkeit zur »Verinnerlichung und Vertiefung« gesehen: »Verinnerlichung will sagen, daß die Sache der Person nichts Fremdes, bloß Äußerlichkeit ist; die Person zieht vielmehr die Sache mit in ihre Innerlichkeit hinein und erfüllt die Sache mit der eigenen geistigen Lebendigkeit.«[17] Für die Fähigkeit des deutschen Geistes zur Verinnerlichung wählt man mit Vorliebe das Wort *Gemüt*, dessen Nichtübersetzbarkeit in fremde Sprachen den Ideologen des deutschen Wesens gern als Beweis dafür gilt, daß diese Geistes- und Seelenkraft nur bei uns heimisch sei. »Das innere Leben und Weben des Gemüts, das sich in die Sache hineinlegt, sie mit Liebe sich aneignet, ist nicht unfruchtbare Schwärmerei; deutsches Gemüt erfaßt eben damit die Sache in ihrem wahren Wesen. Der Deutsche ist von vornherein auf den Idealismus angelegt; sein Handeln wie sein Denken trägt eben diesen Stempel, und den Untergrund dafür bildet die Lebendigkeit des deutschen Gemüts. Solcher Idealismus entfernt sich nicht von der Wirklichkeit, sondern dringt in sie ein. Der Idealist sieht die Sache, wie sie wirklich ist.«[18]

Die Funktion des »deutschen Geistes«

Suchen wir nun nach diesen typischen Gesinnungsäußerungen von Ideologen des deutschen Wesens den ideologischen Kern dieser nationalistischen Weltanschauung zu fassen. Folgendes erscheint charakteristisch: 1. Es handelt sich um ein idealistisches Denken, das allein im Geist die schaffende Kraft sieht, welche die Wirklichkeit des Lebens zu erzeugen und die Materie zu bestimmen vermag. 2. Der »deutsche Geist« ist per definitionem ein Geist des Allgemeinen und der Gemeinschaft. Er stiftet darum nationale Zusammengehörigkeit, die Bereitschaft zum Dienst für das Ganze. Er lenkt und gestaltet das Leben des Volkes. 3. Der »deutsche Geist« ist, wird er nicht von fremdem Geist unterwandert und beeinträchtigt, auf allen Gebieten des sozialen Lebens zu den allerhöchsten Leistungen fähig. Daher weist er potentiell über das Nationale hinaus und beansprucht auch universale Geltung. 4. Zur vollen Wirksamkeit des deutschen Geistes gehört seine Einheit und Geschlossenheit, d. h. seine klare Abgrenzung von allem Fremden. Er findet somit seinen Maßstab allein in sich selbst, der keiner weiteren Rechtfertigung an universalen Kriterien bedarf.

In seiner ideologischen Gestalt erweist sich der »deutsche Geist« als ein politisch nutzbares Konstrukt von Intellektuellen, mit dessen Hilfe eine bestimmte politische Ordnung gesichert und verteidigt werden soll. Es geht bei diesem Gebilde nicht um das Geistige im Sinne von Denken und Vernunft, Besinnung, sondern allein um das, was in der idealistischen Weltsicht seine spezifische Wirkung ausmacht, nämlich die politische und soziale Lebensordnung, die man für gut und deutsch hält und sichern zu müssen meint. Die Abgrenzung des Deutschen erfolgt in aller Regel gegenüber dem westlich-liberalen Gesellschaftsmodell. Die Umschreibung des eigenen Modells ist dabei eher dürftig. Sie arbeitet oft mit Tautologien, so z. B., daß wir Deutsche unserem Wesen treu zu sein hätten.

Die Denkfigur »deutscher Geist«, »deutsches Wesen« gewinnt *ideologischen* Charakter, indem sie zur Genesis und zur Rechtfertigung autoritärer gesellschaftlicher Verhältnisse dient. Sie ist auch in der Argumentation kaum angreifbar, weil der »deutsche Geist« von vornherein positiv bestimmt wird und seine Schwäche allein durch sein Nachgeben gegenüber fremdem Geist entstehen kann. Der »deutsche Geist« dient somit als Quelle und Inbegriff alles Guten für die deutsche Politik und für das deutsche Leben überhaupt. Er ist in dieser Form ein Mittel der Agitation, nicht der Diskussion. Es geht nämlich bei all diesen Erörterungen nicht um den Geist als Instrument und Medium der Wahrheit, sondern stets um den Geist als Schöpfer und Garant einer autoritären politischen Ordnung. Der deutsche Geist ist das Kernstück einer nationalistischen Ideologie, die auch in der Weimarer Zeit ihre Wirkung entfaltete und im Dritten Reich kulminierte, bevor sie mit diesem für immer zu Fall kam.

Der Zusammenbruch des Kaiserreiches, das als »Sinnzentrum der Sonderwegsideologie«[19] fungiert hatte, führte nicht – wie es wünschenswert gewesen wäre – zu einem breiten, die politische

Kultur Deutschlands nachhaltig verändernden Prozeß der Umbesinnung und der kritischen Auseinandersetzung mit Deutschlands eigenwilligem, antiwestlichem politischen Selbstverständnis, sondern teilweise sogar zu ihrer Radikalisierung innerhalb der mit den Jahren immer stärker werdenden antidemokratischen Opposition. Die Rückkehr Deutschlands in den Westen war 1918/19 nur scheinbar gelungen; die sich auftürmenden wirtschaftlichen und sozialen Schwierigkeiten, mit denen die neue Republik fertig werden mußte, trugen ein übriges dazu bei, daß es nicht gelang, das westliche politische System wirksam im Volk zu verankern.

Der »deutsche Geist« in der Weimarer Republik

Gewiß hätte man erwarten können, daß das Debakel des Jahres 1918 auch den »deutschen Geist« zu einer intensiven Selbstprüfung und Gewissenserforschung getrieben hätte, zu einer Infragestellung seiner bisherigen Grundlagen oder wenigstens zu der offenen Bereitschaft, sich in der Konfrontation mit anderen Ideen zu korrigieren und zu relativieren, doch dazu kam es nur in schüchternen Ansätzen. Es zeigte sich sehr schnell, daß politische und soziale Umwälzungen, so sehr sie den äußeren Wirkungsrahmen und das Bezugsfeld von geistigen Prozessen verändern mögen, nicht per se imstande sind, geistige Kontinuitäten zu durchbrechen oder gar völlig auszuschalten. Zwar bot die Weimarer Republik den nicht konformen geistigen und kulturellen Bestrebungen, die im Kaiserreich eher ein Schattendasein geführt hatten, nun endlich die Chance, sich ungehindert und frei zu entfalten – und in der vollen Wahrnehmung dieser Chance liegt die unbestreitbare Größe und Fruchtbarkeit der Weimarer Kultur –, aber die traditionellen geistigen und kulturellen Strömungen, die sich im Wilhelminismus zur Ideologie des »deutschen Geistes« verdichtet hatten, waren darum keineswegs verschwunden oder zur Bedeutungslosigkeit verurteilt. Im Gegenteil: Sie gewannen teilweise sogar noch an Schärfe, weil sie im Weimarer Staat und seinen demokratischen Institutionen das verhaßte westliche politische System, jene Ausgeburt eines undeutschen Liberalismus, unmittelbar vor Augen hatten.

So brachte die Weimarer Republik zwar einen quasi revolutionären Bruch mit der Vergangenheit hinsichtlich der politischen Verfassung, dank dessen sich Deutschland nach dem Mißerfolg von 1848 endlich wieder einreihte in die Entwicklungslinie des westlichen Konstitutionalismus, aber dieses Verlassen des deutschen Sonderweges hinsichtlich der politischen Ordnungsprinzipien war gerade *nicht* begleitet von einer die neue demokratische Verfassungsform stützenden parallelen Abkehr des deutschen Geistes und seiner politischen Kultur von seinen überlieferten antiwestlichen Grundpositionen. So erstand der neuen Republik gerade durch das fortbestehende Sonderbewußtsein mit seinen zahlreichen Trägern im akademischen Leben, im Militär, in der Beamtenschaft, in der Justiz sowie in den konservativen und nationalistischen politischen Parteien und Bünden fast von Anfang an eine unversöhnliche geistige und politische Opposition, die emsig die Schwächung und den Untergang dieser angeblich »undeutschen« Republik betrieb.

Die großartige Blüte des Geistes und der Kultur der Weimarer Republik, die zum Mythos von den »Goldenen Zwanziger Jahren« geführt hat, widerlegt nicht die These von der unheilvollen und machtvollen Fortwirkung der Tradition des »deutschen Geistes« in der Weimarer Republik, denn die Weimarer Kultur war, wie der amerikanische Historiker Peter Gay in seinem Buch »Die Republik der Außenseiter« gezeigt hat, keineswegs typisch für die Bewußtseinslage der deutschen Nation. »Die Kultur der Weimarer Republik«, so schrieb er, »war eine Schöpfung von Außenseitern, die von der Geschichte für einen kurzen, schwindelerregenden, zerbrechlichen Augenblick in den Mittelpunkt gerückt worden waren«[20].

Die Kräfte des Neuen, des Fortschritts und der kulturellen Emanzipation, die, von heute aus gesehen, den bleibenden Wert der Weimarer Kultur ausmachen und die erst die Zeit nach 1945 sich voll angeeignet hat, haben zwar dieser Kultur wieder den Zugang zur Welt eröffnet und eine Zeitlang sogar faszinierend auf die westliche Welt gewirkt, aber sie haben das innere und geistig-kulturelle Leben der deutschen Nation nicht tief genug erfassen und prägen können. Sie blieb Episode.

Der antiwestliche »Geist von 1914«, den man mit dem »deutschen Geist« identifizierte, wirkte bei den meisten, die sich ihm hingegeben hatten, auch nach der Niederlage ungebrochen weiter. Er war der Urheber der Dolchstoßlegende, die das politische Klima der um ihre Existenz und Stabilisierung ringenden Republik vergiftete; er zeigte sich in der politischen Diffamierung von Demokraten als »Novemberverbrecher«; er feierte Jahr für Jahr fröhliche Urständ in den Reichsgründungs-, Sedan- und Langemarckfeiern an deutschen Universitäten; er war lebendig in den eifernden Bemühungen der Mehrzahl der deutschen Historiker, die alliierte These von der deutschen Kriegsschuld zu widerlegen und die unvergleichliche Größe der Bismarckschen Politik und des von ihm geschaffenen deutschen Nationalstaates zu beleuchten; er offenbarte sich allgemein in der Geringschätzung und Verachtung des neuen demokratischen Staates und seiner politischen Träger, in der Kritik am Parteiwesen und am Fehlen großer politischer Führerpersönlichkeiten. Mit anderen Worten: Man hielt in diesen Kreisen an der alten Ideologie von der Besonderheit und Höherwertigkeit des deutschen Geistes und der deutschen Staatsanschauung über die des Westens unverdrossen fest, machte auch gar keine Anstrengungen, aus der Niederlage etwas zu lernen, sondern bekämpfte nun im Namen des gloriosen Alten, das leider untergegangen war, das entstandene Neue: die parlamentarische Demokratie von Weimar und die »Verwestlichung« Deutschlands. So siegte schließlich der »deutsche Geist« über Weimar und stellte sich in den Dienst des Dritten Reiches.

Der »deutsche Geist« im Dritten Reich

Die Ideologie vom »deutschen Geist« und die mit ihr verbundene bewußte Loslösung von den universalen Prinzipien der abendländischen Zivilisation war wie geschaffen für die Legitimierung der gegen die europäische Ordnung gerichteten Machtpolitik des Dritten Reiches und für die Instrumentalisierung durch den hybriden Machtwillen des Führers. Ähnlich wie in den nationalistischen Ekstasen der Augusttage 1914 sprach man ab 1933 wieder vom »Soldatentum des Geistes«, bezeichnete die Professoren als »Kameraden im Wissensdienste deutscher Nation« und ging daran, einen neuen »Typus« des Künstlers und Hochschullehrers zu schaffen, dessen Hauptaufgabe es sein sollte, dem nationalsozialistischen Staat, seinem Führer und seiner Weltanschauung treu zu dienen und durch solchen Dienst jene Einheit von Geist und Macht herzustellen, die im Dritten Reich endlich Wirklichkeit geworden war. So vollzog sich relativ schnell und bruchlos die völlige Loslösung Deutschlands von der politischen Ideenwelt des westlichen Humanismus und die Prostitution des deutschen Geistes vor seinem neuen Führer.

Wie der »deutsche Geist« unter der Herrschaft des Nationalsozialismus am Ende vollends auf den Hund kam, der »Verhunzung« (Thomas Mann) anheimfiel, das ist eine schlimme und beschämende Geschichte. Am Ende blieb vom Zu-sich-Kommen des »deutschen Geistes« im Dritten Reich nichts übrig als die mit den gängigen schwülstigen Parolen ausstaffierte Beweihräucherung aller Taten und Untaten eines Regimes, das sich anschickte, der europäischen Welt eine neue politische Herrschaftsordnung und eine neue Kultur zu verpassen, und das nach nur zwölf Jahren in die Geschichte einging als eines der größenwahnsinnigsten, unmenschlichsten und geistlosesten politischen Systeme, die die Welt je gesehen hat.

In der Zurichtung zum idealistischen Handlanger eines geistfeindlichen Regimes kam der »deutsche Geist«, der sich nach 1933 hochfahrend von allen Bindungen an die abendländische Zivilisation losgesagt hatte, an sein Ziel und zugleich an sein Ende. Sein Ziel war es gewesen, endlich in Übereinstimmung mit der aus dem »Geiste« gezeugten politischen Wirklichkeit zu leben, was der totalitäre Machtapparat ihm bestens besorgte; sein Ende kam ebenso zwangsläufig mit dem Scheitern der nationalsozialistischen Eroberungspolitik, deren Hybris er stets von neuem legitimiert hatte. Hier verriet nicht mehr die Politik den Geist, denn dieser hatte sich selbst schon verraten und bereitwillig der Politik ausgeliefert.

Es gibt gewiß nicht die Zwangsläufigkeit einer historischen Entwicklung, die den »deutschen Geist« von »Schelling zu Hitler« (G. Lukács)[21] trieb, wohl aber gibt es in der Entwicklung des deutschen Denkens Ansatzpunkte genug für die schließliche Bereitschaft des »deutschen Geistes«, in Hitlers Drittem Reich die Erfüllung seiner langgehegten Sehnsucht und die Verwirklichung seines idealistischen Strebens zu sehen. Man war stolz darauf gewesen, sich von den Werten und Traditionen des alten Europa, des Westens überhaupt losgemacht zu haben; man glaubte, im eigenen Volkstum, in der nordisch-germanischen Rasse, in der eigenen völkischen Geschichte alles das auffinden zu können, was es brauchte, um sich und schließlich der Welt einen neuen Glauben, einen neuen Geist und eine neue Form geben zu können. Doch indem dieser »deutsche Geist« die Vernunft dem nationalen Mythos opferte, den Verstand der Seele überantwortete, die Kritik dem »Leben« unterwarf, hatte er sich aller jener Mittel und Möglichkeiten beraubt, mit deren Hilfe der Geist erst fähig wird zu wirken, nämlich die Macht in Schranken zu fordern und sie zu humanisieren.

Es ist eine Tragödie – die von den Deutschen selbst verschuldet worden ist –, im einzelnen zu beobachten, mit welcher Leichtigkeit das Dritte Reich sich den »deutschen Geist« einverleiben, ihn auf »Vordermann« bringen und in die Dienste seiner menschenfeindlichen Politik stellen konnte. Das Dritte Reich war der Höhepunkt der gegen den Westen gerichteten deutschen Sonderentwicklung. Der »deutsche Geist«, zur Ideologie gemacht und verflacht, war an seinem tiefsten Punkt angelangt. Das deutsche Sonderbewußtsein verlor von nun an jede Rechtfertigung. Es gibt keinen plausiblen Grund, an seiner – wie auch immer gereinigten – Wiederherstellung zu arbeiten.

Anmerkungen

1 Kolloquien des Instituts für Zeitgeschichte. Deutscher Sonderweg – Mythos oder Realität?, München 1982, S. 46–53.
2 Vgl. Kurt Sontheimer, Antidemokratisches Denken in der Weimarer Republik, München 1961.
3 Bernd Faulenbach, Ideologie des deutschen Weges, München 1980.
4 In: Deutscher Staat und deutsche Kultur, hrsgg. von der Heeresgruppe Herzog Albrecht, Straßburg 1918, S. 218.
5 Ebd., S. 220.
6 Ebd., S. 225.
7 Ebd., S. 228.

8 Ebd., S. 228.
9 Ebd., S. 234.
10 Ebd., S. 235.
11 Deutsche Reden in schwerer Zeit, Berlin 1915, S. 98.
12 Ebd., S. 99.
13 Ebd., S. 98.
14 Ebd., S. 111.
15 Ebd., S. 116.
16 Ebd., S. 117f.
17 Ebd., S. 122.
18 Ebd., S. 122f.
19 So Bernd Faulenbach (Anm. 3).
20 Peter Gay, Die Republik der Außenseiter, Frankfurt 1970.
21 Dies der Untertitel von Lukács' berühmtem Buch: Die Zerstörung der Vernunft, Berlin 1954.

2. Die Politische Kultur der Weimarer Republik

Der Siegeszug, den der vor etwa dreißig Jahren aufgekommene Begriff der politischen Kultur durch die modernen Sozialwissenschaften angetreten hat, stellt die gegenwärtige Politische Wissenschaft vor die interessante Aufgabe, das zeitgenössische Verlangen nach Informationen über die politische Kultur eines historischen oder gegenwärtigen politischen Systems zu stillen. In der Tat ist die Frage nach der politischen Kultur der Weimarer Republik bisher nur in wenigen wissenschaftlichen Bemühungen zu beantworten versucht worden. Auch das nachfolgende Kapitel kann nur als ein weiterer Versuch gewertet werden, Grundlinien und -probleme einer Erforschung der politischen Kultur der Weimarer Republik aufzuzeigen.

Dabei ist die Erforschung der Weimarer Republik unter dem Gesichtspunkt ihrer politischen Kultur eine besonders attraktive und ergiebige Aufgabenstellung, zeichnet sich doch gerade die Weimarer Periode dadurch aus, daß in ihr sowohl das Politische wie auch das Kulturelle eine besonders intensive und folgenreiche Ausprägung erfuhren. Aber die relative Bedeutung von Politik wie von Kultur in bezug auf die Geschichte der Weimarer Republik macht noch keine bedeutsame politische Kultur. Gleichwohl ist gerade die Erforschung der politischen Kultur Weimars von besonderem Interesse, weil sie offensichtlich eine Schlüsselfunktion für die dramatische Entwicklung und das schließliche Scheitern dieser ersten deutschen demokratischen Republik besitzt.

Unter politischer Kultur versteht man gemeinhin das Verhältnis einer Bevölkerung zu dem politischen System, in dem sie lebt, wobei erkenntnismäßige, werthafte und gefühlsmäßige Einstellungen unterschieden und in ihrer Wirkung auf das politische Leben in dieser Republik beurteilt werden. Politische Kultur in diesem Sinne entscheidet also über die *Akzeptanz* einer politischen Ordnung sowohl bei den Regierenden wie insbesondere bei den Regierten. Eine demokratische politische Kultur findet sich überall dort, wo die von den demokratischen Institutionen geforderten Verhaltensweisen und positiven Einstellungen und Identifikationen von seiten der Bevölkerung relativ mühelos und mit einer gewissen Effizienz erbracht werden.

Der zweite Bereich, den man mit der politischen Kultur in Verbindung bringen kann, betrifft die politischen Verhaltensweisen und Umgangsformen im Rahmen der politischen Institutionen, und zwar sowohl zwischen den verschiedenen in der Politik aktiven Parteien und sozialen Gruppen wie auch innerhalb dieser Gruppen selbst, von denen manche in der Lage sind, wie etwa die Arbeiterbewegung, eine spezifische politische Kultur auszubilden. In einem weiteren Sinne meint also politische Kultur das politische Leben in seinen verschiedenartigen Ausdrucks- und Verkehrsformen unter Einschluß der maßgeblichen Wertorientierungen, die das politische Verhalten prägen und beeinflussen.

Hinsichtlich der ersten Fragestellung, nämlich politische Kultur als Problem der Akzeptanz der neuen demokratischen Ordnung von Weimar durch die deutsche Gesellschaft, ist die Beantwortung vergleichsweise einfacher als für den zweiten Bereich, der die Vielfalt der politischen Artikulations- und Verhaltensweisen zum Gegenstand hat.

Die historischen Forschungen über die Weimarer Republik haben relativ schnell zu der Einsicht gefunden, daß die Weimarer Republik kein wirklicher Neuanfang in der deutschen Geschichte war, obwohl einige politische Gruppen und auch einige politische Intellektuelle diese Auffassung hegten. Die Niederlage des Kaiserreiches im Ersten Weltkrieg hatte zu keiner qualitativen Erneuerung im geistigen und politischen Sinne geführt. Deshalb konnte sich auch keine die Republik als Verfassungsordnung und System tragende politische Einstellung in Gestalt einer demokratischen politischen Kultur ausbilden. Die politische Kultur der Weimarer Republik ermangelte weitgehend jener demokratischen Mitwirkungsbereitschaft und Anerkennung des liberaldemokratischen Systems, das für die Unterstützung dieser Ordnung von seiten der Gesellschaft notwendig gewesen wäre. Eine wirklich demokratische politische Kultur konnte sich unter den Bedingungen der Weimarer Zeit, mit ihren Krisenphänomenen und ihren starken sozialen und ideologischen Bindungen an die vordemokratische Ära der Kaiserzeit, nicht ausbilden. Mit den Parteien der Weimarer Koalition, die mehrheitlich auch die Weimarer Verfassung beschlossen, war zunächst noch eine numerische politische Mehrheit für das demokratische System sichergestellt, doch zerbrach diese Mehrheit bereits im Jahre 1920 und konnte von da an nicht mehr restituiert werden. Dies bedeutete, daß – zumindest im parteipolitischen Spektrum – eine mehrheitliche politische Kultur zugunsten der demokratischen Ordnung von Weimar nicht mehr gefunden und auch nicht mehr mobilisiert werden konnte.

In der politischen Kultur der Weimarer Republik gab es also keine Mehrheit der Bevölkerung zugunsten der Verteidigung der demokratischen Staatsform, wie sie sich unter dieser Verfassung entwickelt hatte. Vielmehr ging im Zusammenhang mit den Verheerungen der Weltwirtschaftskrise die Abneigung gegen diese Republik und ihre demokratische Ordnung, die man verächtlich »das System« nannte, schließlich so weit, daß sich die Verteidiger der demokratischen Republik gegenüber den von links wie von rechts anstürmenden Gegnern dieser Republik in einer hoffnungslosen Minderheit befanden.

Es verwundert freilich nicht, daß die demokratische Verfassung und politische Ordnung der Weimarer Republik von einer großen Zahl von Deutschen nicht akzeptiert werden konnte. Zum Teil hing das mit den Traditionen der Vergangenheit zusammen; zum anderen war die Ordnung der Weimarer Republik keineswegs so leistungsfähig, daß man Vertrauen in den demokratischen Staat fassen konnte. Hinzu kamen die von Anfang an sich auftürmenden außerordentlichen Belastungen durch den verlorenen Krieg und die Ideologie der Dolchstoßlegende. So konnte also weder von einer einigermaßen einheitlichen und demokratischen politischen Kultur dieser Weimarer Republik die Rede sein, noch waren die demokratischen Elemente in ihr stark genug, um das bestehende Institutionensystem in seinen schwierigen Auseinandersetzungen und Selbstbehauptungsbemühungen angemessen zu unterstützen.

Wenn schon die Regierungen der Weimarer Republik relativ schwach und kurzlebig waren, wenn überdies die erklärten Feinde der Weimarer Demokratie relativ ungestört ihre Arbeit tun konnten, so bot die politische Kultur der Weimarer Republik zu wenig Möglichkeiten, diese Defizite und Belastungen aufzufangen und angemessen zu verarbeiten. Mit einfacheren Worten: Auf die demokratische politische Kultur der Weimarer Republik war kein Verlaß. Das schwierige Funktionieren der Institutionen wirkte sich negativ für die demokratische politische Kultur aus; umgekehrt war die politische Kultur der Bevölkerung nicht so geartet, daß sie die Schwäche und weitgehende Uneinigkeit der Institutionen des demokratischen Staates hätte kompensieren können. Vielmehr erwuchsen aus den Traditionsbeständen der politischen Kultur des Obrigkeitsstaates und den neuen Erfahrungen der demokratischen und demagogischen Massenpolitik gerade im Rahmen der Weimarer politischen Kultur brisanter werdende Tendenzen zur Überwindung der demokratischen Ordnung. Die Schwäche der politischen Kultur ist also eine Erklärung für die Schwäche des Weimarer Staates und seinen schließlichen Untergang. Für die politische Kultur der Weimarer Zeit erwiesen sich andere Mächte und Kräfte als entscheidender als die liberalen und demokratischen.

Wenn man bisher in der Literatur über Weimar immer wieder auf den Satz stoßen konnte, die Weimarer Republik sei eine Demokratie ohne Demokraten gewesen, so kann man den gleichen Sachverhalt mit Blick auf die politische Kultur etwas genauer formulieren: Die demokratische Kultur der Weimarer Republik war nicht stark und verteidigungsfähig genug, um die Republik stabilisieren und vor ihrem Aufgehen im nationalsozialistischen Führerstaat bewahren zu können.

So muß man im Ergebnis feststellen, daß die politische Kultur der Weimarer Republik in sich zerrissen und widersprüchlich war, daß das demokratische Element, welches die Institutionen hätte abstützen und unterstützen können, nicht stark genug war, um der Republik den existenzerhaltenden Beistand zu sichern, und daß schließlich die antiliberalen und antidemokratischen Elemente in der politischen Kultur der Weimarer Republik eine dominierende Stellung gewannen mit der Folge, daß diese Elemente der politischen Kultur den Aufstieg Hitlers und seiner nationalsozialistischen Massenbewegung stark begünstigten.

Sieht man das Kernproblem der politischen Kultur der Weimarer Zeit im wesentlichen in den kritisch-skeptischen Einstellungen der Bürger sowie der politischen und sozialen Organisationen zum politischen System der Weimarer Verfassung, dann läßt sich die Weimarer Republik etwa folgendermaßen darstellen:

Eine Verfassung ohne Konsens

Es war eine Eigentümlichkeit des politischen Lebens der Weimarer Republik, daß die demokratische Verfassung von der Mehrheit der politischen Kräfte als ein unzureichendes, eher schlechtes Kompromißprodukt angesehen wurde, das – vor allem gegen das Ende hin – selbst jene nur ungern verteidigten und stützten, die es, wie die Sozialdemokraten und das Zentrum, seinerzeit mit aus der Taufe gehoben hatten. Die neue politische Ordnung der Weimarer Demokratie war nur zu Anfang, als sie sich noch nicht hatte bewähren müssen, von einem ausreichenden mehrheitlichen Konsensus des Volkes und der seinen politischen Willen artikulierenden politischen Kräfte getragen. So wie sie sich dann entwickelte, paßte sie kaum einer Partei richtig ins Konzept. Für die Sozialisten, gar nicht zu reden von den Kommunisten, war die Republik zu bürgerlich und allenfalls ein schlechter Abklatsch ihrer lange gehegten Vorstellungen von einer neuen demokratischen und sozialistischen Gesellschaft. Für die Konservativen, und zwar sowohl die mehr liberalen Zuschnitts bei der Deutschen Volkspartei wie die reaktionären bei den Deutschnationalen, war die demokratische Republik ein schwacher, undeutscher Staat, ein bedauerlicher Abfall von den Höhen Bismarckscher Reichsherrlichkeit und Machtpolitik. Für die wenigen Liberalen und das verfassungspolitisch etwas wankelmütige Zentrum war die rechtliche Verfassung kaum ein Ärgernis, doch sie operierten isoliert und vermochten keine massenhafte Identifikation mit der neuen Ordnung zu mobilisieren.

Für die erst in den späten zwanziger Jahren stark aufkommenden Nationalsozialisten, welche die reaktionären Konservativen durch eine brisante Mischung aus perfekter Massenbeherrschung und politischem Irrationalismus übertrumpften, war die »November-Republik« das deutsche Schandmal schlechthin. Aus den ideologischen Hauptbewegungen der Epoche, dem Sozialismus und dem Nationalismus, destillierten Hitler und seine Anhänger unter Ausnutzung der institutionellen Schwächen und der wehrlosen Liberalität des Weimarer Regimes, unterstützt von einer weltweiten Katastrophe des kapitalistischen Systems, ein trübes, aber schäumiges Gebräu von massenwirksamen Parolen gegen die Republik, das – verbunden mit einer neuen politischen Kultur des Führerprinzips und der Manipulation der Massen – seine Wirkung zeitigte und die Machtergreifung ermöglichte.

Mit politischen Parteien, die diesen Staat nicht recht mochten und ihn darum nur lau verteidigten, und mit oppositionellen radikalen Kräften, die ihn nicht nur verbal, sondern auch unter Einsatz von Mitteln der Gewalt, die zeitweilig den Bürgerkrieg als eine reale Bedrohung erscheinen ließen, bekämpften, war fürwahr ein funktionsfähiger Staat nicht zu machen. Schon die kurze Lebensdauer der Regierungen, die dem mangelnden Zusammenhalt der flüchtigen politischen Koalitionen und der Fluktuation der Wählermeinungen zu danken war, war wenig angetan, das Vertrauen des Volkes in die Effizienz und das politische Vermögen eines parlamentarischen Regierungssystems zu wecken. Die Politik schien zu einem absurden Spiel zwischen untereinander uneins gewordenen Kräften entartet zu sein, das letztlich allein den politischen Akteuren selbst, nicht aber dem Staat und seinen Bürgern, Nutzen zu bringen schien. So machte sich in einem großen Teil der öffentlichen Meinung ein wachsender Zweifel an der Lebensfähigkeit und Legitimität der Weimarer Demokratie breit, die sich gegenüber der zunehmenden Macht ihrer Gegner nur schwer verteidigen ließ. Eine falsche Vorstellung von der demokratie-immanenten politischen Betätigungsfreiheit aller Gruppen, auch derer, die dieser Freiheit an die Gurgel wollten, lähmte darüber hinaus die Verteidigungsbereitschaft des Systems angesichts seiner immer akuter werdenden Krise und Bedrohung. Die Krise führte in den Untergang.

Eine politische Kultur der Gegensätze

Der breite Fächer des geistig-politischen Lebens der Weimarer Republik enthielt alles, was bereits das 19. Jahrhundert an politischen Kräften entbunden hatte: Revolutionäre und Reaktionäre; demokratiefeindliche Altliberale und fortschrittlichere Neoliberale; vorwiegend an klerikaler Kulturpolitik interessierte Katholiken und in völkische Ideen verrannte Protestanten; gemäßigte Sozialdemokraten und nicht völlig reformunwillige Konservative; Verteidiger des unsozialsten Kapitalismus mit ungezügeltem Gewinn- und Ausbeutungsstreben und bescheidenere Anwälte eines sozialen Kapitalismus, die ihn durch interventionistische Eingriffe seitens des Staates von seinen Auswüchsen und Ungerechtigkeiten befreien wollten; Anhänger des Führerprinzips und Menschen, die allein auf die Automatik der Institutionen vertrauten; Militaristen und Pazifisten etc. Für alles, was im 19. und dann im 20. Jahrhundert an politischer Bewegung und ideologischer Orientierung anzutreffen war, hält die Weimarer Republik Beispiele bereit.

Infolge der Schwäche des revolutionären Anfangs und aufgrund der nicht wirklich bewältigten Neuordnung am Ende des verlorenen Krieges konnten alle politischen Strömungen und Ideologien von ganz links bis ganz rechts sich nebeneinander und gegeneinander tummeln und bekämpfen, so daß ein die politische Neuordnung tragender Konsensus sich nicht hat bilden können. Was im Bereich rein ideologischer und geistiger Auseinandersetzung gelegentlich produktiv und fruchtbar sein kann, nämlich Polarisierung, Polemik, Provokation, erweist sich in der Auseinandersetzung realer politischer Kräfte als gefährlich, ja sogar tödlich.

Die politische Krise der Weimarer Republik war eine Krise der politischen Autorität, verursacht durch einen Mangel an Konsens und demokratischer politischer Kultur. Die demokratischen Kräfte, ihrer Intention nach anti-autoritär, hatten nicht genügend Spielraum und Zeit, durch eigene Erfolge Autorität und Legitimität zu erringen; die Gegner der Weimarer Republik, vor allem die von rechts, taten alles, um dem verhaßten System zu schaden und es nicht Wurzeln schlagen zu lassen. Sie wurden darin vielfach durch den im obrigkeitsstaatlichen Geist verharrenden Beamten- und Justizapparat unterstützt, der den neuen Machthabern der Republik nur mit Vorbehalt diente und sich auf ein undemokratisches Staatsethos berief, das die Unterminierung der demokratischen Ordnung förderte.

Die Intellektuellen in der Weimarer Republik

Die politische Literatur der Weimarer Zeit war ein Reflex dieser widersprüchlichen und uneinheitlichen politischen Kultur. Auch die Elite der Intellektuellen ließ jede Orientierung an gemeinsamen Grundwerten und Grundüberzeugungen vermissen.

Am Anfang der Republik hatte es eine kleine Gruppe von engagierten linken Intellektuellen gegeben – für die Heinrich Mann als Figur stehen möge –, die bei der Ausrufung der Republik gleichsam die Fülle der Zeiten anbrechen sahen und dementsprechend enthusiastisch reagierten. Kein Wunder, daß diese Begeisterung nur kurzlebig war und der resignierten Ernüchterung wich, als die Republik sich gar nicht als so neu erwies, wie sie gehofft hatten, daß sie es sein würde; als vieles von dem, was sie zum Aufbau eines demokratischen Lebens für notwendig gehalten hatten, nicht realisiert wurde. So wurden die meisten von ihnen zu enttäuschten Kritikern des Systems, das sie stets von neuem an ihren hehren demokratischen, aber darum auch utopischen Idealen maßen, ohne eine wirklich positive Einstellung zu dem finden zu können, was wirklich war. Die kritischsten und respektlosesten unter ihnen wurden, wie Kurt Tucholsky, zu den großen Satirikern der Republik – amüsant zu lesen, geistvoll und witzig und doch unfähig oder unwillens, eine konstruktive Politik zu ersinnen, die das Unheil, das sie auf Deutschland zukommen sahen, hätte abwenden können.

Neben ihnen standen – schwach an Zahl auch sie – die Gemäßigten und Liberalen, für welche die Republik an und für sich schon das Richtige war, die nach ihrer Meinung nur nicht so recht funktionierte, weil allzu viele die politischen Spielregeln nicht beachteten, ohne die es nun einmal eine geordnete Freiheit nicht geben könne. Sie sahen, als er dann auftauchte, in Hitler einen Scharlatan und Rattenfänger, der nicht weit kommen würde, wenn er seine großen Sprüche einmal in der Realität des Politischen einzulösen haben würde. Sie sahen leicht angewidert dem gewaltsamen politischen Treiben auf den Straßen zu, das die letzten Jahre der Republik so unsicher und bedrohlich machte, aber das Beste, was sie am Schluß zu sagen wußten, war nur, daß das deutsche Volk eben noch nicht reif genug gewesen sei für die demokratische Ordnung, die es sich mit der Weimarer Verfassung gegeben hatte.

Diese allzu Liberalen, Vernünftigen, Besonnenen saßen vorzugsweise in den Redaktionsstuben der großen bürgerlichen Zeitungen, bei der »Vossischen«, dem »Berliner Tageblatt« oder der »Frankfurter Zeitung«, Theodor Heuss ist vielleicht ihr heute bekanntester Repräsentant. Was ihnen abging, wofür sie kein Organ und wogegen sie erst recht kein Rezept hatten, das war die Macht des Irrationalen, die Verherrlichung des Mythos und der Gewalt, die sich im geistigen und politischen Leben der Republik wuchernd ausbreitete. Sie waren aufgeklärte Bürgerliche, aber die Stimme ihrer Vernunft tönte schwach und hilflos. Militanz, auch für die liberale Demokratie, paßte nicht in ihre Weltanschauung.

Neben ihnen fand sich eine Spezies von politisch aufgeschlossenen Intellektuellen, die man als *Vernunftrepublikaner* bezeichnet hat. Der Historiker Friedrich Meinecke ist der bekannteste Vertreter dieser relativ großen Gruppe deutscher Bildungsbürger. Diese Männer und Frauen hatten zwar ihren Frieden mit der Republik gemacht, weil sie eingesehen hatten, daß das Kaiserreich sich nicht mehr halten ließ, aber ihr Engagement für die Republik war eher lau und abwartend. Peter Gay hat diesen Typus in seinem Buch über die Weimarer Kultur treffend beschrieben: »In der Weimarer Zeit gab es Tausende – Professoren, Industrielle, Politiker –, die zwar die Nazis haßten, aber die Republik nicht liebten. Hochgebildet, intelligent und wenig geneigt, die Werte des Kaiserreiches gegen die zweifelhaften Segnungen der Demokratie einzutauschen, wurden viele dieser Männer durch innere Konflikte gelähmt... Sie lernten es, mit der Republik zu leben und deren Kommen als historische Notwendigkeit anzusehen. Sie achteten auch manche Führer der Republik, doch lernten sie es nie, die Republik zu lieben und an ihre Zukunft zu glauben.«[1]

Diese Vernunftrepublikaner waren meist konservative Liberale, zu sehr ihrer national-bürgerlichen Herkunft verhaftet, um den Weg zur Sozialdemokratie zu finden, wie dies bei Thomas Mann, dem repräsentativen Schriftsteller dieser Zeit, der Fall war. Thomas Mann, der im Herbst 1930 in seinem berühmten »Appell an die Vernunft« dem deutschen Bildungsbürger die Sozialdemokratie als zu unterstützende Partei empfahl, war als ehemaliger Verteidiger des Alten ein Vorbild an geistiger Unterstützung der in schwierigen Verhältnissen sich abplagenden Republik. Aber auch Thomas Manns entschiedener und subtiler Weimarer Republikanismus blieb ohne weitreichendes Echo.

Schließlich gab es im gebildeten deutschen Bürgertum eine ziemlich große Gruppe von Menschen, die ab 1930 entweder nicht willens oder aufgrund mangelnder Einsicht nicht in der Lage war, ihren Frieden mit der bestehenden Republik zu machen. Sie waren mehr oder weniger junge und radikale Konservative. Zu ihnen gehörten deutsche Professoren, große Teile der akademischen Jugend, die Mehrheit der protestantischen Pfarrer, zahlreiche Gymnasiallehrer. In den deutschen Universitäten herrschte – hier mehr, dort weniger – ein zumeist deutschnational orientiertes Establishment mit einer zusehends nationalsozialistisch werdenden Studentenschaft. Die konservativen Etablierten duldeten politische Abweichler, selbst von der Klasse der Vernunftrepublikaner, nur ungern und entfernten sich geistig von der politischen Kultur des Wilhelminismus nur soweit, wie es aufgrund der neuen Realität unabweisbar schien.

Anstatt zu Realitätssinn und rationaler Nüchternheit anzuhalten, begeisterten sich viele bürgerliche Intellektuelle – auch an den Hochschulen – für die Kräfte des Dunklen, Mythischen, Irrationalen. Tiefsinn war ihnen wichtiger als Scharfsinn, Seele galt ihnen mehr als Geist und Intellekt. Sie waren die Träger eines modischen Irrationalismus, der eine *konservative Revolution* wollte und den geistigen Hintergrund abgab für den politischen Irrationalismus, auf dessen Boden der Nationalsozialismus gedieh.

Thomas Mann, der einen feinen Instinkt für diese geistigen Zeittendenzen hatte, beschrieb sie in dem oben erwähnten »Appell«

von 1930 mit den Worten: »Mit dem wirtschaftlichen Niedergang der Mittelklasse verband sich eine Empfindung, die ihm als intellektuelle Propheterie und Zeitkritik vorausgegangen war: die Empfindung einer Zeitwende, welche das Ende der von der Französischen Revolution datierenden bürgerlichen Epoche und ihrer Ideenwelt ankündigte. Eine neue Seelenlage der Menschheit, die mit der bürgerlichen und ihren Prinzipien: Freiheit, Gerechtigkeit, Bildung, Optimismus, Fortschrittsglaube nichts mehr zu schaffen haben wollte, wurde proklamiert und drückte sich künstlerisch im expressionistischen Seelenschrei, philosophisch als Abkehr vom Vernunftglauben, von der zugleich mechanistischen und ideologischen Weltanschauung abgelaufener Jahrzehnte aus, als ein irrationalistischer, den Lebensbegriff in den Mittelpunkt des Denkens stellender Rückschlag, der die allein lebensspendenden Kräfte des Unbewußten, Dynamischen, Dunkelschöpferischen auf den Schild hob, den Geist, unter dem man schlechthin das Intellektuelle verstand, als lebensmörderisch verpönte und gegen ihn das Seelendunkel, das Mütterlich-Chthonische, die heilige gebärerische Unterwelt, als Lebenswahrheit feierte.«[2]

Eine Kultur der Widersprüche

Der Vielfalt und Gegensätzlichkeit der politischen Gruppierungen stand also die Vielfältigkeit, Widersprüchlichkeit der Artikulationen des geistigen und kulturellen Lebens in nichts nach, eher im Gegenteil. Auch auf geistig-künstlerischem Felde gab es alles, was das 19. und 20. Jahrhundert an denkerischen und schöpferischen Möglichkeiten entfaltet hatte, und drängte sich in einem kurzen Zeitraum auf dem Boden einer labilen Koexistenz zusammen. Bestimmend für die Neuartigkeit der Weimarer kulturellen Situation war, daß die beherrschende wilhelminische Kultur des Bürgertums ihren Führungsanspruch hatte preisgeben müssen, ohne daß es den neuen Kräften des Liberalismus, der Aufklärung und des Rationalismus gelungen wäre, ihrerseits herrschend zu werden. So konnte eine einheitliche geistige und politische Kultur sich nicht ausbilden. Da gab es mythisches Philosophieren neben positivistischem Rationalismus, Marxismus neben Organizismus, juristischen Positivismus neben politisch orientierter Jurisprudenz etc. Hinzu kam, daß dank der mythisch-irrationalen Fluchtwege, die das Geistesleben aufsuchte, die pessimistischen, zivilisationsfeindlichen Tendenzen gerade in der Weimarer Republik besonders stark wurden. Deren politisches System wurde als mechanistisch und starr denunziert, während man von irgendwelchen völkischen Ganzheiten und blutvollen organischen Lösungen träumte, die mit der sozialen und ökonomischen Realität der modernen Industriegesellschaft reichlich wenig gemein hatten.

Zweifellos war die Fülle, der Reichtum, die schöpferische Breite des geistigen Lebens der Weimarer Jahre ein Ausfluß der Vielfalt an Meinungen, Strömungen, Richtungen und Tendenzen. Zweifellos hat der Zusammenbruch der wilhelminisch-bürgerlich-feudalen Kultur jene zeitweilig so produktive Situation der Krise und des Umbruchs geschaffen, die allein die schöpferische Vielfalt und den Reichtum des geistigen Lebens dieser Zeit erklären kann. Zwar läßt sich nachweisen, daß die meisten Neuerungen in Literatur und Kunst schon vor Beginn der Weimarer Republik auftauchten, aber erst die Kriegszeit und die Republik konnten ihnen dank des freien Raums, den sie allen geistigen Bestrebungen gab, zu vollerer Entfaltung verhelfen. Die Vielseitigkeit und Vielfalt des geistigen und kulturellen Lebens schuf eine Atmosphäre gesteigerter Sensibilität; der Eindruck des Ungebändigten, des Gärenden und Relativen, der eben durch diese Vielfalt hervorgerufen wurde, förderte andererseits die Empfindung und Vorahnung eines möglichen Endes.

So erklärt sich die Lebendigkeit, der Reichtum und das überdurchschnittliche Niveau des kulturellen Lebens der Weimarer Republik vornehmlich aus der Spannung, die aus unvereinbaren, vorübergehend gleichwohl produktiven Gegensätzen herrührt. Woran die Politik notwendig scheitern mußte, weil man zum Regieren einer Nation die Zustimmung, den Konsensus ihrer wichtigen politischen und sozialen Gruppen braucht, davon profitierte eine Zeitlang die Kultur, die es sich leisten kann, elitär und kontrovers zu sein und die auch da noch zu leben und zu wirken vermag, wo sie nur geringen oder gar keinen allgemeinen Konsensus findet.

Und doch vermittelt die Vorstellung einer an produktiven Gegensätzen reichen und darum blühenden Weimarer Kultur ein etwas einseitiges, trügerisches Bild. Gewiß, es gab die Vielfalt, die Konfrontation, die Spannung der Gegensätzlichkeit, aber am Grunde der Weimarer Kultur verbreiterte sich mehr und mehr jener Strom, der die Kultur mit der Politik verband und schließlich zu ihrer eigenen Zerstörung führen mußte.

Die Weimarer Kultur ist bemerkenswerterweise selten heiter und so gut wie nie beschwingt. Wo sie mehr zu sein beanspruchte als Kitt und Unterhaltung für eine Zivilisation – und das gilt für ihre wichtigsten Hervorbringungen –, da ist sie eher schwerblütig, kämpferisch verbissen, intolerant. Die Spannung der Gegensätze, die ihre Produktivität ausmacht, ließ sich nicht unbegrenzt schöpferisch verwerten; der Relativismus, dessen Zeugen die Zeitgenossen zu sein wähnten, konnte nicht für immer dauern. Immer mächtiger wurde bei vielen das Verlangen nach einer neuen Weltanschauung der Ganzheit und des heilen Lebens. Es vermengte sich mit dem politischen Verlangen nach neuer Ordnung, nach dem Helden und Führer, der als sein Retter das Volk aus seiner Not, aus dem Irrweg der undeutschen westlichen Demokratie herausführen würde.

So wie im Politischen die gefährlichsten Gegner der Republik rechts standen, so war auch die konservative Strömung des Irrationalismus, trotz aller Scheinbeweise des Gegenteils, die wir den gängigen Kulturgeschichten Weimars entnehmen, die geistig bestimmende Macht der Republik, die ihren Untergang vorbereitete und beschleunigte. Hatte nicht selbst ein Hofmannsthal 1927 die Heraufkunft einer »konservativen Revolution« von einem Umfang vorausgesagt, wie ihn die europäische Geschichte noch nicht gekannt habe? Hatte nicht auch er der verführerischen Vision von der geistigen Einheit angehangen, welche alle »Zweiteilungen des Lebens durch den Geist« wieder überwinden sollte?

In solchen Erwartungen sprach sich der eigentlich mächtige Zeitgeist aus. Leidtragende dieser machtvollen Geistesströmung, welche die Weimarer Republik mehr und mehr überschwemmte und sowohl ihrer schwierigen Politik wie ihrer reich differenzierten Kultur schließlich das Ende bereitete, waren die Idee und die Praxis der Vernunft. Ihr und ihrer politischen Tochter, dem Liberalismus, galt der Haß und die Verachtung der vielen, die nach Ganzheit, Gemeinschaft und Tiefe dürsteten. Ursache dieses diffusen Verlangens nach Ganzheit und nach Seele, in dem die mächtigste Strömung des Weimarer Geisteslebens und das politische Begehren des unsicher gewordenen Bürgertums nach einer neuen Ordnung jenseits von Demokratie und Toleranz ihr gemeinsames, alle Vernunft erstickendes Bett fanden, war eine diffuse Angst vor der Modernität. Sie war am Ursprung der Jugendbewegung, sie steckte hinter der romantisch inspirierten Verteufelung der Großstädte, sie bestimmte den oberflächlich geführten Kampf gegen Materialismus und Kapitalismus. In dieser Situation fehlte es zwar nicht an Stimmen, die zur Vernunft anhielten – Thomas Mann war eine ihrer wohltönendsten –, aber sie blieben letztlich ohnmächtig. So wurde das, was das geistige, literarische und künstlerische Leben der Weimarer Republik für uns Nachfahren noch interessant macht, was wir mit dem Geist der zwanziger Jahre verbinden und was uns Heutigen in kultureller Aneignung davon noch erhalten geblieben ist oder zumindest bleiben sollte, zu einer Schöpfung von Außenseitern. Die Weimarer Kultur ist, so paradox es klingt, nicht eigentlich das Typische an Weimar, sie war, wie Peter Gay es formuliert hat, ein »Tanz am Rande des Vulkans«. Ein kurzer Tanz übrigens, doch seine Kunstfiguren entzücken und faszinieren noch heute.

Was uns von Weimar bleibt, ist das Erbe dieser Außenseiter. In ihm zeigt sich zwar nur ein Fragment der brüchigen Welt von Weimar, aber dieses ist reicher und bleibender als das Ganze der Weimarer Epoche.

Das hohe Ansehen, das die Kultur der Weimarer Republik bis heute genießt, steht im Gegensatz zu der negativen Rolle der politischen Kultur in diesem kurzen Zeitabschnitt. Aus Weimar lernen, wie es auch die Verfassungsväter des Grundgesetzes für notwendig hielten, heißt nicht zuletzt darauf achten, daß die politische Kultur der Demokratie stark und wirksam sein muß, um das Leben der Politik im demokratischen Geist zu prägen und auf der rechten Bahn zu halten.

Die Weimarer Republik unter dem Blickwinkel der politischen

Kultur zu erforschen, ist eine lohnende Aufgabe, die noch keineswegs ausreichend bewältigt ist. Auch dieses Kapitel vermag nur das Problem anzusprechen, nicht, es wissenschaftlich befriedigend zu beantworten. Zur Rolle der uneinheitlichen und widersprüchlichen politischen Kultur im Rahmen des gesamten Weimarer Systems muß die intensive und systematische Erforschung von politischen Kulturen einzelner Elemente des Systems hinzukommen, z. B. der politischen Kultur der Jugendbewegung oder der NS-Massenbewegung. Erst durch die Erforschung und nachfolgende Zusammensetzung dieser politischen Teilkulturen gewinnen wir einen Blick auf die Gesamtheit des Phänomens der politischen Kultur der Weimarer Republik.

Anmerkungen

1 Peter Gay, Die Republik der Außenseiter. Geist und Kultur in der Weimarer Zeit 1918–1933, Frankfurt 1970, S. 44.
2 Thomas Mann, Deutsche Ansprache. Ein Appell an die Vernunft, 1930, in: ders., Gesammelte Werke, Bd. XI: Reden und Aufsätze, Frankfurt 1960, S. 870–890.

V. Instanzen Politischer Kultur

1. Parteien und Politische Kultur

Der Begriff der politischen Kultur hat sich mittlerweile auch in der Sprache der Politiker und politischen Publizisten durchgesetzt, ja, er scheint dort auf wachsende Beliebtheit zu stoßen. Wenn mein Eindruck nicht trügt, so ist das normative Verständnis von politischer Kultur stark im Vordringen, zumindest in der deutschen Politik und in der politischen Publizistik, doch auch das historische, dem ehemaligen Begriff Nationalcharakter angenäherte Verständnis von politischer Kultur sowie das soziologisch-empirische der Politologen können sich daneben noch behaupten, allerdings vorwiegend im rein wissenschaftlichen Diskurs. Wie stellen sich in der Bundesrepublik die politischen Parteien im Kontext politischer Kultur dar?

Wenn wir die politischen Parteien in Verbindung bringen mit politischer Kultur, so verspricht ein solches Unterfangen guten Ertrag. Für ein politisches System, das man mit Fug und Recht als eine Parteiendemokratie oder einen Parteienstaat bezeichnen kann, ist allein schon die Ermittlung der soziologischen Dimension politischer Kultur von erheblicher Bedeutung. Die Fragestellung lautet: Wie ist die Einstellung der Bürger zum Phänomen der politischen Partei, zum Parteiensystem und zu einzelnen Parteien, wie das Verhalten von Parteien und Parteimitgliedern?

Man hat einen gravierenden Mangel der demokratischen Kultur Deutschlands in der Weimarer Republik bekanntlich in der negativen Einstellung der meisten Bürger zum damaligen Parteiensystem gesehen. Zwar weiß man nicht sicher, ob diese Einstellung vor allem deshalb so negativ und kritisch war, weil das Parteiensystem der Weimarer Republik in der Tat kaum geeignet schien, die krisenhaften Probleme der Zeit einigermaßen zu bewältigen, oder ob sie aus einem historisch bedingten kritischen Affekt gegen das

Parteiwesen als solches resultierte. Tatsache ist, daß die politische Kultur der Weimarer Republik den Parteien nicht günstig war, so daß diese Kultur auch nicht in der Lage war, positiv auf das Parteiensystem und das Verhalten der politischen Parteien einzuwirken.

Ein historisch angereichertes Verständnis von politischer Kultur kann erklären, wie sich bestimmte Einstellungen und Verhaltensweisen im Zusammenhang mit politischen Parteien in einer Nation entwickelt und artikuliert haben. Ein normatives Verständnis von politischer Kultur schließlich erlaubt uns zu beurteilen, ob die Art und Weise, wie die Parteien Politik machen, wie sie miteinander und mit dem Volk umgehen, worauf sie ihre Tätigkeiten richten, den Normen des demokratischen Verfassungsstaates gemäß ist. Da die politischen Parteien in offenen und freien demokratischen Systemen die maßgeblichen Organisationen sind, in denen und durch welche Politik gemacht wird, d. h. Entscheidungen mit Verbindlichkeit für die gesamte Gesellschaft gefällt werden, sind sie auch ein maßgebliches Element der politischen Kultur eines Landes. So wenig, wie es eine Demokratie ohne Parteien geben kann, so kann auch die politische Kultur eines demokratischen Staates nicht ohne Berücksichtigung der Rolle und Funktion der politischen Parteien erfaßt und beurteilt werden. Sie sind ein so maßgebliches Element der politischen Kultur einer Demokratie, weil der politische Willensbildungsprozeß, das politische Leben überhaupt, durch sie hindurchgeht, in ihrem Rahmen wesentlich mitbestimmt und durch sie in der Öffentlichkeit repräsentiert wird. Die politische Kultur der Parteien ist von ausschlaggebener Bedeutung für die politische Kultur eines Landes, weil die Parteien es sind, die in der Demokratie die politischen Institutionen mit Leben erfüllen.

Es handelt sich natürlich um ein Phänomen der Wechselwirkung. Da die politische Kultur eines Landes trotz allem in den politischen Parteien nicht restlos aufgeht, können die Parteien durch die historisch gewachsene umfassende politische Kultur ebenso geprägt werden, wie sie ihrerseits der politischen Kultur eines Landes einen sichtbaren Stempel aufdrücken können. Mit anderen Worten: Für die politische Kultur eines Landes mit demokratischer und pluralistischer Verfassung sind die Parteien und das Parteiensystem von ziemlich ausschlaggebender Bedeutung.

Wie ist nun das Verhältnis von politischer Kultur und politischen

Parteien in der Bundesrepublik? Gehen wir aus von dem empirischen Befund:

Die Bürger der Bundesrepublik sehen in ihrer überwiegenden Mehrheit in den politischen Parteien notwendige, unentbehrliche, wenn auch nicht in jeder Hinsicht gefällige und zufriedenstellende Organisationen der demokratischen Willensbildung. Sie sind sich bewußt, daß es ohne politische Parteien keine Demokratie geben kann, und sie haben durch ihr bisheriges Verhalten bei Wahlen klar gezeigt, daß sie demokratiekonforme und staatstragende Parteien bevorzugen. Dies ist – mit gewissen Abstrichen natürlich – ein im Ganzen positiver Befund, vor allem im Vergleich zur politischen Kultur des Kaiserreiches und der Weimarer Republik. Die Partei an sich und das gegebene Parteiensystem werden von einer überwältigenden Mehrheit der Bürger akzeptiert.

Die historischen Traditionen, die es Deutschland einst schwer machten, eine parteienfreundliche politische Kultur auszubilden, haben den Untergang des Dritten Reiches nicht überlebt. Der geistige und verhaltensmäßige Antiparteien-Affekt, der früher ein Charakteristikum unserer politischen Kultur war, ist für unsere gegenwärtige Verfassungslage nicht mehr kennzeichnend. Die politische Kultur der Bundesrepublik hat sich mit dem Phänomen des Parteiwesens und dem bestehenden Parteiensystem positiv arrangiert. Das ist ein Fortschritt in unserer politischen Kultur, der nicht preisgegeben werden sollte.

Dies bedeutet allerdings nicht, daß unser Parteiensystem den Normen demokratischen und kooperativen Verhaltens durchgehend entspräche. Auch wenn man – wie manche Demokratietheoretiker dies tun – den Grad der politischen Partizipation nicht für einen durchgehend anwendbaren Maßstab zur Bestimmung der Qualität demokratischer Prozesse in den Parteien hält, wird man doch feststellen müssen, daß die deutschen Parteien keine sozialen Gebilde sind, in denen die demokratischen Prozesse intensiv sind und immer vorbildlich ablaufen. Weit gefehlt! Einzelne Parteien sind in ihrem Innenleben demokratischer als andere; manche Parteien haben unangemessenere Vorstellungen von einer demokratischen politischen Kultur als andere. Die innere politische Kultur der Parteien selbst ist von ziemlich unterschiedlicher Qualität.

Die Werte und Maßstäbe einer politischen Kultur sind natürlich nicht starr, aber keine politische Kultur kann ohne solche Werte und Maßstäbe auskommen. Die Diskussion über sie ist ein wichtiger Teil unserer politischen Auseinandersetzung in der pluralistischen Gesellschaft.

Diese Auseinandersetzung in der Demokratie vollzieht sich vorrangig zwischen Parteien und über politische Inhalte, die sie sich zu eigen machen. Die Art der Auseinandersetzung, Form und Inhalt des Parteienwettbewerbs sind somit von großer Bedeutung für die politische Kultur eines Systems, denn in ihnen manifestiert sich die politische Kultur des Alltags.

Man wird kaum behaupten können, daß die politische Kultur der Bundesrepublik in dieser Hinsicht besonders fest und verläßlich demokratisch wäre. Der Umgang der Parteien miteinander ist alles andere als optimal: Die Grenzen zwischen systembedingter Entzweiung und fundamentaler Gemeinsamkeit in den Grundfragen der politischen Existenz ist oft nicht klar erkennbar; die Unterscheidung zwischen »Schlammschlachten« und ritterlicher oder fairer politischer Auseinandersetzung ist nicht allen Beteiligten und überall deutlich. Anders gesagt: Gemessen an der dogmatisch nicht fixierbaren Norm demokratischen Verhaltens und demokratischer Gesinnung ist unser Parteileben nicht sonderlich positiv zu bewerten. Es wäre wichtig, daß unsere Parteien sich der Idee einer demokratischen politischen Kultur nachdrücklicher verpflichtet fühlten. Sie ist ihnen anvertraut.

Vielleicht noch wichtiger als die Verpflichtung der Parteien auf einen Kodex des Verhaltens, der mit den Werten einer demokratischen politischen Kultur vereinbar sein kann, ist die Verpflichtung der Gesamtheit des Systems auf die Grundwerte und Spielregeln der freiheitlichen Demokratie. Die politische Kultur der Bundesrepublik will nicht einheitlich, sondern pluralistisch sein. Was sie beeinträchtigt, ja als domestizierende und regulierende Instanz letztendlich zerstören muß, ist die Entstehung einer machtvollen *Gegenkultur*, welche die Grundwerte der Demokratie mißachtet und unter Ausnutzung der Freiheiten und Spielregeln der Demokratie auf deren Beseitigung gerichtet ist. Dies hat in Weimar dazu geführt, daß eine demokratische politische Kultur sich nicht entfalten konnte. Politische Parteien, die sich zum

Fürsprecher einer die demokratischen Prinzipien und Regeln miß-
achtenden Politik machen, können deshalb nach dem Willen des
Grundgesetzes aus dem politischen Prozeß eliminiert werden.
Dies ist zur Zeit nicht akut, aber im Prinzip richtig.

Die Bundesrepublik ist gleichwohl in den vergangenen Jahren
(seit 1968) mit Elementen und Ansätzen einer solchen Gegenkultur immer wieder konfrontiert worden. Ihre politische Kultur ist in
ein starkes Spannungsfeld geraten, aus dem sie durchaus positive
Impulse beziehen kann, das sie aber auch stark zu beeinträchtigen
vermag. Positiv, sofern das Ringen um die politische Kultur zu ihrer Vitalisierung und demokratischen Festigung führt, negativ,
wenn sie durch Radikalisierung und Gewalt zerrissen wird.

Für diese Auseinandersetzung kommt es wesentlich auf die Parteien, ihre Gesinnung und ihr Verhalten an. Sie sind als empirische
Gebilde Teil der politischen Kultur im faktischen Sinne, sie sind
aber auch der Idee einer demokratischen politischen Kultur verpflichtet. Dies wird nicht überall gesehen und beherzigt; unseren
Parteien ist die Pflege der politischen Kultur nicht in gleicher
Weise Verpflichtung. Ein andauerndes Nachdenken über das, was
sie der politischen Kultur ihres Landes schuldig sind, könnte die
Parteien davor bewahren, allzu gedankenlos mit dem kostbaren
Gut umzugehen, von dem sie selber ein Teil sind: der demokratischen politischen Kultur.

2. Parlament und Politische Kultur

Ich habe einmal das Parlament als das »Herzstück unseres politischen Systems« bezeichnet. In der Tat ist das Parlament die zentrale Institution jener demokratischen Regierungsform, die wir
die parlamentarische nennen. Auch wenn im täglichen Geschäft
der Politik sich andere Institutionen oft nach vorne drängen und
stärker im Blickfeld der Öffentlichkeit zu stehen scheinen, wie
etwa die Regierung und ihre Verwaltung oder die politischen Parteien und die sozialen Verbände, so ist doch unstreitig das Parlament der *Kern*, die *substantielle* Mitte dieses Regierungssystems.
Ich will diese These mit ein paar demokratietheoretischen Überle-
gungen erläutern:

Da es unmöglich ist, daß in der Demokratie großer Staatsgebilde das Volk unmittelbar herrscht, bedürfen die Beherrschten der Vertretung, der *Repräsentation* in einem überschaubaren Organ, das in der Lage ist, politische Entscheidungen zu diskutieren und zu fällen. Durch die freie Wahl bestimmen die Bürger eines demokratischen Staates ihre Repräsentanten, die Volksvertreter, die sich in aller Regel aus Mitgliedern von politischen Parteien zusammensetzen, die ihrerseits die Absicht verfolgen, die Zustimmung der Bürger für ihr Führungspersonal und ihr politisches Programm zu gewinnen. Die gewählten Parteienvertreter finden sich dann als sogenannte Mandatsträger im Parlament zusammen und haben, je nach den gegebenen Mehrheitsverhältnissen, als erstes die Aufgabe, eine funktionsfähige Regierung zu bilden, die dem ganzen Parlament gegenüber verantwortlich ist. Die parlamentarische Verantwortung der Regierung ist der Beleg dafür, daß es eine höhere politische Instanz gibt als die Exekutive, nämlich jene, gegenüber der sie verantwortlich ist, so wie auch das neu zu bildende Parlament in den Wahlen an eine höhere Instanz appelliert, den Volkssouverän, der durch seine Entscheidung sodann den parlamentarischen Funktionsmechanismus in Gang setzt. Das Parlament nimmt außerhalb des Wahlaktes die Funktion der Volkssouveränität wahr.

Auch wenn im Alltag die durch das Parlament gewählte Regierung die politische Bühne sehr viel mehr zu beherrschen scheint, als es die Verhandlungen eines Parlamentes in der Regel vermögen, so ist die Regierung doch dem Parlament gegenüber rechenschaftspflichtig, unabhängig davon, daß es unter geregelten Mehrheitsverhältnissen einer einmal installierten Regierung nicht allzu schwer fällt, sich der Zustimmung ihrer parlamentarischen Mehrheit zu vergewissern. Aus diesem Grund ist das Vorhandensein einer genügend großen, das Handeln der Regierung und ihrer Mehrheit kritisch begleitenden parlamentarischen Opposition eine notwendige Voraussetzung für das angemessene Funktionieren eines parlamentarischen Systems. Die britische Verfassung hat diesem Erfordernis durch die Schaffung des Amtes eines Oppositionsführers Rechnung getragen, den es auch in einigen Bundesländern, z. B. Schleswig-Holstein, gibt. Die Opposition stellt durch ihre Existenz, durch ihre kritische Infragestellung der Politik der regierenden Mehrheit die bis zu einem gewissen Grade notwendige funktionale Einheit von Regierung und Regierungsmehrheit institutionell in Frage; durch die Opposition wird sichtbar, daß Regierungen, auch wenn sie dank einer komfortablen Mehrheit bequem im Sattel sitzen mögen, nur ein Mandat auf Zeit haben, daß es Alternativen zur herrschenden Politik gibt, die erkennbar machen, daß wir in einem freien und dynamischen politischen System leben. Es ist eine Verfassungsordnung, in der nicht nur die freie politische Meinungsäußerung und das Recht, sich zu versammeln, grundrechtlich garantiert sind, sondern auch die reale Möglichkeit der Bildung neuer politischer Mehrheiten und aus ihr hervorgehender Regierungen gegeben sein soll.

Dies alles sind Selbstverständlichkeiten unseres Verfassungslebens, mit denen wir heute, nach vierzigjähriger Übung und Erfahrung, wohl vertraut sind. Aber ihr Bezugspunkt ist allemal das Parlament, die Volksvertretung, die repräsentative Körperschaft, welche, vom Volk gewählt, für das Volk regiert und opponiert. Das Parlament ist – ich wiederhole es – das Herzstück unseres politischen Systems.

Es gibt in der parlamentarischen Theorie einen Katalog der Parlamentsfunktionen, der auf den britischen Parlamentspublizisten Walter Bagehot zurückgeht und seither immer wieder in gewissen Abwandlungen herangezogen wird, um zu verdeutlichen, wie bedeutsam die Aufgaben der repräsentativen Körperschaft für das politische System der parlamentarischen Demokratie sind. Ich erwähnte die Regierungsbildung und die Funktion der Opposition; selbstverständlich spielt die Gesetzgebung eine ganz maßgebliche Rolle, auch wenn sie im Rahmen der den Bund begünstigenden Entwicklung des föderativen Systems der Bundesrepublik für die Landtage stärker in den Hintergrund getreten ist. Es bleibt festzuhalten: Die gesamte staatliche Tätigkeit ist der Zustimmung, Korrektur oder Kritik des Parlaments zugänglich, mehr noch: im Parlament, durch seine Fraktionen, soll zur Sprache kommen, was die organisierte Bürgerschaft bewegt und will. Auf der Bühne des Parlaments, das man manchmal Forum der Nation oder auch seine Tribüne nennt, konfrontieren sich, wenn auch stets vermittelt durch die politischen Parteien, die miteinander ringenden politischen Einstellungen und Konzeptionen. Sie sind idealiter darauf gerichtet, dem Land, dem Volk, den Bürgern ein Höchstmaß an gedeihlicher Entwicklung zu sichern, das in Übereinstimmung mit den fundamentalen Interessen des Volkes ist.

Es fällt also nicht schwer, die zentrale Stellung, die das Parlament im Regierungssystem der parlamentarischen Demokratie besitzt, theoretisch zu untermauern. Es fällt allerdings etwas schwerer, diese herausragende Stellung, die das Parlament theoretisch zum Herzstück unseres politischen Systems macht, auch in der Praxis kontinuierlich zu demonstrieren. Dies hat damit zu tun, daß die Tätigkeit des Regierens und Verwaltens sowie die täglichen Auseinandersetzungen der politischen Parteien und Interessenverbände die Öffentlichkeit stärker und ständiger beschäftigen als die parlamentarische Tätigkeit. Das macht diese jedoch keineswegs minder bedeutsam. Auch das Herz eines Menschen ist ja umfangmäßig sehr viel kleiner als die Glieder, mit denen er sich durch diese Welt bewegt.

Ich will diesen gewagten Vergleich nicht fortspinnen, um nicht in Schwierigkeiten zu geraten, etwa, wenn es zu bestimmen gelte, was bzw. wer im parlamentarischen System dem Kopf entspräche: ist es der Regierungschef oder der Oppositionsführer oder die öffentliche Meinung, repräsentiert durch die Medien, oder sind es gar die Intellektuellen? Dennoch möchte ich an dem Bild des Parlaments als des Herzstücks des parlamentarischen Regierungssystems festhalten, um deutlicher herausstellen zu können, was für eine Bedeutung und Verantwortung gerade das Parlament für die politische Kultur eines Landes hat.

Die Verantwortung des Parlaments für die politische Kultur

Zwei Betrachtungsweisen der politischen Kultur lassen sich voneinander unterscheiden: die empirische politische Kultur, die sich mit den Einstellungen und Verhaltensweisen der Bürger gegenüber ihrem politischen System beschäftigt, und die normative politische Kultur, jenes Ensemble von Regeln, Konventionen, Maßstäben, die wir für sinnvoll und notwendig erachten, wenn ein politisches System bzw. eine Institution gut, ja vorbildlich arbeiten und funktionieren soll. Von diesem normativen Aspekt von politischer Kultur ist im folgenden die Rede.

Ich finde, daß es für das Parlament als dem Zentrum des politischen Systems der modernen Demokratie nicht unangemessen ist, zu erwarten, daß es einen konstruktiven Beitrag zur politischen Kultur des Landes vollbringt. Die Geschichte des Parlamentarismus von ihren mittelalterlichen Anfängen im Britischen Königreich bis heute, was ist sie anderes als eine Kette von Leistungen, die zu einer Kultivierung und Domestizierung des natürlichen Machtkampfes unter Menschen geführt haben? Die Spielregeln der parlamentarischen Auseinandersetzung sind Erzeugnisse und Ergebnisse einer in Jahrhunderten gewachsenen, durch Erfahrung gereiften, nicht immer unstreitigen und darum zur Revision fähigen politischen Kultur. Doch politische Kultur ist mehr als die bloße Beachtung von Regeln; sie verdankt sich dem Geist zivilen und zivilisierenden Umgangs von Menschen, der solche Regeln erst hervorbringt und lebendig macht. Politische Kultur entsteht, wo wir in sozialen Auseinandersetzungen das Recht eines jeden auf menschliche Würde ernst nehmen. Das Parlament als zentrale Institution des Gemeinwesens ist darum zur Pflege der politischen Kultur angehalten, um so mehr, als seine eigene politische Kultur auf die politische Kultur des Landes ausstrahlt.

Ich verbinde mit diesem normativen Anspruch an das Parlament keineswegs illusionäre idealistische Erwartungen, etwa, daß jeder Abgeordnete in jeder Hinsicht und in jeder Lebenslage ein Vorbild für alle übrigen Mitbürger sollte abgeben können. Ich meine auch nicht, daß ein Parlament dann besonders gut wäre, wenn es den Anschein einer allgemeinen Harmonie und eines breiten Konsensus erweckt, der über das verfassungspolitische *agreement on fundamentals* hinausgeht, würde es doch durch ein solches Harmoniestreben den realen politischen Machtkampf, der gerade in ihm auch seinen verbalen Ausdruck finden soll, nur verschleiern und verdecken. Ich meine auch nicht, daß die Parlamentarier besonders gebildet und weltläufig daherreden und daherkommen müssen, sollen sie doch ein Stück vom Fleisch des Volkes sein, das sie vertreten. Doch ich glaube andererseits auch nicht, daß sie sich mit dem weitverbreiteten Urteil zufrieden geben sollten, Politiker seien eben auch nicht besser als andere Menschen, und man dürfe deshalb nichts Besseres von ihnen erwarten. Ich sehe es vielmehr so:

Politiker, zumal Parlamentarier haben nicht besser zu sein als andere, und sie sollten sich erst recht nicht besser dünken, aber sie haben das zu tun und zu leisten, was ihrem besonderen Amt gemäß ist. Dieses Amt, das verbunden ist mit der Verantwortung für die wichtigsten und maßgeblichsten Entscheidungen, die ein Land und seine Bevölkerung betreffen, ist nicht nur mit Notwendigkeit ein *öffentliches* und darum sichtbares Amt, will doch gerade die parlamentarische Demokratie die Öffentlichkeit der politischen Auseinandersetzung; es ist auch ein Amt, dem eine spezifische und in der Sache durchaus bedeutsame Verantwortung zukommt, der die Abgeordneten gerecht werden sollen. Deshalb ist es keineswegs gleichgültig, wie die Parlamentarier ihren Beruf ausüben und wie sie miteinander umgehen; deshalb ist es nicht bedeutungslos, in welcher Weise und mit welchen Mitteln eine parlamentarische Opposition die Regierung überwacht und kritisiert; darum ist es für die gesamte politische Kultur des Landes keineswegs irrelevant, in welchen Formen, mit welcher Sachkunde und mit welchen Worten die notwendige politische Auseinandersetzung stattfindet. Das Parlament ist gewiß nicht der einzige Ort, an dem diese Konfrontation sich ereignet, aber es ist der *höchste* Ort innerhalb unseres politischen Systems. Darum ist die Ausstrahlung und die Auswirkung der in einem Parlament gepflegten politischen Kultur von so großer Bedeutung für die gesamte politische Kultur eines Landes.

Ich will damit nicht sagen, daß ein Parlament der Gralshüter der politischen Kultur einer Demokratie sein sollte, aber in seinen Mitgliedern sollte allemal das Bestreben lebendig sein, dem Land, den Bürgern ein Beispiel dafür zu geben, wie man der politischen Verantwortung, die mit dem Mandat verbunden ist, so gut wie möglich gerecht werden kann.

In der konkreten Politik des parlamentarischen Alltags geht es immer um Dinge, die – mögen sie noch so klein erscheinen – für das Leben einer Gemeinschaft und für ihre Zukunft wichtig sind. Diejenigen, die darüber verhandeln und die in diesen Fragen zu entscheiden haben, besitzen deshalb eine besondere Verantwortung, an der sie sich messen lassen müssen. Das aber geht nicht ohne Maßstäbe, an denen man sich orientiert, das geht nicht ohne Tugenden, durch die man fähig wird, sich solchen Maßstäben anzunähern. Es gibt einige Eigenschaften oder Tugenden, die wesentlich sind, wo Menschen über das Schicksal anderer mitzuentscheiden haben. Ich nenne (in Anlehnung an eine Aufzählung meines Fachkollegen Peter Graf Kielmannsegg) folgende: »Nüchternheit und Gewissenhaftigkeit; die Fähigkeit, die eigene Position, die eigenen Interessen aus der Distanz zu beurteilen; die Bereitschaft, sich in andere hineinzudenken, und die Bereitschaft zu lernen; Loyalität gegenüber Partnern und, in anderer Weise, gegenüber Gegnern; Sensibilität für menschliche Qualitäten; ein Habitus der Fairness im Konflikt; Mut und Selbstbeherrschung in vielfältiger Weise.«

Ich möchte mich auf diese Hinweise beschränken. Das Gemeinte ist, wie ich hoffe, klar: Das Parlament als Herzstück der parlamentarischen Demokratie ist nicht nur in sich selber ein kleiner Kosmos der politischen Kultur des Landes, es hat dank seiner Ausstrahlung und seiner Auswirkung auf das Verhalten und das Denken der Bürger auch eine besondere Verantwortung für die gesamte politische Kultur. Dieser Verantwortung muß es sich bewußt sein und danach trachten, ihr gerecht zu werden.

Ich will einige interessante Aspekte der politischen Kultur eines Parlaments wenigstens andeuten: das Problem des Umgangs mit dem politischen Gegner, vor allem, wenn er andere Wege des Denkens und Verhaltens praktiziert als die eigenen oder gewohnten, die Rolle, welche die parlamentarische Rhetorik spielen kann, wobei ich übrigens nicht meine, daß nur die geschliffene oder die das heimische Idiom verwendende Rede besonders gepflegt werden müßte, doch muß man sich gerade im parlamentarischen System klar darüber sein, daß in diesem System die Staatsangelegenheiten praktisch durch *Worte*, durch verbale Auseinandersetzungen gelenkt werden, weshalb die Kultur der politischen Auseinandersetzung, des politischen Wortes und der politischen Rede zu den besonderen Anliegen einer parlamentarischen politischen Kultur gerechnet werden muß.

Die meisten wissenschaftlichen Beobachter des parlamentarischen Lebens in der Bundesrepublik und in den Bundesländern vertreten mit guten Gründen die Auffassung, daß es im parlamentarischen System der Bundesrepublik, dem Kernstück dieses Systems, dem Parlament, nicht hinreichend gelungen sei, seine repräsentative Funktion in der Kommunikation mit den Bürgern deutlich zu machen. Das ist ein Manko. Auch die Öffentlichkeit sollte erkennen können, daß es sich beim Parlament um das Herzstück des politischen Systems handelt.

Ich habe von der politischen Kultur in Verbindung mit dem Parlament gehandelt und vor allem dessen Verantwortung für die politische Kultur eines Landes betont, doch dies ist keineswegs erschöpfend. Jedes Parlament sieht sich eingebettet in den größeren Zusammenhang der sozialen und ökonomischen Rahmenbedingungen und der politischen Kultur des Gemeinwesens. Die politische Kultur eines Landes ist die Klammer, welche die pluralistische Gesellschaft in ihren verschiedenen Organisationen und Bestrebungen mit den politischen Institutionen im engeren Sinne verbindet. Es ist wichtig, daß diese Verbindung lebendig bleibt und daß sie dem politischen System die Kraft zur Bewahrung wie zur Erneuerung vermittelt. So unbestreitbar es ist, daß für die Qualität und für die Pflege der politischen Kultur einer parlamentarischen Demokratie die Mandatsträger, die Politiker, die Machthabenden in allen Positionen und Funktionen eine besondere Verantwortung tragen, so gewiß ist andererseits auch, daß die Verpflichtung für die Gestaltung und Pflege einer demokratischen politischen Kultur letztendlich allen Bürgern aufgetragen ist. Sie können sich nicht auf die Politiker hinausreden, wenn es um die politische Kultur eines Landes geht. Aber die Politiker sollten danach trachten, beispielgebend zu wirken.

3. Das Vorbild in der Politik

Vorbild ist eine pädagogische Kategorie und, oberflächlich betrachtet, kein Gegenstand Politischer Wissenschaft. Doch niemand wird ernsthaft in Frage stellen, daß das persönliche Vorbild in der Politik, im Verhältnis von Regierenden und Regierten, Führenden und Geführten, eine wesentliche Funktion hat. Es ist die Absicht des hier vorgelegten Versuchs, der Bedeutung und Funktion des Vorbildes in der Politik nachzugehen und einen vorläufigen Beitrag zu einem von der neueren Politischen Wissenschaft bislang kaum bearbeiteten Thema zu liefern.

Das Problem des Vorbildes in der Politik ist nicht neu. Fragen wir darum zunächst: Wie hat das politische Denken, die politische Philosophie, das Problem des Vorbildes gesehen? Ein wichtiger und bedeutsamer Topos des politischen Denkens von der Antike an hat sich an der Gestalt des politischen Führers, des Staatsmannes, als einer vorbildhaften Figur orientiert.

Die politischen Philosophen der Antike, zum Beispiel Platon, der im Philosophen-König den idealen Herrscher umschrieben hat, haben jedoch den Politiker nicht als Vorbild in unserem heutigen psychologisch-pädagogischen Sinne verstanden. Für sie war der beispielhafte Staatsmann derjenige, der die Ordnung des Gemeinwesens dank seiner Weisheit und Erfahrung auf das richtige Ziel des staatlichen Lebens auszurichten verstand. Die Polis sollte ein menschenwürdiges und gutes Leben für alle Bürger gewährleisten. Zur Erreichung dieses Zieles sollte an der Spitze des Staates ein Mann stehen, der von den Prinzipien dieser Ordnung durchdrungen war, der kraft seines Wissens und seiner Tugend dem Gemeinwesen die richtige Orientierung zu geben vermochte. Es ging den Philosophen, die sich darum bemühten, ein Bild des guten Staatsmannes und Gubernators (Steuermanns) zu zeichnen, nicht um die Idealisierung eines bestimmten Persönlichkeitstyps, sondern vielmehr um die Prüfung der Frage, welche Voraussetzungen ein Herrscher mitbringen muß, damit die politische Ordnung seiner verantwortlichen Lenkung anvertraut werden kann. Platon selbst (im *Politikos* und den *Nomoi*) war bei näherer Prüfung nicht mehr ganz überzeugt davon, daß das Philosophenkönigtum eine halbwegs realistische Idee sei, und Aristoteles hat die platonische Idee skeptisch gesehen, da er wohl wußte, daß die Qualitäten eines Herrschers selten sicher verbürgt sind. Er war darum ein Verfechter der gemischten Verfassung, einer Verfassungsidee, welche die klassischen drei Grundtypen der Regierungsform, nämlich Monarchie, Aristokratie und Demokratie, in einer sinnvollen Weise zu kombinieren suchte. Schon damals stand also die Überlegung im Mittelpunkt, die auch in der neuzeitlichen Diskussion über Vorzüge und Nachteile des diktatorischen Prinzips eine Rolle spielt, nämlich, wie man sicherstellt, daß ein Herrscher so weise, tugendhaft und erfolgreich die Geschicke des Staates lenkt, daß für den Staat und seine Bürger kein Schaden entsteht.

Die antike, bis in die Neuzeit hineinwirkende Tradition, die sich im späten Mittelalter in der literarischen Gattung der Fürstenspiegel deutlich ausgeprägt hat, sah den Staatsmann von seiner Aufgabe her: der gerechten, klugen, vom Bild des guten Lebens für den Menschen inspirierten Lenkung des Staates. Der ideale Staatsmann der klassischen Tradition war keine charismatische Figur, sondern verkörperte in sich die besten Tugenden des Gemeinwesens. Machiavelli war es, der als erster mit dieser Denktradition gebrochen hat. Machiavelli, der italienische Historiker und Diplomat des 16. Jahrhunderts, hat seinen *Principe* in einem von der klassischen Tradition völlig abweichenden Geiste geschrieben: als eine Handlungsanleitung für den Machtpolitiker, konkret für Cesare Borgia, von dem er Italiens Einigung erhoffte. Er untersuchte im *Fürsten* empirisch, mit welchen Mitteln es je nach Lage gelingt, Herrschaft zu begründen und zu stabilisieren. Machiavelli ging es nicht mehr, wie den antiken Klassikern, um ein Bild des Staates, wie er sein sollte. Er versuchte, allgemeine empirische Erfahrungen der politischen Praxis zu systematisieren. Die verbindliche Orientierung war ihm nicht das gute Leben, sondern die erfolgreiche Machtbehauptung des Herrschers.

Die politische Geschichte hat viele Herrscher als Machiavellisten am Ruder gesehen, Menschen, die es laut Machiavelli verstanden, sowohl die Natur des Tieres wie die Natur des Menschen anzunehmen. Sie hat Herrscher emporgehoben, die geschickt genug waren, sich wie ein Löwe zu verhalten, wenn es galt, die Wölfe zu schrecken, oder aber wie ein Fuchs, wenn es darauf ankam, die Schlingen zu wittern, die seine Macht bedrohen konnten. Dennoch hat die politische Ideengeschichte den Machiavellismus, jenes amoralische System von Regeln zur Machtbehauptung des Herrschers, nicht kritiklos hingenommen. Zu groß war der Bruch zwischen der Lehre Machiavellis und der Tradition der klassischen Antike und des Mittelalters. Diese Tradition hatte den Herrscher stets in Verbindung mit Tugenden gesehen, als eine Art normatives Modell konstruiert. Sie hatte der Herrschaft nicht das Ziel der Machtbehauptung und Machtergreifung zugewiesen, wie das bei Machiavelli geschah, sondern dem Herrschenden Ziele gesetzt, die sich an einem teleologisch verstandenen, auf Tugend und gute Lebensführung bezogenen Menschenbild orientierten. Dennoch ist Machiavelli ein wichtiger Denker im Rahmen unseres Themas, denn er ist es, der erstmals den neuzeitlichen Gedanken des autonomen Individuums, der großen machtvollen *Persönlichkeit*, in die Mitte der politischen Philosophie stellt und damit jene Tradition des Persönlichkeitsdenkens einleitet, die von der Renaissance über die Reformation in unsere Moderne hineingewirkt hat.

Die Idee der autonomen Herrscher-Persönlichkeit, versinnbildlicht in der Gestalt des kriegerischen Condottiere, verwandelt sich im Absolutismus in die Gestalt des unantastbaren, glanzvollen Herrschers, den Untertanen als Vorbild unerreichbar.

Das absolute Königtum, gegen das sich der Liberalismus des aufsteigenden Bürgertums erfolgreich wandte und dem er die Gesetzesherrschaft abzutrotzen vermochte, mochte sich zwar in der Gestalt Ludwigs XIV. als die Sonne empfinden, die über Frankreich strahlte, aber eine solche Herrscherpersönlichkeit konnte kein Vorbild für die Untertanen im Sinne der *imitatio* sein. Zu eng war der Absolutismus verknüpft mit dem feudalen System, zu unüberbrückbar die Kluft zwischen Herrscher und Beherrschten, die der bürgerliche Liberalismus dann Schritt für Schritt, wenn auch langsam, beseitigen sollte. Die Idee der Abschaffung von persönlicher Herrschaft, der Bindung des Herrschers an die von den Beherrschten selber ausgearbeiteten Gesetze, hat sich dann im 19. Jahrhundert nach der Französischen Revolution Bahn geschaffen. Sie hat dazu geführt, daß man von nun an der Sicherung durch Institutionen mehr vertraute als der persönlichen Gnadengabe eines Herrschers. Sie hat die Überzeugung verbreitet, daß allein durch eine zweckmäßige Einrichtung der politischen Institutionen und durch die adäquate Besetzung dieser Institutionen mit den politisch relevanten Kräften der Gesellschaft eine Ordnung verbürgt werden könne, in der Recht und Gerechtigkeit, Freiheit und Gleichheit für alle herrschen.

Die historische Entwicklung in Deutschland hat dieses politische Programm des Liberalismus nicht zu vollem Erfolg geführt. Der Konflikt zwischen Monarchie und Volkssouveränität wurde allzu lange nicht entschieden und bestimmte das ganze 19. Jahrhundert. Es kam nicht zur Ausbildung eines echten Parlamentarismus, in dem die sozialen Kräfte im Volke durch die Gesetzgebung einerseits, die politische Kontrolle der Regierung andererseits die Ordnung gestalten; vielmehr bestand jener Dualismus zwischen liberalem Rechtsstaat und monarchischem Regiment fort, der die in Deutschland verbreitete Auffassung begünstigte, daß die Entwicklung der Geschichte weniger von Ideen und sozialen Bewegungen abhängig sei, als durch die Taten großer Männer bedingt werde.

Es wäre falsch, die Personalisierung geschichtlicher Größe, das Bedürfnis nach Helden und Heldenverehrung allein den Deutschen zuzuschreiben. Jede Nation hat und braucht ihre großen Vorbilder, ihre Gründungsväter und Führergestalten. Dennoch hat die Sehnsucht nach dem bedeutenden Staatsmann, das Bild des machtvollen und tatkräftigen Staatslenkers, die Deutschen in besonderer Weise beherrscht. Es fand seine historische Verwirklichung in Bismarck.

Die politische Gestalt Bismarcks hat die deutschen Vorstellungen über das, was ein moderner Politiker und Staatsmann sein solle, aufs nachhaltigste geprägt. Daran wirkte freilich auch der von der Geschichtswissenschaft unterstützte unkritische Bismarck-Kult mit, der aus diesem preußischen Junker den großen, unfehlbaren, eisernen, willensstarken Kanzler machte und der zur Folge hatte, daß man in Deutschland politische Größe immer wieder am Beispiel Bismarcks zu messen unternahm. Dabei vernachlässigt man natürlich in aller Regel die besonderen Bedingungen, unter denen Bismarck wirkte, und man übersieht, daß seine politischen und moralischen Energien nicht allein der Einheit und äußeren Sicherung Deutschlands galten, sondern gerade auch der Abwehr der parlamentarischen Demokratie, der Sicherung und Ausgestaltung des Reiches als einer auf dynastischer Legitimität gründenden konstitutionellen Monarchie; man stört sich wenig daran, daß die politische Heldenverehrung hier einem Manne gilt, der nicht anstand, die Parteien wechselseitig für seine Zwecke zu korrumpieren und dem Parlament mit Verachtung zu begegnen, der also gewiß nicht das Vorbild eines bedeutsamen konstitutionellen Politikers abgeben kann, wie dies zum Beispiel für Gladstone oder Disraeli gilt.

Bismarcks machtvolles, das Bild des Staatsmannes prägendes

Beispiel hat das deutsche politische Denken dazu verführt, außerordentliche politische Größe für das Selbstverständliche und immerfort Notwendige zu halten. Der preußische Historiker Heinrich von Treitschke hat in seinen politischen Reden allein den am Machtwert orientierten Politiker der deutschen Nation als Vorbild hingestellt. Es ist dieses Vorbild, das noch immer nachwirkt. Treitschke denkt an Menschen, die sich aus der Masse emporringen, sich jedoch bewußt abseits von ihr stellen, und die in der Lage sind, »Adel zu bilden« und »Herrschaft auszuüben«. Er verbindet diese Idee des vorbildlichen, aus der Masse herausragenden, sie selbst übertreffenden Politikers mit einer Abwertung der Masse als mittelmäßig und gemein. »Die wahrhaft genialen Naturen«, so sagt er, »alles, was hervorragt durch wirklich erlauchte Geburt und außerordentliches Talent, ist den Mittelschichten immer unangenehm gewesen. Darum kommt in Zeiten, wo sie herrschen, die Schablone so stark zur Geltung.«

Bismarck hat also durch seine außergewöhnliche Natur die exemplarischen Maßstäbe für das Politische verzerrt. Solange die monarchische Tradition in Deutschland fortbestand, konnte man zwar noch in sie gewisse vorbildhafte Züge des Staatslenkers hineininterpretieren, auch wenn die konkrete Herrschergestalt von diesem Bild im einen oder anderen Punkte abwich. In dem Augenblick jedoch, da ein in der Erbfolge stehendes monarchisches Staatsoberhaupt nicht mehr da war, da die Führerpersönlichkeiten aus dem Prozeß demokratischer Willensbildung selber hervorgehen mußten, stellte sich für die deutsche Nation das Problem der Führerauslese in akuter Form. So war es kein Wunder, daß die Weimarer Republik in eine außerordentlich heftige Diskussion über die Führerproblematik in der Demokratie verstrickt war, eine Diskussion, die um so lebendiger und vehementer geführt wurde, je mehr große Teile des deutschen Volkes den Eindruck hatten, daß in dieser Demokratie keine wirklichen Führerpersönlichkeiten wirkten und daß man darum alles tun müsse, um solchen Führerpersönlichkeiten den Weg zu ebnen, einschließlich der Beseitigung der Demokratie. Ein gutes Bild der damaligen Stimmung vermittelt ein Zitat des in Tübingen lehrenden Historikers Adalbert Wahl, der schrieb: »Von der Führerauslese in der Demokratie läßt sich nicht viel Gutes sagen... – In der parlamentarischen Demokratie kommen fast ausnahmslos nur Mittelmäßigkeiten in Führerstellen. Ganz abgesehen davon, daß der demokratische Parlamentarismus eine instinktive Scheu vor der bedeutenden Persönlichkeit hat.«

In der Weimarer Republik lagen zwei grundsätzliche Auffassungen miteinander im Streit, wie man einen modernen Massenstaat am besten regieren könne. Die einen glaubten an die institutionellen Mittel der Demokratie und verbanden damit die Hoffnung, daß die demokratischen Institutionen in der Lage seien, auch die richtigen Persönlichkeiten in die entscheidenden Stellen zu bringen. Die andere Seite war der Auffassung, daß die parlamentarische Demokratie aufgrund ihrer besonderen Mechanismen gar nicht in der Lage sei, Führerpersönlichkeiten hervorzubringen, sondern deren Entfaltung hemme; darum glaubte sie allein an die Kraft einer die institutionellen Fesseln sprengenden Führerpersönlichkeit. Sie wollte den Führer als großen Staatsmann, der das Volk kraft seines eigenen Willens in seine Gefolgschaft zwingt und ihm als Inkarnation des Besten und des Bedeutendsten im Volke den richtigen Weg weist. Ein solcher Führer darf sich nicht einengen lassen durch verfassungsmäßige Kontrollen, er muß sich aller Sicherungen, die die liberale Demokratie in Jahrzehnten und Jahrhunderten aufgebaut hatte, um Macht zu kontrollieren, entschlagen und soll in seiner Machtausübung möglichst ungehindert sein.

Daraus ergibt sich, daß das Verlangen nach dem Führer als dem vorbildhaften Staatsmann in Spannung steht zu dem Verlangen nach einer rechtsstaatlichen und freiheitlichen Ordnung. Die rechtsstaatliche freiheitliche Ordnung ist in der Tat ein Hemmnis für Führergestalten, die das Ganze des Staates unter ihre Kontrolle bringen, die ihre Macht bis ins letzte ausschöpfen wollen.

In dem starken Verlangen nach Führertum, das auch in der Bundesrepublik noch nicht völlig ausgestorben ist, drückt sich das starke Motiv der Sehnsucht nach Einheit und Zusammengehörigkeit aus, das für das deutsche politische Denken schon immer maßgeblich war. Dieses Motiv kam selbst bei einem Denker wie Karl Jaspers noch zur Wirkung, der sich als ein besorgter Gegner der Bundesrepublik der 60er Jahre erwies. Auch Jaspers zeigte sich fasziniert von der Idee des großen Staatsmannes, der die Parteienoligarchie, die Jaspers an der Herrschaft sah, zerbricht und kraft seiner Größe, seiner staatsmännischen und moralischen Bedeutsamkeit das Volk für sich gewinnt und in Übereinstimmung mit seinen Wünschen und Zielen regiert, ohne indessen abhängig zu sein von diesen Wünschen und Zielen. Jaspers hatte kein sicheres Vertrauen mehr zu den demokratischen Institutionen des modernen Repräsentativstaates, insbesondere den politischen Parteien. Er wollte die Macht des Bundespräsidenten wieder stärken, ganz wie einst der von ihm so bewunderte Max Weber dafür gesorgt hatte, daß die Macht des Reichspräsidenten in der Weimarer Verfassung groß wurde. Durch ein solches Amt sollte eine große Persönlichkeit sittlich und politisch zugleich wirksam sein, Volkserziehung im besten Sinne leisten durch die beispielhafte Darstellung seiner vorbildlichen Person.

Diese Besonderheit des deutschen Denkens, daß nur der große Führer in einer demokratischen Ordnung dem Ganzen einen inneren Sinn und Zusammenhang zu geben vermöge, daß nur der beispielhafte Mensch an der Spitze des Staates regieren könne und dürfe, ist für die deutsche Denktradition so stark, daß für den zweifellos nicht antidemokratisch gesinnten Max Weber die Bedeutung des Parlamentarismus vor allem darin lag, eine besonders günstige Auslesestätte für politische Führer zu sein. Max Webers Polemik richtete sich vor 1918 gegen den Scheinparlamentarismus seiner Zeit. Er wollte ein voll ausgebildetes parlamentarisches System, weil allein in diesem System durch die Konkurrenz der politischen Meinungen und der Parteien jene Gestalten nach vorne gebracht würden, die über politisches Charisma verfügen, die fähig sind, auf ihre Gruppe auszustrahlen, sie zu führen und ihr ein mächtiges, anspornendes Vorbild zu sein.

Wir denken seit den Auswüchsen der nationalsozialistischen Diktatur und ihres Führerkults viel vorsichtiger über charismatisches Führertum. Zur Verdeutlichung seien zwei Zitate aus der nationalsozialistischen Zeit angeführt:

Willi Hoppe schrieb in einer Schrift mit dem Titel *Die Führerpersönlichkeit in der deutschen Geschichte:*

»Eine führerlose Zeit gleicht mehr oder minder der Wüste im geschichtlichen Raum. Wir kennen ja diese Wüste. Wir sind allesamt jahrelang durch solche Wüste gewandert. Um so mehr heben sich die Zeiten heraus, in denen eine feste Hand die Zügel endlich packt. In rasender, in oft atemraubender Fahrt jagt dann der Wagen eines Volkes durch die Zeit dahin. Unter seinen Rädern winseln die Parteien ihren letzten Laut, und in dem Staub seiner Wegspur geht der gegnerische Schädling zugrunde. Oft scheint der Weg so schmal, daß man für den Wagen fürchtet. Der echte Führer bringt sein Volk auch durch solche Bedrängnis hindurch, unter einer Voraussetzung: Daß der Wagen des Volkes fest gefügt ist, daß die Pferde, die ihn ziehen, dem leisesten Wink gefügig sind.«

Ernst Günter Dieckmann, *Tapferkeit wirkt Wunder* (Berlin 1940), sieht im Führer das für alle gültige Vorbild:

»Es bleibt das größte an unserer ereignisreichen Zeit, das Beispiel der Person Adolf Hitlers. Um stark zu bleiben, brauchen wir sein großes Vorbild. Der Blick auf den Führer ist unser stärkster Vorsprung vor jedem Feind, denn er stärkt unsere Volksseele und zieht von unserer Stirn die Wolken des Unmuts, der Verzagtheit und Ermüdung fort, die den Kopf eines Volkes ohne höchstes Beispiel nur zu leicht verhüllen. Niemand ist unter uns, dem dieses Vorbild nichts zu besagen hätte. Mann und Frau, Kind und Greis, arm und reich, jeder Deutsche braucht den Aufblick zur menschlichen Gestalt des größten Deutschen, dessen Zeitgenossen wir sein dürfen.«

Die angeführten Stellen sprechen für sich. Dahin führen unkritische Heldenverehrung, der Glaube an den starken Mann, die Sehnsucht nach der großen Führerpersönlichkeit, die alles in ihre guten und starken Hände nimmt.

Es ist darum kein Zweifel, daß die institutionellen Kontrollen, die der moderne Liberalismus gegenüber der persönlichen Willkürherrschaft geschaffen hat, ihren guten Sinn nach wie vor haben. Dennoch – und das ist das große Problem unserer Zeit – braucht die moderne Politik Führernaturen, Männer und Frauen, die das Geschäft des Regierens verstehen und die vorbildlich wirken können.

Der Staatsrechtslehrer Hermann Heller hat bereits in der Weimarer Zeit die beiden Pole, zwischen denen sich das politische Denken in Deutschland bewegt, in seinem Aufsatz mit dem Titel *Genie und Funktionär in der Politik* herausgearbeitet. Heller sah mit Recht, daß es in der modernen Demokratie des 20. Jahrhunderts entscheidend darauf ankommt, welche Stellung und Rolle man im politischen Prozeß der Regierung, das heißt der Führungsfunktion, zubilligt. Die eine Auffassung verstehe Regieren nur als ein geregeltes Funktionieren der Institutionen, die andere Regieren als geniales Improvisieren. Die eine vertraue auf die Automatik des demokratischen Repräsentationsprozesses, der die Regierung zu nichts anderem macht als zum verlängerten Arm der Legislative und der Parteien, die andere vertraue auf die geniale Kraft einer Führerpersönlichkeit und führt – wie wir am Beispiel des Nationalsozialismus gesehen haben – unmittelbar hinein in die Diktatur. Beide Anschauungen jedoch verkennen die besondere Problematik der Regierungsfunktion in der modernen Demokratie. Im Hinblick auf die Situation der Weimarer Republik mit ihren schwierigen Koalitionsbildungen hat Hermann Heller damals folgendes Ideal formuliert:

»Ein lebendiges politisches Wollen des Volkes, formuliert und geführt durch den energischen Willen magistratischer Repräsentanten, die, solange ihre verfassungsmäßige Berufung dauert, die Möglichkeit und den Willen haben müssen, ihre verantwortliche Meinung, gegebenenfalls auch gegen ihre Partei durchzusetzen, wenn es die Einheit des Kabinetts und damit des Staates erfordert.«

In der Geschichte des Liberalismus war man fasziniert von der Vorstellung, daß man durch bestimmte Normen, die auf dem Wege der Gesetzgebung für das Ganze verbindlich gemacht werden, auch die Exekutive in Schach halten könne. Der deutsche Liberalismus war zunächst regierungsfeindlich und hat nach dem Bündnis des Liberalismus mit den nationalen Kräften seine Vorstellung vom Gesetzesautomatismus auf die Sozialisten vererbt. Noch in den Weimarer Jahren hat der berühmte Staatsrechtslehrer Hans Kelsen mit Nachdruck die Auffassung vertreten, daß die Demokratie eine führerlose Staatsform sei. Als Ideal galt ihm wie im 18. und anfangs des 19. Jahrhunderts die entpersönlichte Gesetzesherrschaft, eine Vorstellung freilich, die den Notwendigkeiten des Regierens und des Führens in der modernen Massengesellschaft keineswegs mehr entspricht. Ihr gegenüber stand die politische Genie-Religion, die in der genialen Führerpersönlichkeit den

Schlüssel für die Bewältigung aller Probleme zu finden hofft. Sie versteht Geschichte nur als das Werk genialer Heroen und kann darum etwas Positives nur von dem Wirken einer solchen heroischen Gestalt erwarten. Darum sollen alle institutionellen Hemmungen, wie etwa der Parlamentarismus, abgeschafft werden, denn der Parlamentarismus zwingt ja den großen Menschen zur Diskussion, zum Verhandeln, zum Ausgleich der Interessen, wo es doch allein darauf ankäme, daß der große Mensch die große Entscheidung souverän und unabhängig treffen kann. Der Auffassung vom politischen Genie, welches die Probleme des Massenzeitalters sozusagen mit einem Schlage kraft seiner Genialität und seiner Führungsmacht löst, steht somit die andere Auffassung von der bloßen Funktionärsregierung gegenüber, in der die Funktionäre als die Anwälte der gesellschaftlichen Interessen das Geschäft des Regierens nach bestimmten, ihnen von ihrer jeweiligen Gruppe erteilten Auflagen betreiben. Die moderne Massendemokratie kann keine Selbstregierung des Volkes sein, sie ist eine geführte Demokratie mit Appellationsrecht der Geführten.

Die Schwäche der Regierung in der konstitutionellen Situation der Weimarer Republik ist inzwischen in der Bundesrepublik durch das sogenannte Kanzlersystem behoben worden. Aber auch hier kommt es entscheidend darauf an, wie eine Persönlichkeit dieses Amt ausgestaltet, wie ein Bundeskanzler zu regieren versteht, ob ein Kabinett im Geiste der Kooperation oder des Antagonismus arbeitet, kurz: Es kommt darauf an, daß das Volk von seiner Regierung nicht nur im appellierenden Zureden angesprochen wird, sondern daß es spürt, hier werden Entscheidungen verantwortlich getroffen, Entscheidungen, die an der Zukunft orientiert sind und die nicht nur eine Resultante eines bestimmten verbandspolitischen oder parteipolitischen Kräfteparallelogramms darstellen.

Wie sehr auch die moderne Demokratie gehalten ist, auf die vielfältigen Gruppen in ihr Rücksicht zu nehmen und deren politischen Einfluß zur Wirkung zu bringen – die moderne demokratische Regierung hat nicht nur zu reagieren, sondern zu regieren, das heißt, sie hat selber die Entscheidungen verantwortlich zu treffen und nicht nur aufgrund bestimmter Situationen reaktiv zu handeln.

Zum vorbildlichen demokratischen Politiker gehört also das richtige Verständnis seines Amtes, die Fähigkeit, dieses Amt seiner Funktion entsprechend auszufüllen und diese Funktion im Zusammenhang und im Zusammenwirken zu sehen mit den anderen Trägern der politischen Willensbildung. Es versteht sich von selbst, daß in jedem Amt Möglichkeiten liegen, die dem einzelnen gestatten, kraft seiner Persönlichkeit dem Amt eine gestaltende Konzeption aufzuprägen. So hat Bundeskanzler Adenauer sein Amt als Bundeskanzler und Kabinettschef anders ausgeübt als Bundeskanzler Erhard, den seine Führungsschwäche zu Fall brachte. Oft sind freilich die Schwächen des einen die Stärken des anderen, und es gibt selten jene perfekte Mischung, die alle Tugenden des demokratischen Politikers in sich vereinigt.

Es gibt darum weder den Prototyp des demokratischen Politikers noch einen Tugendkatalog, den man generell für alle demokratischen Politiker entwickeln könnte. Immer kommt es auf die Funktion an, die ein Politiker im Rahmen eines Ämtergefüges auszufüllen hat. Entscheidend für die demokratische Politik ist, daß die Institution funktionsfähig bleibt und zugleich mit soviel Persönlichkeit ausgefüllt wird, daß sie eine persönliche Note erhält, ohne daß der institutionelle Charakter darunter leidet.

Der demokratische Politiker ist heute vielfach der Versuchung ausgesetzt, sich in seinem politischen Auftreten und Urteilen dem anzupassen, was eine wie immer auch ermittelte öffentliche Meinung von ihm erwartet. Es handelt sich hier um das Problem des sogenannten *Image* in der Politik. Image ist ein Begriff der modernen Psychologie und ist beherrschend in der Markt- und Werbepsychologie. Es handelt sich nicht um eine pädagogische Kategorie, und die Idee des Vorbildes hat mit dem Begriff des Image nichts zu tun. Unter einem Image verstehen die Psychologen zunächst eine Vorstellung, die der einzelne in sich trägt und die sich in ihm in der Auseinandersetzung mit den Objekten bildet, denen er begegnet. Er formt sich ein Bild von einem solchen Objekt und läßt sich durch dieses Bild in seinen Handlungen bestimmen. Aber Image ist auch die Zusammenfassung kollektiver Erwartungen in bezug auf einen bestimmten Handlungsträger.

Man kann verstehen, warum das Image eine so große Rolle in der Werbepsychologie spielt, denn die Vorstellungen, welche sich die Menschen von anderen Personen machen, sind ja entscheidend für die Art und Weise, wie sie reagieren. Gelingt es deshalb, einen Politiker so zu präsentieren, daß er ein bestimmtes Image darbietet, von dem man erwarten darf, daß es für die Reaktionen des Publikums positiv ist, dann wird man bestrebt sein, den Politiker möglichst in dieser Form erscheinen zu lassen. Dabei wird das Bild des Politikers geprägt von den fluktuierenden Meinungen und Vorstellungen, die in der Öffentlichkeit vorhanden sind und die durch Umfragen ermittelt werden.

Der Politiker, der ein bestimmtes Image annimmt, wird abhängig von den Rollenerwartungen, welche die Wähler, das Publikum, an ihn herantragen. Besteht etwa der Eindruck, daß man von einem Politiker jugendlichen Elan und die Fähigkeit zum Zupacken erwartet, so wird man versuchen, den Politiker dementsprechend zu präsentieren. Besteht in einer anderen Phase der öffentlichen Meinungsbildung die Vorstellung, es sei klüger, den Politiker als einen gereiften Staatsmann zu präsentieren, so wird er sich ernst, gesammelt und gefaßt darbieten, um auf diese Weise den von der Bevölkerung erwarteten Eindruck zu bestätigen. Es wird im einzelnen immer schwierig sein, den Anforderungen der modernen Werbung auch für die Politik zu entgehen, denn die Parteien tun in den Wahlkämpfen ja nichts anderes, als für ihr Programm und immer stärker für ihre Persönlichkeiten an der Spitze zu werben. Dennoch ist es kurzschlüssig, sich der Diktatur der Imagemacher zu beugen. Vielmehr gibt es immer wieder Beispiele dafür, daß das Image, das manche Menschen sich von einem idealen Politiker machen, gerade durch Persönlichkeiten geprägt wird, die unabhängig von der Rücksicht auf die jeweiligen Stimmungen des Volkes ihr Persönlichkeitsbild realisieren und auf diese Weise zu einem vorbildhaften Beispiel werden, das sich dann zu einem Image in der Bevölkerung verdichten kann. Der amerikanische Präsident Kennedy hat eine solche Wirkung entfalten können. Zweifellos war die weltweite vorbildhafte Wirkung dieses amerikanischen Präsidenten nicht verständlich ohne das Amt, das eines der ersten politischen Ämter in der Welt darstellt. Aber es kam mehr hinzu.

»Kennedy«, so schrieb der amerikanische Journalist Melvin Lasky in einem Nekrolog auf den amerikanischen Präsidenten,

»war mehr als andere große Führer der Welt in Übereinstimmung mit den ungeheuren Problemen, welche die Menschheit in der Gegenwart zu bewältigen hat.« Denn das Erstaunliche an diesem Manne war ja doch, daß mit seinem Tode nicht nur ein amerikanischer Präsident dahinging, sondern daß die ganze Welt erschüttert war, daß insbesondere die Deutschen in ihm einen Anwalt verloren, dem sie vertrauten, an den sie glaubten, von dem sie erwarteten, daß er der Welt Sicherheit und Frieden bringen könne. Die Mischung von kühler Berechnung, jugendlichem Elan, Entschlossenheit in der Abwehr unzumutbarer Angriffe, schließlich jene großartige Verbindung von wissenschaftlicher Distanz in der Beurteilung der Probleme und innerem Engagement für die Sache haben Präsident Kennedy zu einem Vorbild demokratischer Politik werden lassen. Hier war ein Mann, dem es gelang, die Welt zu bewegen, der das gerade in einer so mechanisierten Zivilisation große Bedürfnis der Menschen, Liebe, Bewunderung und Brüderlichkeit zu empfinden, ansprach und auf diese Weise zu einem Vorbild werden konnte. Sein Nachfolger, Präsident Johnson, erwies sich in der Handhabung insbesondere der Innenpolitik als sehr viel geschickter, beweglicher, erfahrener, aber er blieb ohne vorbildhafte Wirkung. Hier erweist sich, daß es zur Gestaltung eines Vorbildes in der modernen demokratischen Politik nicht ausreicht, ein geschickter Techniker der Macht zu sein, daß man dadurch zwar Dinge arrangieren, eine Politik durchsetzen und sich an der Macht behaupten kann, daß aber von solcher Politik nichts ausstrahlt. Vielmehr bedarf es, um vorbildhaft wirken zu können, eines charismatischen Elementes, das hinausweist über die bloße Beherrschung des politischen Geschäftes.

Ein anderes Beispiel für vorbildhafte Größe in der modernen Politik war Johannes XXIII. Dieser Papst hat in seiner sehr kurzen Amtszeit entscheidende Entwicklungen innerhalb des römischen Katholizismus eingeleitet. Er hat die Zeichen der Zeit erkannt, die Situation seiner Kirche bedacht im Hinblick auf die Zukunft und von daher die Weichen gestellt für eine offene Haltung der Kirche gegenüber der modernen Welt. Was hier wirkte, war die Kraft einer Persönlichkeit, nicht das Amt als solches. Hier wurde der Mensch sichtbar, der, überzeugt von der Kraft bestimmter Ideen, seine ganze Persönlichkeit daran setzte, diese Ideen zu verwirklichen, und dabei doch im Rahmen der Institutionen blieb, sie also nicht sprengte. Solche Gestalten sind vorbildhaft, weil sie mit den Institutionen regieren und doch etwas zu bewegen verstehen, das nur ihrer Persönlichkeit zu danken ist.

Wir sollten uns damit abfinden, daß große Männer nach wie vor Geschichte machen können, daß es aber wichtiger ist, dafür zu sorgen, daß auch mittelmäßige, rechtschaffene Männer mit den ihnen zur Verfügung stehenden Institutionen eine gute Politik treiben können. Das große Vorbild à la Kennedy kann uns zeigen, was möglich ist, zugleich aber erinnert es uns daran, daß das Mögliche nicht immer sein kann. Wir haben im politischen Vorbild eine mögliche Orientierung, aber wir können ein solches Vorbild nicht einfach nachahmen wollen, denn es wird durch viele Besonderheiten bedingt, und man kann große Persönlichkeiten nicht willkürlich schaffen. Vielmehr kommt es darauf an, im Bereich der politischen Institutionen und der in ihnen wirkenden Machtgruppen für Persönlichkeiten großen Zuschnitts die Wege offen zu halten und nicht das Duckmäusertum und das brave Sichanbiedern zu belohnen. Das fällt oft schwer, weil das Interesse an der Machtbehauptung und das Interesse an der Ausschaltung profilierter Konkurrenten immer ein primäres politisches Interesse derer sein wird, die an der Macht sind. Dennoch sollte in einer offenen Gesellschaft auch bei den führenden Politikern Verständnis dafür vorhanden sein, daß es darauf ankommt, die *besten* Kräfte zur Wirkung zu bringen, daß nicht durch kleinliches Machtinteresse, durch Cliquengeist und Vetternwirtschaft Zustände sich ausbilden, in denen solche Kräfte überhaupt nicht mehr wirken können. Die demokratische Politik ist eine an Institutionen gebundene Politik, aber sie bedarf der Persönlichkeiten, die eine solche Politik artikulieren. Man kann sich nicht auf den Automatismus der Institutionen verlassen, und man darf auch nicht zulassen, daß diejenigen, welche die Institutionen beherrschen, sich in ihrem Machtbereich abschirmen und Kritik und Erneuerung von unten her nicht zulassen.

Es ist zweifellos richtig, daß im deutschen Denken die Genie-Religion, die Idee des großen Staatsmannes und Führers, das Verständnis für das Wirken von Menschen in demokratischen Institutionen immer wieder erschwert. Niemand kann jedoch auf der anderen Seite vom Bürger verlangen, daß er der Politik als einer Maschinerie von Entscheidungen bürokratischen Charakters Vertrauen entgegenbringt. Die politischen Kräfte müssen deshalb immer wieder darauf bedacht sein, dem Ausbrechen aus der Routine, dem Sichentfalten der freien Persönlichkeit Raum zu geben, trotz aller Notwendigkeit der Disziplin innerhalb einer bestimmten politischen Gruppe. Jedermann weiß heute, daß Fraktionsdisziplin etwas Selbstverständliches und Notwendiges für ein parlamentarisches Regierungssystem darstellt. Dennoch sollte man den nicht niederknüppeln, der aus dieser Disziplin einmal ausbricht. Das heißt, die demokratische Politik muß bei allen Zwängen, die ihr innewohnen, bei allem Apparathaften, Mechanischen, Maschinenmäßigen, das sie an sich hat, auch für Freiheit, für Liberalität in ihren Reihen Sorge tragen. Sie muß es zulassen können, daß auch innerhalb bestimmter Teilbereiche des politischen Lebens Persönlichkeiten als Persönlichkeiten sich entfalten können und damit jene vorbildhafte Wirkung zu geben vermögen, auf die es für die demokratische Erziehung des Volkes immer wieder ankommt.

Es war Max Weber, der in seinem berühmten Vortrag *Politik als Beruf* in ganz wenigen Strichen den modernen Politiker vorbildhaft vor unsere Augen gestellt hat. Drei Eigenschaften, so sagt er, müßten den Politiker auszeichnen: Leidenschaft, Verantwortungsgefühl und Augenmaß. Leidenschaft solle der Sache gelten, Verantwortungsgefühl solle orientiert sein an den politischen Folgen seines Tuns, und Augenmaß sei das richtige Abschätzen des jeweiligen Handelns. Max Weber wußte, daß Politik von Machtstreben nicht zu trennen ist und daß die Eitelkeit der besondere Feind des Politikers ist, den er täglich bekämpfen muß. Er sah zugleich, daß Politik im Sinne dieser drei Prinzipien, der leidenschaftlichen Hingabe an die Sache, der Verantwortung gegenüber denen, für die man handelt, und der richtigen Einschätzung der Situation, nicht möglich ist ohne einen Glauben, ohne eine Idee. Wo ein solcher Glaube fehlt, sagt Weber, lastet der Fluch kreatürlicher Nichtigkeit auch auf dem äußerlich stärksten politischen Erfolg.

Damit – so scheint mir – haben wir das Wesentliche erfaßt, was einen Politiker vorbildhaft machen kann. Er muß mit der Macht umzugehen verstehen und ihre Bedingungen kennen, aber er darf Macht nicht um der Macht willen anstreben, sondern muß bestimmt werden von einem Glauben, von einem Ziel, das er der Politik setzt. Erst von daher findet er seine Verantwortung, erst von daher vermag er Macht richtig zu gebrauchen. In der demokratischen Politik freilich kommt es nicht allein auf irgendeinen Glauben an, dem man sich fanatisch hingibt. Der fanatische Glaube, verbunden mit starken persönlichen und machtpolitischen Eigenschaften, kann den großen Führer machen, der die Demokratie schließlich zu zerstören vermag und uns das Wort – ein chinesisches Sprichwort – in die Erinnerung ruft: »Der große Mann ist ein öffentliches Unglück.«

Der große Mann ist dann kein öffentliches Unglück in einer Demokratie, wenn er sich den Werten dieser Regierungsform verschreibt, wenn er Menschenwürde, Freiheit und Recht als die Ziele ansetzt, die für sein Volk zu sichern sind. Wir dürfen also nicht mit Max Weber den Glauben des Politikers dem Dämon in seiner Brust überlassen, sondern wir müssen ihn auch jeweils daraufhin prüfen, welchen Glauben er hat und von welchen Kräften er animiert wird. Gleichwohl hat Max Weber etwas deutlich gemacht, was in einer Zeit, in der allzu viele allzu schnell danach drängen, Berufspolitiker zu werden und sich in diesem Beruf einzurichten und zu verschanzen, von großer Bedeutung ist. Er sagt abschließend in seinem Vortrag:

»Nur wer sicher ist, daß er daran nicht zerbricht, wenn die Welt von seinem Standpunkt aus gesehen zu dumm oder zu gemein ist für das, was er ihr bieten will, daß er alldem gegenüber *dennoch* zu sagen vermag, nur der hat den Beruf zur Politik.«

Ist ein Politiker nur Organisationstechniker und geschickter Arrangeur, dann wird er nie ein Vorbild setzen können, auch nicht im kleinen Bereich des Amtes, das er versieht. Vielmehr muß etwas hinzukommen, ein Maß der Persönlichkeit, eine sittliche Grundhaltung, eine freiheitliche Grundgesinnung, die sich nicht nur als solche bekennt, sondern auch lebendig darstellt. Demokratische Politik braucht keine Heldenverehrung. Sie ist nicht angewiesen auf den großen Mann, vielmehr kann der große Mann ihre große Bedrohung sein. Aber entscheidend ist auch für sie, daß nicht der politische Betrieb als Selbstzweck die Maschinerie des politischen

Lebens in der technisierten Gesellschaft bestimmt, sondern daß die öffentlichen Ämter im politischen Leben von verantwortungs-bewußten, führungswilligen und von einer sittlichen Grundhal-tung bestimmten Menschen besetzt sind. Diese einzelnen können an sehr vielen Punkten vorbildhaft und beispielgebend wirken, und je mehr wir davon haben, je mehr eigenständige, charakter-volle Persönlichkeiten in der Politik wirksam werden, desto besser wird die Politik sein, die eine solche Demokratie hervorbringen kann, desto größer auch kann das Vertrauen sein, das ein Volk seinen Politikern entgegenbringt. Mit dem Vertrauen in die Perso-nen wächst dann zugleich auch das Vertrauen in die Institutionen, in denen diese Persönlichkeiten wirken und die durch sie lebendig werden. Und allein im Ineinandergreifen von Institutionen der Macht in der demokratischen Gesellschaft und den Persönlichkei-ten, die diese Institutionen ausfüllen, kann sich jener Zusammen-hang ergeben, der demokratische Politik als ein Ganzes vorbild-lich werden läßt.

(1966)

VI. »Fehlt den Deutschen was?«
Kommentare zur Politischen Kultur

1. Fehlt den Deutschen was?

Bei aller Hingabe an die materiellen Segnungen der technisch-wissenschaftlichen Zivilisation sind die Deutschen doch auch ein Volk geblieben, das sich immer wieder gerne der Introspektion, der Selbsterkundung, hingibt. Deutsche Intellektuelle huldigen einem gewissen Hang zur Nabelschau. Weit davon entfernt, Nationalisten zu sein, reden und schreiben sie neuerdings gern über ihr eigenes Land. Sie halten Bücher oder Beiträge, in denen es um das deutsche Selbstverständnis oder, anspruchsvoller gesagt, um die nationale Identität geht, für wichtiger und gewichtiger als normale kritische Feuilletons oder Kommentare über bedenkliche Erscheinungen in unserer Umwelt und Lebenswelt.

Selbst die Politik hat es unter konservativem Vorzeichen für notwendig und sinnvoll gehalten, die vorhandene oder kritisierte Leistungsbilanz der Regierung durch das Verlangen nach Fundierung in der deutschen Geschichte zu umkränzen. Anscheinend ist es für deutsche Politik nicht genug, wenn sie nur der Gegenwart oder im Blick auf die Zukunft lebt. Sie soll auch historisch verankert sein.

Ich gebe zu, daß der gängige nationale Diskurs über die Deutschen und ihre Identität etwas Reizvolles, ja Verführerisches an sich hat, dem man leicht nachgibt. Auch ich bin da nicht ganz frei davon. Konnte man dabei nicht so interessante Fragen erörtern, wie z. B. die, ob die Deutschen im Westen anders sind als die im Osten, oder gar, wer von den beiden bisherigen deutschen Staatsvölkern deutscher geblieben ist, das der DDR oder das der Bundesrepublik? Was ist überhaupt echt deutsch?

Schier unerschöpflich ist die Frage, ob es uns je gelingen kann, als Gesellschaft oder Volk der Bundesrepublik eine eigene nationale Identität auszubilden. Seit geraumer Zeit haben sich einige deutsche Historiker aufgemacht, der historisch zu begründenden nationalen Identität einige Bausteine zu liefern. Gott sei Dank haben wir kein offizielles Geschichtsbild, das man verordnen kann, so daß ich nicht genau weiß, ob sie bei ihrer Identitätssuche wirklich fündig geworden sind. Ein gewisses Aufsehen haben sie immerhin erregt, als einige unter ihnen anfingen, die Identitätsbildung vermeintlich störende historische Brocken aus dem Weg zu räumen, aber das geht schwer, und viel verändert hat sich bisher, soweit ich sehe, nicht. Aber – dies meine einzige Frage – soll sich denn groß etwas verändern bei uns? Fehlt den Deutschen was? Geht ihnen etwas ab?

Verfolgt man die Debatte über die nationale Identität, so könnte man in der Tat meinen, daß uns da was ganz Wichtiges abgeht. Doch was ist es, was uns fehlt? Vielleicht das ungeteilte deutsche Volk? Das läßt sich fürs erste nicht wieder ganz machen. Die deutsche Teilung war das Ergebnis des von Hitler entfesselten und verlorenen Zweiten Weltkrieges; man mag sie bedauern, aber man kann sie nicht so ohne weiteres überwinden. In Wirklichkeit leiden wir Deutsche im Westen nicht so sehr darunter, oder doch? Die Deutschen in der DDR waren da schon etwas schlechter dran, doch ihnen wurde von Staats wegen eine eigene nationale Identität verordnet, die mit unserer gemeinsamen Geschichte manches, mit unserer Gegenwart in der bürgerlichen Welt des modernen Kapitalismus indes gar nichts zu tun hatte. Wir können also in puncto Identität kaum Anleihen machen beim offiziellen Staatsbewußtsein der DDR, doch fehlt uns denn was? Oberflächlich betrachtet, scheint es so. Die Politik ist erfüllt von dem unaufhörlichen Geschrei über das, was uns fehlt. Interessengruppen definieren sich dadurch, daß sie die Entscheidungsinstanzen des politischen Systems laufend daran erinnern, was ihnen fehlt. Sie verleihen ihren Forderungen gern dadurch Nachdruck, daß sie uns glauben machen wollen, das, was ihnen fehlt, fehle der ganzen Nation und sei darum für das Gemeinwesen ganz unentbehrlich. Gott sei Dank lassen sich zu manchen Stimmen, die uns laut sagen, was uns fehle, gegensätzliche Stimmen vernehmen, die uns klarmachen wollen, daß uns nicht dieses, sondern etwas anderes fehle. Der Pluralismus, dessen wir uns erfreuen, bügelt da einige der gemeldeten Fehlanzeigen durch sich selbst aus, indem er sie neutralisiert.

Auch die politischen Parteien, insbesondere diejenigen, die nicht an der Macht sind, kleiden ihre Vorstellungen über das, was politisch geschehen sollte, mit Vorliebe in die vorausgehende Darlegung dessen, was uns fehle. Sie machen sich anheischig, uns beizubringen, was uns fehlt.

Der Öffentlichkeit stets von neuem zu sagen, was uns fehlt und was man unternehmen werde, damit das Fehlende kompensiert wird, ist in der Tat ein zentraler Aspekt der parteipolitischen Auseinandersetzung in der Demokratie. Fehlt uns nicht, so hören wir es in diesen Tagen allenthalben, eine bessere Regierung, nicht ein besserer Bundeskanzler? Fehlt uns nicht eine bessere Umweltpolitik, eine glaubwürdigere Verteidigungspolitik? Und setzen diesen Aussagen über das, was uns fehlt, die an der Macht befindlichen Parteien und deren Regierungen nicht ebenso selbstverständlich ihre Versicherung entgegen, daß es an dieser Regierung und ihrer Führung bestimmt nicht liege, wenn etwas fehle, und daß alles, was in der ohnehin positiven Bilanz der Regierung unter Umständen noch fehle, selbstverständlich noch gemacht werde, besser jedenfalls, als dies die Parteien der Opposition je vermöchten. Ein vertrautes Lied, doch fehlt uns wirklich was? Was fehlt den Deutschen?

Es fehlt uns alles mögliche, und die Politik auf allen Ebenen hat in der Tat damit genug zu tun, einiges von dem, was uns fehlt, zur Kenntnis zu nehmen und nach Möglichkeit herbeizuschaffen. Politik, insbesondere Parteipolitik, ist die ständige Auseinandersetzung über die Frage, was uns fehlt oder, positiv gewendet, was wir brauchen und tun müssen, um friedlich, solidarisch, im Wohlstand und nicht zuletzt menschlich zusammenleben zu können.

Doch so viel uns im einzelnen fehlen mag, aufs Ganze gesehen finde ich, fehlt uns wenig oder fast gar nichts. Es scheint mir gerade für unsere Verhältnisse in der Bundesrepublik wichtig, sich bewußt zu machen, daß uns ungeachtet der vielen kleinen Dinge, die hier oder dort zu fehlen scheinen, in Wahrheit nichts Wesentliches fehlt, zumindest nichts Wesentliches von dem, was eine staatliche Ordnung heutzutage ihren Bürgern geben und bereitstellen kann. Gerade angesichts einer deutschen Geschichte, die auch andere Phasen durchgemacht hat, tun wir gut daran, uns immer wieder klarzumachen, daß wir in der Bundesrepublik Deutschland von heute in Freiheit und in relativem Wohlstand leben können und dürfen, daß der Friede gesichert erscheint und daß wir als Staat mit unseren Nachbarn in Frieden leben wollen, kurz, daß uns nichts von dem fehlt, was zu einem menschenwürdigen Leben in Freiheit gehört.

Gewiß ist die konkrete Freiheit nicht für alle gleich real, und nicht bei allen Staatsrepräsentanten ist sie in gleich guter Hut, aber sie ist eine Realität unserer Verfassung. Gewiß ist die Wohlhabenheit der Deutschen ziemlich ungleich und wohl auch nicht gerecht verteilt, aber sie stellt uns insgesamt besser als die meisten Völker dieser Erde. Gewiß ist der Friede nicht absolut sicher, und manche Gefahren lauern, aber wir hatten in unseren Breiten seit 1945 keinen Krieg mehr; auch kann man den Deutschen von heute nicht mehr nachsagen, daß sie expansionistisch und kriegslüstern gesinnt sind. Was fehlt uns also?

Was uns Deutschen fehlt: Das sind nicht die äußeren Voraussetzungen für ein Leben in Freiheit, Frieden und Wohlstand, sie sind erfreulicherweise gegeben. Was uns fehlt, das ist eher die richtige Art und Weise, mit diesen positiven Gegebenheiten umzugehen, sie richtig einzuschätzen. Ob der vielen kleinen Dinge, die uns fehlen oder zu fehlen scheinen, übersehen wir manchmal diejenigen, auf die es ankommt. Uns fehlt der Sinn für Proportionen. Wir behandeln viele politische Fragen, als handelte es sich um Probleme, bei denen wir über Leben und Tod entscheiden. Wir neigen in der öffentlichen Auseinandersetzung zur Maßlosigkeit, zu Übertreibung und Dramatisierung. Wir lassen das richtige Maß oft gerade dort vermissen, wo wir uns, wie etwa im Fall der Ökologen, für seine Geltung so stark machen. Uns gebricht es an der Tugend der Gelassenheit. Wir haben in unseren öffentlichen Auseinandersetzungen vielfach das Empfinden für das, was normal ist oder normal sein sollte, verloren. Es kommt mir so vor, als habe bei uns der normale Mensch, der mit gesundem Menschenverstand urteilt und sich nicht kopfscheu machen läßt, keinen angestammten Platz im öffentlichen Diskurs. Der normale Mensch läßt sich definieren als einer, dem nichts Wesentliches fehlt.

Die Deutschen, so mein Fazit, haben wenig Grund zur Aufregung und zur Klage, denn ihnen fehlt nichts Wesentliches. Doch sie wissen es nicht, oder sie wissen es nicht zu schätzen. Sie verhalten sich so, als fehlte ihnen dauernd etwas, angefangen bei der Identität bis hin zum Geliebtwerden seitens der anderen Völker. Weil sie ständig so tun, als fehle ihnen was, obwohl ihnen Wesentliches nicht fehlt, sind die Deutschen oft unruhig und hektisch. Das könnten sie sich – zur Zeit wenigstens – ersparen. Es wäre besser für sie wie für ihre Umgebung. Wir sollten uns vornehmen, uns in der Tugend der Gelassenheit zu üben.

(1985)

2. Die »psychologische Anfälligkeit« der Deutschen

Das Urteil, das Völker übereinander haben, ist oft ein Vorurteil. Allen Bemühungen um Völkerverständigung zum Trotz sind solche Urteile äußerst zählebig. Uns Deutschen sagt man etwa nach, wir seien stramm, diszipliniert, arbeitswütig und stets auf Ordnung bedacht; den Franzosen schreibt man Weltläufigkeit zu, *savoir-vivre*, die Kunst, aus wenig viel zu machen, die hohe Schule der Galanterie, eher schmeichelhafte Eigenschaften all dies, doch kaum geeignet, uns das wirtschaftliche und politische Verhalten unserer Nachbarn zu erklären.

Die Klischees der vulgären Völkerpsychologie sind zwar nicht rein willkürlich entstanden, aber sie sind meistens einseitig, undifferenziert, grobschlächtig. Gott sei Dank haben gerade wir Westdeutschen manche Vorurteile, die über uns im Schwange sind, immer wieder Lügen gestraft. Die harten preußischen Tugenden, deren Verfall manchmal beklagt wird, prägen heute kaum mehr das soziale Verhalten und auch nicht das Leben in unseren Amtsstuben. Von Arbeitswut kann in einer Gesellschaft, die immer weniger arbeiten und immer mehr Freiheit und Freizeit genießen will, wohl nicht gut die Rede sein. Die Verhältnisse sind meist widersprüchlicher und komplexer als die herkömmlichen Reime, die wir uns auf sie machen.

Nun hat neulich eine führende französische Zeitung geschrieben, die Deutschen seien unter den Völkern Europas das »psychologisch anfälligste«. Diese These kolportiert kein Vorurteil, denn sie sagt nichts über die Natur und die Inhalte unserer Anfälligkeit aus; sie stellt nur fest, daß wir auf bestimmte moderne Phänomene heftiger, aufgeregter, ja manchmal hysterischer reagieren als un-

151

sere westlichen Nachbarn. Natürlich fiel diese Bemerkung im Zusammenhang mit den Aktivitäten der deutschen Kernkraftgegner, die, im Fall des damals in Gang gesetzten Kernkraftwerks in Cattenom, den Franzosen auch auf der Regierungsseite einiges Ungemach bereitet haben.

Die These von der psychologischen Unsicherheit und Anfälligkeit der Deutschen scheint mir eine über diesen Anlaß hinausreichende Beobachtung zu sein, der nachzugehen sich lohnt. Die Westdeutschen, denen es wirtschaftlich besonders gut geht und die über einen Sozialstaat von beachtlicher Leistungskraft verfügen, wirken in der Tat nicht zufrieden und gelassen. Die Wortführer der deutschen Unzufriedenheit geben sich äußerst besorgt; viele sprechen laut von Angst. Probleme neuer Art oder solche, die plötzlich auftauchen, werden in der deutschen Öffentlichkeit zumeist diskutiert, als ginge es um Sein oder Nichtsein.

Solches mag vielleicht noch angehen in den Fragen der Kernkraft und der Ökologie, aber auch andere Vorkommnisse wie jüngst das Asylantenproblem werden bei uns behandelt, als stünde die Zukunft unseres Volkes auf dem Spiel. Anstatt die aufgeregten Bürger zur Räson zu rufen und ein Klima der Gelassenheit und des Vertrauens zu schaffen, um die Probleme angemessen behandeln zu können, halten viele Politiker es leider für notwendig, die psychologische Unsicherheit der Bürger auszunutzen und kräftig in das Horn der Trübsal oder die Posaune des Unglücks zu stoßen.

Man muß sich nur einmal ausmalen, wie die durch anhaltenden wirtschaftlichen Erfolg, durch soziale Sicherheit und das Fehlen gravierender sozialer Konflikte privilegierten Deutschen auf Verhältnisse reagieren würden, wie sie in anderen europäischen Ländern zum politischen und sozialen Alltag gehören: wirtschaftliche Schwäche und hohe Arbeitslosigkeit verbunden mit Rassenkonflikten wie in Großbritannien; Regierungsschwäche und tiefgehende soziale und ökonomische Unterschiede, gekoppelt mit links- und rechtsextremistischen Gewalttaten wie in Italien, oder die schwierige Politik der konsequenten Modernisierung wie in Frankreich.

Diese Beispiele genügen, um uns klarzumachen, daß wir als Volk in keiner stabilen psychischen Verfassung sind, daß vergleichsweise kleine Probleme uns schnell aus der Fassung bringen und daß unsere öffentliche Diskussion unter Maßlosigkeiten leidet, die der Problemlage selten angemessen sind. Wir haben es leider dahin kommen lassen, daß jeder, der in einer ihm wichtigen Sache das Wort ergreift, meint, er könne nur durch Übersteigerung, durch Dramatisierung, durch demonstrative Zurschaustellung seines Anliegens in der Öffentlichkeit Gehör finden.

Wie erklärt sich diese psychologische Anfälligkeit der Westdeutschen, ihr Hang zur Dramatisierung, ihr Mangel an Gelassenheit und Selbstvertrauen? Wie kommt es, daß wir bei unseren Nachbarn immer wieder Besorgnisse ob unserer inneren Entwicklung wachrufen, so z. B. vor Jahren, als die Friedensbewegung geräuschvoll über uns hinwegging und wir politisch nicht berechenbar zu sein schienen, so heute, wenn es um Lebensfragen wie Kernenergie und die Ökologie geht.

Wie bei vielen Erscheinungen des sozialen Lebens wird man mehrere Ursachen nennen müssen. Ich sehe folgende Gründe für die psychologische Anfälligkeit der Deutschen:

1. Die rasche und erfolgreiche Entwicklung der Wohlstandsgesellschaft hat das Interesse vieler Bürger von den eher materiellen auf mehr immaterielle Bedürfnisse gelenkt. Dieser *Wertewandel* geht einher mit dem Empfinden, wir stünden an einer Wende der Zeiten und es käme nun darauf an, den richtigen Weg in die Zukunft zu finden. Es ist das Bewußtsein einer epochalen Wende, das zu psychischer Reizbarkeit und Belastung beiträgt.

2. Da die Deutschen in der jüngsten Vergangenheit durch ein hohes Maß an Gleichgewicht, d. h. durch relativ stabile und kontinuierliche soziale, politische und wirtschaftliche Verhältnisse verwöhnt worden sind, bringen auch kleinere Veränderungen dieses Gleichgewichts sie schnell »aus dem Häuschen«. Ob Studentenbewegung oder Grüne, ob Alternative oder Tunix-Propagandisten: derartiges wird sogleich in Kategorien einer drohenden Gefahr oder einer hoffnungsvollen Verheißung gesehen.

3. Auch nach einer 40jährigen, ziemlich ungestörten Entwicklung des Gemeinwesens in Frieden, Freiheit und Prosperität lassen die Schatten ihrer Vergangenheit die Deutschen nicht los. Es ist ihnen nicht recht gelungen, ein unbefangenes, offenes Verhältnis zu ihrer nationalen Vergangenheit, einschließlich der Nazi-Diktatur, zu finden. Auch in der Kontroverse über revisionisti-

sche Tendenzen in der deutschen Zeitgeschichtsschreibung, dem Historikerstreit, wurde diese Verkrampfung wieder erkennbar.

4. Wo die nationale Identität zum Thema wird, da ist ihre Schwäche oft die Ursache. So auch bei uns. Weil es uns an einer unumstrittenen nationalen Identität gebricht, die dafür sorgt, daß wir als Volk in Übereinstimmung mit uns leben, ist unser öffentliches Bewußtsein schwankend und unsicher.

Dies alles macht uns psychologisch anfällig.

So etwas muß man nicht fatalistisch hinnehmen. Das kann und soll man zu ändern suchen. Das erste, was wir uns klarmachen sollten, ist die Tatsache, daß es uns außerordentlich gut geht, wie gut wir dran sind, wenn wir uns mit anderen Ländern und Völkern in Europa und erst recht auf der Welt vergleichen. Kein Grund zum Jammern also. Das zweite, was es zu beherzigen gilt, ist die Tugend der Gelassenheit. Wir stehen nicht am Rande des Abgrunds, folglich können wir die Dinge, auch die neuen Probleme, in Ruhe betrachten und angehen. Schließlich sollten wir uns zum Bewußtsein bringen, daß wir nicht allein auf der Welt sind, daß es nicht um unser Wohl und Wehe allein geht. Nicht nur politisch, auch psychologisch sollten wir keine Nationalisten mehr sein. Wir sollten lernen, unsere psychologische Anfälligkeit zu domestizieren, sie unter Kontrolle zu bringen. Dies könnte geschehen im Geiste eines europäischen Problembewußtseins und im Rahmen einer übernationalen kollektiven Sensibilität.

(1985)

3. »Wieviel Krise darf's denn sein?«

Es gibt wenige Wörter aus dem Begriffsarsenal der Analytiker und Kommentatoren des Zeitgeschehens, die sich einer so unerschütterbaren Beliebtheit erfreuen wie das von der Krise. Krisen sind heutzutage wohlfeil, und sie bleiben es anscheinend, obwohl sich die Verhältnisse, zumindest im kleinen, laufend verändern. Der Begriff der Krise hat heute Allgemeinplatzcharakter: alles, so ist mein Eindruck, kann zur Krise erklärt werden. Es kommt mir vor, als würde der Zeitgeist, jene schwer greifbare, doch gleichwohl in ihrer Wirksamkeit nicht zu leugnende Instanz, die den öffentlichen Diskurs antreibt und reguliert, seine Interpreten immer von neuem vor die Frage stellen: Wieviel Krise darf's denn sein?

Es sind nicht die Verhältnisse, die besonderen Umstände, das Zeitgeschehen selbst, die es zwingend nahelegen, das Wort Krise so sehr zu strapazieren, wie es in unseren öffentlichen Stellungnahmen zu den verschiedenen Vorkommnissen und Aspekten des Zeitgeschehens an der Tagesordnung ist; es ist vielmehr unsere Sicht, unsere Deutung der Verhältnisse, die den Begriff Krise zur gängigen Münze des öffentlichen Dialogs hat werden lassen. Offensichtlich erscheinen uns viele der Phänomene, die wir im Leben unserer Gesellschaft, vor allem im Bereich der Politik bis hin zur Entwicklung der Welt insgesamt beobachten, krisenhaft, also nicht normal zu sein. Wir haben uns angewöhnt, sogleich von Krise zu sprechen oder wenigstens zu raunen, wenn der Gang der Dinge, die wir jeweils genauer untersuchen, unseren Erwartungen und Vorstellungen nicht entspricht, wenn eine Entwicklung eine andere Richtung oder Wendung nimmt, als wir das erwartet haben, wenn etwas Unvorhergesehenes auftritt oder wenn wir uns keinen rechten Reim auf den weiteren Gang der Entwicklung machen können. Die vor einigen Jahren von Jürgen Habermas in Umlauf gebrachte Formel von der »neuen Unübersichtlichkeit« ist der typische Ausdruck eines allgegenwärtigen Krisenbewußtseins, obwohl doch gerade dieser Autor damit zu verstehen gab, daß die von ihm in früheren Zeitdiagnosen festgestellten Krisen – von der Legitimations- bis zur Motivationskrise – nicht den von seiner Theorie umschriebenen Verlauf genommen hatten.

Daran zeigt sich nur, daß man alles zur Krise erklären kann, wenn man nur von dem dafür notwendigen Krisenbewußtsein erfüllt ist: die Normalität wie das Abweichen von ihr und sogar die Unklarheit darüber, was denn als normal angesehen werden könne; dann wird eben die Unklarheit darüber zur Krise erhoben.

Nun wäre es töricht zu leugnen, daß es in unserer Welt Vorgänge, Ereignisse und Entwicklungen gibt, welche die Bezeichnung Krise durchaus verdienen und rechtfertigen. Ich meine damit vor allem diejenigen Erscheinungen, in denen soziale Institutionen, Lebens- und Arbeitsbereiche, die bisher durch eine relativ stabile Struktur und eine gewisse Verläßlichkeit ihrer Wert- und Handlungsorientierungen gekennzeichnet waren, gewissermaßen aus den Fugen geraten, ihrer selbst nicht mehr sicher sind und sich neu bestimmen und finden müssen, falls sie unter dem Druck der Veränderungen nicht gar in der Gefahr sind, ihre Lebenskraft einzubüßen oder ihre Identität zu verlieren. Es gibt, wer sollte es leugnen, eine Krise der traditionellen Arbeitsgesellschaft, eine Krise des herkömmlichen Fortschrittsgedankens, eine Krise der Umwelt etc.

Aber ich halte es für wenig erkenntnisfördernd, alle Erscheinungen, die in unserer Politik und in der Gesellschaft ganz allgemein kontrovers diskutiert werden, deshalb schon als krisenträchtig anzusehen. Selbst der uns seinerzeit so stark beschäftigende Fall Pfeiffer-Barschel, so sehr er die unmittelbar Beteiligten und die betroffenen politischen Parteien und Medien in eine vorübergehende krisenhafte Stimmung versetzt haben mag, war nach meinem Urteil kein Zeichen für eine »Krise unserer politischen Kultur«, sondern eher ein Zeichen dafür, daß unsere politische Kultur nicht so moralisch und anständig ist, wie das für unsere Demokratie wünschenswert wäre. Wo Mißstände dieser Art sichtbar werden, haben wir gewiß die Verantwortung, dagegen anzugehen oder zumindest das Gewissen und die Verantwortung für das Gute und Richtige zu schärfen, aber ist es immer schon eine Krise, wenn wir die keineswegs neue Erfahrung machen, daß die Welt nicht so heil ist, wie wir sie gerne hätten, oder daß die Menschen so edel, hilfreich und gut nicht sind, wie ein großer Dichter ihnen nahegelegt hat, daß sie sein sollten?

Mit anderen Worten: Es erscheint mir nicht sehr ersprießlich und darum nicht empfehlenswert, den Begriff der Krise auf die Situation des Menschseins und die Verhältnisse, die sich die Menschen geschaffen haben, schlechthin, also unterschiedslos anzuwenden. Krise wird so zu einem Etikett, das man auf alles heften kann, was einem nicht zusagt, und ein auch nur kursorischer Blick auf die wuchernde Krisenrhetorik unserer Zeit zeigt uns sehr schnell, daß alles zur Krise stilisiert werden kann, was nicht mit dem eigenen Standpunkt und den eigenen Wertorientierungen übereinstimmt.

Wo aber alles potentiell zur Krise wird, schwindet das Bewußtsein für die Normalität, leidet das Unterscheidungsvermögen zwischen den Dingen, die wirklich wichtig sind und auf deren Sicherung gegen krisenhafte Zuspitzung oder krisenhaften Zerfall es ankommt, und den eher beiläufigen, zu Krisen hochgeredeten Vorgängen, die nichts anderes sind als Ausdruck der althergebrachten Unfähigkeit des Menschen, sich eine völlig widerspruchsfreie, harmonische Weltordnung einzurichten. Daß unsere Verhältnisse und wir in ihnen sich fortentwickeln, daß sich stets neue Probleme, aber auch neue Perspektiven ergeben, muß man nicht zwingend als Krise erfahren und interpretieren; man kann darin auch ein Zeichen von Dynamik, von neuen Chancen und Möglichkeiten sehen, die unseren Geist und unsere Tatkraft herausfordern, anstatt sie durch ein bedrückendes Krisenbewußtsein zu lähmen.

Widerstehen wir also, so gut wir es können, der Verlockung des Zeitgeistes, der uns Krisen noch und noch feilbieten möchte. Sagen wir, wenn er uns mit dem Angebot lockt: »Wieviel Krise darf's denn sein?« guten Mutes: »Nein, danke!«

(1987)

4. Eine sprachlose Demokratie

Die Demokratie, so lesen wir es in manchen Lehrbüchern, sei »Government by discussion«, eine Regierungsform, in der die Diskussion, das rhetorische Ringen mit- und gegeneinander, eine maßgebliche Rolle spiele. Dies gilt im Prinzip auch für die Bundesrepublik. Das Prinzip der Öffentlichkeit ist ein unabdingbarer Bestandteil der parlamentarischen Demokratie. Nicht von ungefähr heißt die höchste politische Institution, in der die Angelegenheiten der Nation öffentlich verhandelt werden sollen, das Parlament, im ursprünglichen Wortsinn ein Ort der Aussprache und Diskussion.

Tatsächlich wird in der demokratischen Politik unablässig geredet. Regierung und Opposition und die sie bildenden politischen Parteien stehen unter einem permanenten Druck, sich in und gegenüber der Öffentlichkeit zu äußern. Sie reden nicht bloß, wenn sie gefragt sind, sondern sehen angesichts der wachsenden Bedeutung, welche die modernen Massenmedien, insbesondere Fernsehen und Rundfunk, für die Politik gewonnen haben, eine ihrer wichtigsten Aufgaben darin, die Öffentlichkeit einer rhetorischen Dauerberieselung auszusetzen, so daß der Redestrom der Politik nie abreißt.

Wenn das Sprichwort »Reden ist Silber, Schweigen ist Gold« so unbekümmert außer Kraft gesetzt wird wie in der Politik, aber gerade darum seinen Wahrheitsgehalt nicht einbüßt, dann spielt die Frage, wie, in welcher Sprache in der Politik geredet wird, eine um so wichtigere Rolle. Wenn schon in der Politik der Demokratie unentwegt geredet werden muß, dann wird die rhetorische, die sprachliche Qualität der politischen Auseinandersetzungen um so bedeutungsvoller.

Gewiß geht es letzten Endes in der Politik um die Inhalte, aber auch diese müssen sprachlich vermittelt werden. Das kann man gut und weniger gut machen, ansprechend oder abschreckend, mitreißend oder langweilig, verständlich oder unverständlich, verschleiernd oder enthüllend.

Mein Gesamteindruck von der rhetorischen Qualität der deutschen Politik ist kein guter. Man kann sogar überspitzt sagen, die deutsche Demokratie sei eine *sprachlose Demokratie*, was nicht heißen soll, daß in ihr nicht gesprochen wird, wohl aber, daß in ihr nicht gut oder gut genug gesprochen wird.

Solche pauschalen Urteile sind weder neu noch gerecht, sie können es auch nicht sein. Sie verallgemeinern einen Eindruck, der nicht durchgehend, auf alle Situationen und Personen, zutrifft. Die Auffassung, daß wir in Deutschland in einer sprachlosen Demokratie leben, genauer: einer Demokratie, der es am rhetorischen Element gebricht, bildete sich mir im Rahmen eines Forschungsfreisemesters, in dem ich mich für einige Zeit in der französischen Hauptstadt aufhielt. Mein Interesse galt der französischen Politik im Alltag, d. h. ich verfolgte die laufende politische Debatte in Frankreich anhand der täglichen Berichterstattung im Radio und in den Zeitungen. Es waren wirklich Themen des politischen Alltags, die das Feld beherrschten, etwa das Verhalten der Regierung gegenüber den Gewerkschaften und ihren neuartigen Streikmethoden, die diffizile Verabschiedung des Staatshaushalts durch ein Parlament mit wechselnden Mehrheiten, die Einbringung eines neuen Gesetzes zur Neuordnung des Fernsehsystems und dergleichen. Mir fiel sofort auf, wie stark in der französischen Politik und Berichterstattung das forensische Element lebendig ist, also das beredsame Plädieren für oder gegen eine Sache; wie die Politik des Alltags sich in einem beständigen, rhetorisch schön ausstaffierten Dialog zwischen den beteiligten Parteien vollzieht. Zum anderen beeindruckte, ja überraschte mich das Rhetorische im eigentlichen Sinn, nämlich die sprachliche Qualität der politischen Rede.

Auch hier kann ich nur verallgemeinern, wenn ich finde, daß die französischen Politiker die Kunst der Rede im allgemeinen besser beherrschen als die deutschen, daß sie sich gewandter, ich möchte sagen: schöner auszudrücken wissen, als wir es bei uns zu hören bekommen.

Gewiß machen wohlgesetzte und wohltönende Formulierungen nicht schon eine gute Politik, aber es hat doch etwas für sich, wenn die politische Debatte sich auf einem gehobenen rhetorischen Niveau abspielt. Auch ich verkenne die Gefahr nicht, daß politische Rhetorik zu einem Selbstzweck entarten und zur Anhäufung von schönen Phrasen verkommen kann, hinter denen sich nicht viel Substanz verbirgt. Doch ist mir, ehrlich gesagt, die schöne Phrase in der Politik allemal lieber als die klobige, das elegant formulierte Wort angenehmer als das knöchern abgelesene, wie wir es aus vielen Redebeiträgen im Deutschen Bundestag kennen.

Rhetorik ist ein Teil der politischen Kultur eines Landes, und Frankreichs politische Kultur und politische Erziehung widmet dem Rhetorischen, das als ein fundamentales Element einer aufgeklärten Zivilisation gilt, von jeher mehr Aufmerksamkeit als die deutsche. Das wirkt sich, wie man aus Brüssel weiß, auch auf der europäischen Ebene günstig für Frankreich aus.

In Deutschland sind gute politische Redner und Reden eher die Ausnahme, in Frankreich eher die Regel. Es ist nicht von ungefähr, daß die wichtigen Präsidenten der Fünften Republik – de Gaulle, Giscard d'Estaing und jetzt Mitterrand – nicht nur Politiker, sondern auch Schriftsteller waren und sind, während wir uns schon beglückwünschen, derzeit einen Bundespräsidenten zu haben, der mit der deutschen Sprache gut umzugehen versteht. Ist es nicht symptomatisch für die Bundesrepublik, daß der oberste Repräsentant des Parlaments, also jener Institution, in der es – außer auf Mehrheitsverhältnisse – auch auf die rhetorische Qualität der politischen Auseinandersetzung ankommen sollte, das Opfer seiner eigenen rhetorischen Unfähigkeit wurde? Nicht seine Ansichten haben den Parlamentspräsidenten Jenninger zu Fall gebracht, sondern sein rhetorisches Unvermögen, das richtige Wort zur richtigen Zeit am passenden Ort zu finden.

Ich fürchte, wir müssen in der Bundesrepublik auch künftig damit leben, daß die Ansprüche an die politische Rhetorik allzu bescheiden sind, doch es müßte vielleicht nicht so sein und so bleiben. Es sollte auch nicht dem reinen Zufall überlassen bleiben, ob ein Politiker auch mit der Sprache gut umzugehen vermag, nicht nur mit der Macht. Das französische Beispiel könnte, so finde ich, ein Ansporn für uns sein, sich mehr darum zu bemühen, die vierzig Jahre alte, solide Bundesrepublik aus ihrer selbstverschuldeten Sprachlosigkeit zu emanzipieren.

(1988)

5. Wieviel Demagogie verträgt die Demokratie?

In der Bundesrepublik ist in Verbindung mit den jüngsten Wahlkämpfen das Problem der Demagogie wieder einmal aktuell geworden. Es entzündete sich an der Unzufriedenheit, ja Empörung einer großen politischen Partei über die Art und Weise, wie ein führender Vertreter der gegnerischen politischen Partei öffentlich über sie urteilte, um nicht zu sagen, über sie herzog. Bei diesem innenpolitischen Scharmützel wurde sogar der Vergleich mit dem schlimmsten Demagogen der neueren deutschen Geschichte, dem nationalsozialistischen Propagandaminister Joseph Goebbels, bemüht, doch wurde man sich dann doch schnell einig, daß man derartige Vergleiche besser lassen sollte. In der Bundesrepublik darf man nämlich einen Demokraten nicht mit einem Nationalsozialisten in Verbindung bringen, das gilt als ehrenrührig. Gleichwohl stellt sich das grundsätzliche Problem, wieviel Demagogie die Demokratie eigentlich verträgt. Ich will versuchen, es aufzuhellen.

Der Begriff des Demagogen kommt, wie ja auch das Wort Demokratie, aus dem Griechischen. *Demagoge* meinte in der Antike, wie man in den Wörterbüchern nachlesen kann, einen Politiker, »der durch sein Ansehen und seine Rednergabe die Entschließungen der demokratischen Volksversammlung maßgeblich zu beeinflussen vermag«. Es handelte sich also beim klassischen Demagogen um einen rhetorisch besonders begabten Staatsmann oder Politiker, der kraft dieser Rednergabe in der Lage war, das Volk zu beeindrucken, Mehrheiten für sich einzunehmen und die demokratische Abstimmung in seinem Sinne zu lenken.

Während die Erklärungen des Begriffs Demagoge in den Lexika noch an jene durchaus positiv gemeinte Funktion rhetorischer Überzeugungskraft eines Politikers aus der Antike erinnern, ist der Begriff Demagogie bei uns eindeutig negativ besetzt. Unter Demagogie versteht man »ein verantwortungsloses Ausnützen von Gefühlen, Ressentiments, Vorurteilen und Unwissenheit durch Phrasen, Hetze oder Lügen«. Das ist deutlich genug.

Der Begriff der Demagogie ist also auch durch die wohlmeinendste Interpretation nicht ins Positive zu wenden. Gewiß könnte man darauf hinweisen, daß gerade die Demokratie eine Staatsform sein will, in der es auf das Reden, auf die Fähigkeit zur Überzeugung und auch zur Überredung durchaus ankomme, aber dabei soll es fair und anständig zugehen. Man sieht deshalb in der Demagogie eine Abirrung vom Pfad demokratischer Tugend, in einem Demagogen einen politischen Bösewicht, der nicht der Wahrheit die Ehre gibt, sondern der Lüge, der nicht das angemessene Wort gebraucht, sondern die schillernde Phrase, und der nicht davor zurückschreckt, sich die Unwissenheit, die emotionale Abhängigkeit und die Ressentiments seiner Zuhörer zunutze zu machen, um seine politischen Ziele zu fördern.

Unsere proklamierte demokratische Moral verdammt die Demagogie. Sie sagt, daß es in der Demokratie besonders darauf ankomme, der Wahrheit die Ehre zu geben und nicht mit gespaltener Zunge zu reden, sie fordert, daß der demokratische Dialog sich allein auf die Kraft der Vernunft berufen und stützen und jeder emotionalen Beimengung entraten sollte.

Doch ein Blick in die Wirklichkeit des politischen Lebens belehrt uns, daß unsere Demokratie von solchen optimalen Voraussetzungen ziemlich weit entfernt ist. Ist nicht das Interesse meist wichtiger als die Wahrheit, das Schlagwort beliebter als das Wort der Vernunft? Gewiß ist das so, und dennoch würde ich zögern zu sagen, daß in der demokratischen Entwicklung der Bundesrepublik die Demagogie eine besonders große und wichtige Rolle gespielt habe. Ich wüßte auch nur wenige ausgefuchste Demagogen zu nennen. Gewiß gab es und gibt es Politiker, die besser und eindringlicher reden können als andere, gewiß sind Politiker immer wieder in der Versuchung, an das Gefühl zu appellieren und nicht in erster Linie an den Verstand, gewiß werden sie gerade in der Demokratie immer wieder dazu verführt, komplizierte Tatbestände über Gebühr zu vereinfachen oder durch glatte Formeln schwierige Umstände zu verdecken, doch eine Demokratie ohne jeden Anflug von Demagogie wäre langweilig und steril. Eine rein rational geführte politische Auseinandersetzung oder eine politische Rhetorik, aus der man jedes Gefühl zugunsten der reinen Information und streng sachlichen Argumentation verbannt hätte, wäre nicht nur schwer vorstellbar, sondern sogar eine Belastung für eine lebendige demokratische Ordnung. Die Demokratie, die nach einer bekannten englischen Formel als *government by discussion* gelten kann – eine auf Diskussion basierende Herrschaftsform –, ist kein organisierter Austausch von sterilen Argumenten, sondern eine Sache mit Fleisch und Blut. Sie hat emotionale Ansprache, Sympathiewerbung, Überredungs- und Überzeugungskraft nötig, damit die Bürger sich mit ihr identifizieren können. Wer sich deshalb zu schnell ereifert über Parteienstreit und Konflikt-Rhetorik, über eine politische Spitze gegen den parteipolitischen Gegner oder über den emotional werbenden Appell eines Politikers zur Identifikation mit seiner Position etc., der verkennt eben, daß die Demokratie auch eine Sache des Herzens ist, d. h. eine Angelegenheit, in der wir mit unserem ganzen Sein, mit unserer ganzen Existenz und nicht nur mit unserer abgehobenen Vernunft aktiv sein sollen. Demokratie will Lebensform sein, sie enthält darum auch die lebendigen Spannungen zwischen Vernunft und Engagement, Verstand und Gefühl, Leidenschaft und Sachlichkeit.

Man tut deshalb gut daran, der Demokratie ein gewisses Maß an Toleranz für ihre rhetorischen und emotionalen Bedürfnisse zuzubilligen; sie gehören dazu, zumal in einem System, in dem der politische und soziale Wettbewerb eine so wichtige Rolle spielt. Man sollte also, um ein Wort des ersten Kanzlers der Bundesrepublik zu gebrauchen, in den Fragen der demokratischen Auseinandersetzung und ihres Stils nicht übermäßig »pingelig« sein. Doch dies ist kein Freibrief für Willkür, keine Ermunterung zur Demagogie.

Es gibt für das angemessene Funktionieren der demokratischen Wettbewerbsordnung Normen, die von allen Beteiligten beachtet werden müssen. Dies sind nicht nur die Normen der Verfassung, die für alle Bürger und insbesondere für die politischen Institutionen des Staates und ihre Träger verbindlich sind, sondern auch die Normen des politischen Verhaltens, des politischen Stils, des Umgangs miteinander. Sie sind maßgeblich für die humane Qualität der Demokratie. Sie bedürfen der Pflege. Ihr Respekt bewahrt vor dem Aus- bzw. Abgleiten in die Demagogie.

Hier handelt es sich freilich um einen Bereich des politisch-moralischen Verhaltens, der nicht streng kodifiziert werden kann, sondern in dem Erfahrungen, nicht zuletzt auch historische Erfahrungen, sittliche Empfindungen und gemeinsame Wertorientierungen eine wichtige Rolle spielen. Es ist die historische Erfahrung, die uns Deutsche lehrt, daß eine Demokratie durch Demagogie zugrunde gerichtet werden kann wie in Weimar; es ist die sittliche Empfindung, die uns daran gemahnt, daß im demokratischen Machtkampf Partnerschaft nur bei gegenseitigem Respekt und bei gegenseitiger Toleranz sich entwickeln kann; es ist die Achtung der Würde und der Rechte des Menschen, die unsere politischen Beziehungen und Verhältnisse zivilisiert.

Auch wenn man, wie wir, bereit ist zuzugestehen, daß die Demokratie eine gehörige Dosis von Rhetorik, Emotionalität, ja sogar Übertreibung und Satire durchaus vertragen kann, so gibt es doch Grenzen. Demagogie beginnt da, wo die rhetorischen Mittel eingesetzt werden in der bewußten Absicht, den politischen Gegner zu verunglimpfen; sie ist am Werk, wo es um die bewußte Verdrehung von Sachverhalten, d. h. um die Fabrikation von Lügen geht; sie zeigt sich dort, wo die Absicht herrscht, Einfachheit und Klarheit der Aussage auf Kosten ihrer Wahrheit und Richtigkeit zu erreichen. Kurz: Es gibt auch in unserer Demokratie genügend Versuchungen zur Demagogie, denen demokratische Politiker ausgesetzt sind und denen sie auch immer wieder unterliegen. Darum ist die Diskussion über die Grenzen dessen, was in der politischen Auseinandersetzung zulässig ist, immer wieder von neuem nötig; darum sind Auseinandersetzungen über das, was die Demokratie verträgt und was ihrem Geist bekömmlich ist, immer wieder notwendig und geboten. Wer die demokratische Ordnung als einen Freibrief für die demagogische Artikulation und Verfolgung eines beliebigen Machtinteresses versteht, hat die sittlichen

Grundlagen dieser Ordnung verkannt. Sie liegen in der im Art. 1 unseres Grundgesetzes umschriebenen Idee der Menschenwürde. Sie verpflichtet auch die im Streit befindlichen politischen Parteien zur Respektierung eines fairen Umgangs miteinander, zur Verbannung der Demagogie als eines Mittels der rhetorischen politischen Auseinandersetzung und zur Pflege des Bewußtseins, daß eine demokratische Ordnung ohne ein Mindestmaß an sittlicher Übereinstimmung in den Grundfragen dieser Ordnung auf die Dauer nicht lebensfähig ist.

Die Demokratie – dies gilt insbesondere für die konkrete Demokratie der Bundesrepublik – ist erfreulicherweise nicht bedroht, wenn das Demagogische in ihr zum Problem wird, weil einige ihrer führenden Repräsentanten damit kokettieren. Zu wehren ist dem bewußten Einsatz der Demagogie im Sinne der Volksverführung und der Ausnutzung von Vorurteilen und Gefühlen. Dies muß jedoch unterschieden werden von dem berechtigten Versuch, in die Demokratie ein Stück lebendiger geistiger Überzeugung und persönlicher Leidenschaft hineinzutragen. Es gilt, zwischen der Einseitigkeit einer sterilen, die Herzen und Gemüter nicht mehr ansprechenden politischen Auseinandersetzung und dem anderen Extrem einer bewußten Anwendung demagogischer Mittel einen gangbaren Weg zu finden, der die Lebensfähigkeit und auch die Lebendigkeit der Demokratie garantiert. Es hat darum auch sein Gutes, daß wir in der Bundesrepublik von Zeit zu Zeit daran erinnert werden, daß die Demokratie, ihre politische Kultur, ständiger Pflege bedarf und nicht gegen die Gefahr gefeit ist, sich durch Demagogie selbst zu ruinieren.

6. »Die elende Praxis der Unterstellung«

Vor einiger Zeit kam die Dokumentation über den »Historikerstreit« auf den Buchmarkt. Das war gut und nützlich, denn dieser Streit, der im Hochsommer des Jahres 1986 begann und sich bis in den späten Herbst in verschiedenen Zeitungen und Zeitschriften hinzog, verdiente es zweifellos, in einer handlichen Publikation für interessierte Leser zugänglich zu sein.

Doch geht es mir in dieser Betrachtung nicht um eine kritische

Nachlese des Streits oder gar um eine Bewertung der Frage, wer bzw. welche Gruppe von Historikern in dieser intensiv und erregt geführten Kontroverse über die »Einzigartigkeit der nationalsozialistischen Judenvernichtung« am Ende besser, d. h. mit den besseren Argumenten versehen, dasteht. Vielmehr ist mir bei der Lektüre dieser Texte aufgefallen, in welch hohem Maße bei solchen Auseinandersetzungen, bei denen nicht zuletzt auch die moralische und die fachliche Integrität der Beteiligten auf dem Spiele steht, die Praxis der *Unterstellung* an der Tagesordnung ist. Ein Beitrag des Bandes richtet sich übrigens schon im Titel gegen »die elende Praxis der Untersteller«. Auch abgelöst vom Thema des Historikerstreits erscheint es mir sinnvoll, das Phänomen und Problem der Unterstellung etwas genauer zu beleuchten.

Was heißt Unterstellung bzw. unterstellen? Das läßt sich am einfachsten zeigen, wenn man den Vorgang selbst beschreibt:

Jemand hat, sei es schriftlich oder mündlich, eine bestimmte, mehr oder weniger klare Aussage gemacht. Ein anderer, der sich mit dem Inhalt dieser Aussage kritisch auseinandersetzt, gibt ihr eine Interpretation, die nicht oder nicht ganz mit dem übereinstimmt, was der erste meinte, ausgedrückt zu haben. Dieser reagiert auf die Interpretation seiner Aussage durch den anderen mit dem Vorwurf der Unterstellung. Seinen Worten, so erklärt er, werde ein Sinn oder eine Tendenz unterstellt – man kann auch sagen: unterlegt oder untergeschoben –, die sie in Wahrheit nicht gehabt hätten. Er verbitte sich derartige Unterstellungen. Oft ist auch von »grundlosen« oder gar »bodenlosen Unterstellungen« die Rede, was nur unterstreichen soll, daß es für die Interpretation des gemeinten Sinnes der Aussage durch den anderen überhaupt keine Grundlage oder Anhaltspunkte gebe.

Die Praxis des Unterstellens ist keine Ausnahmeerscheinung, sondern etwas ziemlich Alltägliches. Wir begegnen ihr immer wieder in unserem Umgang mit anderen Menschen, insbesondere wenn es sich um die Erörterung von Streitfragen und um *Polemik*, also um eine streitbare Auseinandersetzung zwischen Menschen handelt, etwa den Gegenspielern bei einem Rechtsstreit oder im Meinungsstreit zwischen politischen Parteien und so weiter. Unterstellungen erwachsen vor allem aus zwei verschiedenen Situationen: Sie entstehen einmal, weil eine Aussage undeutlich, unklar, widersprüchlich ist. Dann kommt es zu dem legitimen Versuch, den gemeinten Sinn und die Zielrichtung der kontroversen Aussage zu verdeutlichen oder zu verkürzen. Dies geschieht um so eher, je ungenauer, je vielfältiger ausdeutbar und je unbestimmter eine Aussage ist. Beim Historikerstreit haben solche Unschärfen und z. T. bewußten Ungenauigkeiten von Anfang an eine wichtige Rolle gespielt. Hier fehlte es an Klarheit und Unmißverständlichkeit mancher Aussagen. Wenn dann jemand daran ging, derartige Äußerungen in einer bestimmten, tendenziell negativen Weise zu interpretieren, wurde ihm Unterstellung oder gar Verfälschung vorgeworfen. Dabei hätte sich das vermeiden lassen, wenn die Aussage klar und deutlich und korrekt belegt gewesen wäre. Daraus folgt, daß wer klar und deutlich redet, Unterstellungen im Sinne von Mißdeutungen weniger zu fürchten hat.

Anders verhält es sich mit der zweiten Gruppe von Unterstellungen: Ich meine die gerade bei Polemiken gern geübte Praxis der *bewußten* Unterstellung. Durch eine solche Unterstellung will man dem Gegner etwas anhängen, ihm etwas unterstellen, was nicht stimmt, ihm aber schadet. Entscheidend für die Beurteilung dieser Art von Unterstellung ist nicht so sehr die vorhandene Unklarheit im Verständnis einer Aussage als vielmehr die bewußt tendenziöse Interpretation durch den anderen. Diese zweite Art von Unterstellung ist in der Politik, die ja von der Polemik zwischen den Parteien lebt, aber im Prinzip bei jedem Meinungsstreit gang und gäbe. Sie ist, wenn sie gewisse Grenzen überschreitet, in der Tat eine »elende Praxis«.

Ich gebe ein paar Beispiele:

Wie schnell wird jemandem, der von den Nachteilen und Schwächen der Marktwirtschaft redet, unterstellt, er sei für den Sozialismus oder Kommunismus und für die Abschaffung der freien Wirtschaft. Oder: Jemand, der bestimmte Probleme und Mißbräuche in der Handhabung des Ausländerrechts zur Sprache bringt, läuft Gefahr, daß ihm unterstellt wird, ausländerfeindlich zu sein.

In der Tat sind wir oft schnell fertig mit dem Wort, wenn wir nur das richtige Wort zur Hand haben, mit dem wir den Gegner abstempeln und treffen können. Bei solchen Auseinandersetzungen sind vielfach Unterstellungen, also bewußte Verkürzungen oder gar Verfälschungen im Spiel. Sie sind von Übel, wenn sie der bewußten Abqualifizierung eines Menschen dienen, wenn die gemachte Unterstellung den Betroffenen bloßstellen soll, ohne daß es ausreichende Gründe dafür gibt.

Die Praxis der Unterstellung ist ein Mittel der polemischen Auseinandersetzung, auf das sich nicht ganz verzichten läßt, doch gerade deshalb muß sie behutsam geübt werden. Behutsamkeit in der Polemik kann nicht bedeuten, daß man sich nicht mehr traut, die Dinge beim Namen zu nennen, denn es gibt Feststellungen, die getroffen werden müssen, auch wenn der Gegner behauptet, dies sei eine Unterstellung. Allein der »elenden Praxis der bewußten Unterstellung«, die in den Bereich der Lüge hinüberspielt, gilt es zu widerstehen. Dies gelingt dann am besten, wenn wir uns in unseren Kontroversen und Auseinandersetzungen darum bemühen, klar und sachlich zu argumentieren, damit uns nicht so leicht etwas unterstellt werden kann, und wenn wir von böswilligen, die Sachlage nicht treffenden Verkürzungen und Unterstellungen Abstand nehmen.

Wir brauchen gerade in der Politik, in der gern mit dem Mittel der tendenziell böswilligen Unterstellung gearbeitet wird, eine Kultur des verantwortlichen Dialogs. Der Historikerstreit hat gezeigt, daß auch der vermeintlich gehobene akademische Dialog, sobald er wirklich kontrovers wird, von oft ungerechtfertigten und böswilligen Unterstellungen geprägt ist. Es geht bei diesen akademischen Polemiken meist auch nicht besser zu als in der rauheren Welt des Politischen.

Es wäre indes für einen zivilisierten Umgang von Menschen, die miteinander Konflikte auszutragen haben, gut, man könnte auf das Mittel der bewußten Unterstellung verzichten. Aber es wird nicht immer gelingen. Je mehr wir darum bemüht sind, der Wahrheit und dem zivilisierten humanen Umgang miteinander die Ehre zu geben, desto überflüssiger wird die Praxis der Unterstellung. Sie sollte kein reguläres und als normal angesehenes Mittel der Auseinandersetzung sein.

(1987)

7. Politische Kultur: viel gepriesen, doch wenig beachtet

Als die politische Öffentlichkeit sich mit den durch den SPIE-GEL-Bericht über den schleswig-holsteinischen Ministerpräsiden-ten Uwe Barschel ausgelösten Verwicklungen zu beschäftigen hatte, konnte kaum ein Politiker es sich verkneifen, den Begriff »Politische Kultur« pathetisch in den Mund zu nehmen. Es gehe bei dieser Affäre, so läßt sich die Tendenz dieser Aussagen zusam-menfassen, um nichts Geringeres als um »die politische Kultur« unseres Landes. Sie sei in Gefahr, wobei es interessant war festzu-stellen, daß die einen die Gefahr für die politische Kultur aus-schließlich in den Enthüllungen der Presse über die Vorgänge im Umkreis der Kieler Staatskanzlei erblickten, während die anderen vor allem in den berichteten Vorgängen einen Anschlag auf die politische Kultur sahen.

Uns interessiert hier jedoch nicht die Affäre als solche, sondern die Frage, was das alles mit Politischer Kultur zu tun haben soll, zumal da nicht so recht klar ist, was man unter Politischer Kultur zu verstehen hat. Was also ist »Politische Kultur«?

Wie bei vielen anderen politischen Begriffen besteht darüber weder in der Wissenschaft noch in der politischen Publizistik eine ganz einheitliche Meinung. Als amerikanische Politologen in den sechziger Jahren damit anfingen, von Politischer Kultur zu spre-chen und sie empirisch zu untersuchen, meinten sie mit *Political Culture* lediglich die geistigen, emotionalen Einstellungen und die Verhaltensweisen von Bürgern gegenüber der Politik und dem politischen System, in dem sie leben.

Politische Kultur hat also zunächst nichts zu tun mit Kultur im überlieferten Sinne der Pflege des Schönen und Guten, sei es im Geiste, sei es in der Kunst. Sie ist auch nichts besonders Hochste-hendes oder Herausgehobenes, sondern ein Sammelbegriff für al-les, was im Verhalten der Glieder einer Gesellschaft sowie in ihrem Wissen und Bewußtsein mit Politik und dem politischen System zu tun hat.

Die politische Kulturforschung hat jedoch schnell erkannt, daß Politische Kultur mehr ist als ein Ensemble von Meinungen und Einstellungen; auch traditionelle Fragestellungen wie z. B. nach den wirksamen politischen Traditionen und Umgangsformen in der Politik, nach dem politischen Stil, gehören inzwischen zum Komplex Politische Kultur. Von da war es dann nicht mehr weit bis zur Aneignung des Begriffs durch die Politiker selbst.

Im politischen Sprachgebrauch ist jedoch das wertneutrale Verständnis von Politischer Kultur, das in der Wissenschaft vorherrscht, so gut wie ganz verschwunden. Der Begriff Politische Kultur ist ausschließlich normativ besetzt worden, das heißt, das politische Verhalten oder politische Äußerungen werden in der Regel an einem inhaltlich nicht genauer definierten, werthaften Verständnis von politischer Kultur gemessen. Jedenfalls gilt, daß Politische Kultur in der politischen Umgangssprache der Gegenwart als ein hohes Gut angesehen wird, das es zu schützen und zu pflegen gilt. Darum sind Handlungen, von denen man behaupten kann, daß sie der politischen Kultur unserer Demokratie schaden, verwerflich, während die Respektierung und Durchsetzung der Maßstäbe und Prinzipien der politischen Kultur als eine positive Leistung für die Demokratie angesehen wird.

Das Problem liegt nicht in der positiven Bewertung des Begriffes Politische Kultur, die ich für sinnvoll halte, sondern darin, daß über die Maßstäbe und Normen, die zu beachten sind, wenn etwas der politischen Kultur einer Demokratie dienlich und angemessen sein soll, oft keine Übereinkunft herrscht. Dies konnte man sehr schön auch bei der erwähnten Affäre wieder beobachten. Während die einen die politische Kultur durch das Vorgehen der sogenannten »Linken Kampfpresse«, wie ein hochrangiger Politiker sich ausdrückte, schwer verletzt sahen, stellten die anderen allein auf die üblen Verletzungen der politischen Kultur durch die unsauberen Machenschaften einiger Personen während des Wahlkampfs ab. Daran erkennt man, daß der Begriff Politische Kultur kein einheitliches normatives Bezugssystem darstellt, sondern im Parteienwettbewerb zu einem Instrument der politischen Auseinandersetzung geworden ist, mit dem man den Gegner treffen will.

Wenn es aber nur ein mehr oder weniger parteiliches Verständnis von politischer Kultur gibt und jede Seite für sich beansprucht, die Hüterin der echten politischen Kultur der Demokratie zu sein, dann ist die politische Kultur einer Demokratie nicht mehr das, was sie eigentlich sein soll, nämlich eine *normative Kraft*, die den politisch Handelnden, wie denen, die solches Handeln zu beurteilen haben, als verbindlicher Maßstab für das Gute und das Gerechte dient.

Doch genau hierauf kommt es an, wenn es einem um die politische Kultur einer Demokratie wirklich ernst ist. Zwar wird man über manche Normen einer politischen Kultur und deren Verbindlichkeit in einer offenen Gesellschaft kaum je volle Übereinstimmung erreichen, doch sollte die normativ verstandene politische Kultur jenseits des notwendigen Parteienstreits einige grundlegende Wertorientierungen und moralische Prinzipien enthalten, über die ein allgemeiner Konsensus besteht. Die Stärke und Verbindlichkeit einer politischen Kultur erweist sich daran, daß sie die Politik an ihre Normen bindet, auch wenn diese sich nicht immer daran hält, und daß sie nicht für beliebige Zwecke manipulierbar wird.

Eine politische Kultur ist freilich kein statisches Gebilde; sie ist abhängig von dem, was wir, die Bürger, und vor allem die politisch Handelnden im politischen Prozeß aus ihr machen. Jedes neue Vorkommnis, das die politische Kultur tangiert, eröffnet die Chance, die politische Kultur einer Demokratie zu stärken oder sie zu schwächen.

Wir alle sind in einer Demokratie zu Hütern der politischen Kultur berufen. Ohne eine wirksame politische Kultur entartet die Demokratie zum skrupellosen Machtkampf, in dem alles erlaubt scheint. Es genügt nicht, die politische Kultur abstrakt zu preisen, man muß sie praktizieren.

VII. Brauchen die Deutschen noch eine Revolution?

Es gehört zu den Gemeinplätzen einer nicht-konservativen Interpretation der deutschen Geschichte seit 1789, daß es ihr an einer wirklichen Revolution gefehlt habe. Sieht man von der industriellen Revolution ab, die vom Typus her etwas ganz anderes ist als eine politische Revolution, wie sie modellhaft durch die Französische Revolution von 1789 vorgeführt wurde, so ist das Konto Revolution in unserer deutschen Geschichte in der Tat ziemlich dürftig ausgestattet. Erfolgreiche Revolutionen von unten, aus dem Volk heraus, haben wir nicht zustande gebracht, allenfalls die »halbe Revolution« von 1918/19, die zwar das kaiserliche Regime am Ende eines verlorenen Krieges abzulösen vermochte, jedoch strukturell nicht durchgreifend genug war, um die Voraussetzungen politischer, sozialer und ideologischer Art für das Gelingen der neuen Staatsform der parlamentarischen Demokratie zu schaffen.

Die Kosten deutscher Revolutionsschwäche

Man könnte angesichts der relativ soliden und stabilen Beschaffenheit der Demokratie der Bundesrepublik, wie sie sich in 40 Jahren entwickelt hat, gelassen behaupten, wir hätten es doch auch ohne eine von Revolutionen gesäumte Geschichte zu einem ganz ordentlichen Ergebnis gebracht: zu einem freiheitlichen Staatswesen, das sich hinsichtlich der demokratischen Qualität und politischen Stabilität seiner politischen Ordnung und nicht zuletzt der Qualität seiner Lebensverhältnisse mit jedem anderen westlichen System, auch denen, die sich auf erfolgreiche Revolutionen berufen können, vorteilhaft vergleichen lasse. Es ginge, so könnte man daraus folgern, ja auch ohne Revolution, wie übrigens das berühmte englische Beispiel einer *Glorious Revolution* beweist, aber dies wäre eine höchst oberflächliche und kurzsichtige Argumentation. Denn sie erklärt nicht, auf welch krummen Wegen wir zur heutigen Verfassungslage gekommen sind. Daß wir heute in der Bundesrepublik politisch so gut verfaßt sind und so wohl und frei leben können, daß die im Titel formulierte Frage »Brauchen wir noch eine Revolution?« von den meisten Bürgern als ein schlechter Scherz oder eine üble Zumutung empfunden würde, kann ja nicht bedeuten, daß wir mit dem historischen Gang unserer Entwicklung, die uns zur heutigen Situation geführt hat, schlechthin zufrieden sein könnten, ja sogar Grund hätten, uns unserer Revolutionslosigkeit zu rühmen.

Die deutsche Revolutionsschwäche wurde teuer erkauft. Wir mußten schreckliche, kostspielige und zerstörerische Umwege gehen, um die schon vor 200 Jahren formulierten Grundprinzipien der Französischen Revolution endlich bei uns politisch ins Werk zu setzen und sie mit einem sozialen und wirtschaftlichen System zu verbinden, in dem sich sicher und frei und für die meisten gut leben läßt.

Nein, wir hätten die Früchte einer freiheitlichen Verfassungsordnung, in deren Genuß wir in der Bundesrepublik endlich und verläßlich gekommen sind, gewiß schon früher genießen können, wenn wir uns in unserer nationalen Geschichte nicht darauf versteift hätten, unseren deutschen *Sonderweg* zu gehen. Dieser war ja nichts anderes als die Verbrämung einer nationalistischen Politik, der die äußere Macht stets wichtiger war als die innere Freiheit sowie die Schaffung einer gerechten und demokratischen Gesellschaft. Ich erinnere nur an das berühmte Wort Heinrich von Treitschkes, Politik sei Macht, Macht und nochmals Macht, das für das Staatsverständnis Preußen-Deutschlands stets mehr bedeutete als die Prinzipien der Französischen Revolution.

Wir haben somit, auch von der Warte einer gelungenen und erfolgreichen Demokratie der Bundesrepublik aus gesehen, keinen Anlaß, das Ausbleiben echter politischer Revolutionen in der deutschen Geschichte der letzten beiden Jahrhunderte als einen Vorteil zu sehen. Wären wir den bei uns herrschenden nationalen Instinkten weiterhin gefolgt und hätte die Welt, die wir durch unsere Hybris unter Hitler kriegerisch herausgefordert hatten, uns diesen Weg nicht durch die militärische Niederlage verbarrikadiert, wer weiß, wo wir heute stehen würden?

Gewiß, man kann die Französische Revolution auch unter einigen negativen Vorzeichen betrachten, etwa unter dem Gesichtspunkt des Terrors, der Ideologisierung, des aufkommenden nationalen Massenwahns und anderer konservativer Schlaglichter, wie es heute manchmal geschieht, aber wir haben doch gerade in unserer eigenen Geschichte zur Genüge gezeigt, daß Freiheitsberaubung, Menschenverachtung und systematischer Terror gegen Minderheiten den autokratischen und totalitären Regimen weit wesensgemäßer sind als den Systemen, die Freiheit und Gleichheit und die Achtung der Menschenwürde als ihre leitenden Prinzipien anerkennen, auch wenn es ihnen nur unvollkommen gelingen mag, sie zu verwirklichen.

Die Französische Revolution war die Geburtsstunde der demokratischen Volkssouveränität und der bürgerlichen Freiheiten. Wir Deutschen haben ziemlich lange gebraucht – und auch bei den Franzosen ging dieser Weg nicht ohne gefährliche Windungen und Rückschritte –, um mit diesen leitenden Ideen der modernen Verfassung, auf die wir uns heute so selbstverständlich berufen, wirklich Ernst zu machen. Es bleibt in der Tat bedauerlich und eine Belastung für unser gegenwärtiges Geschichtsbewußtsein, daß wir Deutschen nicht von uns aus imstande waren, aus eigener Kraft eine lebendige Demokratie zu schaffen. Die Revolution, die wir schon viel früher gebraucht hätten, fand eben nicht statt, oder sie war wie nach dem Ersten Weltkrieg nicht wirksam genug, so daß wir am Ende des Zweiten Weltkrieges von den Siegermächten, wenn auch durch eigene Bemühungen unterstützt, vorsichtig und bevormundet an die Demokratie herangeführt werden mußten.

Es waren nicht zuletzt die durch die deutsche Kapitulation am 8. Mai 1945 geschaffenen internationalen Rahmenbedingungen, die es der neuen Demokratie in der Bundesrepublik ermöglicht haben, rasch zu einem gut funktionierenden demokratischen Staatswesen zu werden. Zwar haben wir durch unsere vorherige Politik, vor allem durch das schreckliche Abenteuer des Dritten Reiches, auch selbst daran mitgewirkt, daß einige der Rahmenbedingungen, die für die spätere Entwicklung eines stabilen demokratischen Gemeinwesens hilfreich waren, ungewollt geschaffen wurden (die Überwindung der Klassengesellschaft und der

Ideologien zum Beispiel); doch es ist nicht primär unser eigenes nationales Verdienst, daß die Entwicklung so positiv verlief.

Wenn es heute für politisch tragende Gruppen und auch für die Mehrheit der Bevölkerung selbstverständlich ist, die Frage: »Brauchen die Deutschen noch eine Revolution?« aus guten Gründen zu verneinen, so haben wir das nur zum Teil uns selbst gutzuschreiben.

Wir sollten auch nicht vergessen, daß die Teilung Deutschlands der Hauptpreis für die Entwicklung des Weststaates zu einer erfolgreichen Demokratie gewesen ist. Die offiziellen Vertreter des anderen Deutschland, der DDR, pflegten, als sie noch an der Macht waren, der Bundesrepublik zu bescheinigen, daß sie noch nicht auf der Höhe der Geschichte sei, daß sie noch eine Revolution brauche, weil sie die sozialistische, für die die DDR stehe, noch nicht vollzogen habe, aber ein großer Teil der DDR-Bürger dachte darüber ganz anders. Außerdem leben wir in einer bewegenden Zeitphase, in der die Errungenschaften der sozialistischen Revolution sich selbst desavouieren, weshalb die ehemals sozialistischen Länder Europas sich daran machen, ihre »Errungenschaften« gewissermaßen nach rückwärts zu korrigieren, d. h. auf die Ergebnisse der bürgerlichen Revolution zurückgreifen, um auf ihnen eine neue politische Ordnung aufzubauen.

Wenn ich sage, daß wir in der Bundesrepublik keine Revolution mehr brauchen, jedenfalls keine Revolution im Sinne einer systemverändernden politischen Umwälzung, dann, weil ich davon überzeugt bin, daß eine grundlegende Veränderung der liberal-demokratischen Verfassung des Grundgesetzes, sei es in der Richtung linker sozialistischer Positionen, sei es als eine »konservative Revolution« zur Wiedererringung konservativer Ordnungsprinzipien, nur politisch rückschrittlich sein könnte. Doch dies soll keineswegs heißen, daß die Verfassung der Bundesrepublik, so wie sie ist und durch unsere politischen Kräfte und Institutionen ständig weiter im politischen Prozeß realisiert wird, schon die beste aller möglichen demokratischen Welten darstellt. Wir sind davon weit entfernt. Wir sind kein »Modell Deutschland« für die übrige Welt, noch steht uns die Selbstzufriedenheit an, die konservative Politiker gern sagen läßt: Weiter so, Deutschland!

Sogar in der relativ erfolgreichen Bundesrepublik ist bei einigen politischen Gruppen, am markantesten in den Jahren der Studentenrevolte, die Forderung nach Revolution, also nach einer totalen Neuordnung der politischen, ökonomischen und sozialen Verhältnisse, verschiedentlich aufgetaucht. Doch es waren bloße Randerscheinungen. Bestimmend für unser politisches Bewußtsein war vielmehr ein sehr weitgehender Konsensus darüber, daß es für die Bundesrepublik einer fundamentalen Veränderung ihrer politischen und sozialen Ordnung nicht bedürfe, allenfalls gewisser Reformen auf der Basis der gegebenen Verfassungsordnung. Dieser Konsensus war um so plausibler, als die Bundesrepublik ohne ihr eigenes Zutun die Früchte einer quasi-revolutionären Umwälzung unserer politischen Verhältnisse ernten konnte. Auf dem Weg zum Zusammenbruch des deutschen Nationalstaates und als Folge dieses Zusammenbruchs sind in der deutschen Gesellschaft und in den Rahmenbedingungen unserer politischen und staatlichen Existenz wesentliche Veränderungen gegenüber den vorausgehenden Perioden unserer nationalen Geschichte zustandegekommen, die man im Ergebnis durchaus als revolutionär bezeichnen kann, auch wenn sie nicht durch den Schwung und die Kraft einer nach vorn drängenden revolutionären Bewegung erreicht worden sind.

Die engagierten Befürworter eines demokratischen Neuaufbaus in Deutschland hatten oft und keineswegs immer unbegründet die Befürchtung, die politische Umsetzung der Ergebnisse der bürgerlich-liberalen Revolution in Europa werde im neuen Deutschland nicht entschieden genug vorangetrieben. Sie sprachen in den fünfziger Jahren von einer *Restauration*, die den entschiedenen und radikalen demokratischen Neuaufbau und eine ihm korrespondierende ökonomische und soziale Ordnung gefährde. Über diese Frage sind inzwischen viele Bücher und Artikel geschrieben worden. Das Ergebnis kann man dahin zusammenfassen, daß es trotz einer Restauration auf einigen Teilgebieten des öffentlichen Lebens nach 1945 eine wirkliche Neuordnung in Deutschland gegeben hat.

Das andere Deutschland, die DDR, ist unter der Herrschaft seiner kommunistischen Führung und in der Orientierung am sowjetischen Beispiel sehr viel stärker revolutioniert worden als die Bundesrepublik. Sie hat eine bewußte Revolution von oben vollzogen. Die alte DDR nannte die erste Epoche ihrer Geschichte die antifaschistisch-demokratische Umwälzung, was nichts anderes ist als ein sanfteres deutsches Wort für Revolution, mit dem ausgedrückt werden soll, daß in den Anfangsjahren der sowjetischen Besatzungsherrschaft die ökonomischen und sozialen Grundlagen für eine staatliche Neuordnung, nämlich die des Sozialismus und späteren Kommunismus, geschaffen worden waren. Diese ostdeutsche Revolution ist von oben verordnet, durchgesetzt und durch die Machtmittel der kommunistischen Herrschaft, ohne Rücksicht auf die Wünsche und Interessen des Volkes, mehr oder weniger gewaltsam realisiert worden. Dahinter stand mit der Macht der Sowjetunion die durch die marxistisch-leninistische Ideologie begründete Überzeugung, daß der Weg des historischen Fortschritts über die bürgerlich-demokratische Revolution hinaus in die Gesellschaftsformation des Sozialismus, schließlich des Kommunismus führen müßte, in der erstmals in der Geschichte der Menschheit die revolutionären Ideen von Freiheit und Gleichheit auf einer neuen sozialökonomischen Grundlage voll verwirklicht wären.

Die offizielle Ideologie der DDR begründete ihre Überlegenheit gegenüber der Bundesrepublik damit, daß sie in der historischen Entwicklung zu einer Gesellschaft der Freien und Gleichen einen entscheidenden historischen Schritt weiter sei. Die Bundesrepublik hinke wegen ihrer Fesselung an den Kapitalismus dem historischen Fortschritt hilflos hinterher; sie habe es nicht vermocht, die jetzt fällige und notwendige sozialistische Revolution zu vollziehen, die sich in der DDR, dank der Herrschaft der Arbeiterklasse und ihrer führenden Partei, der SED, in enger Anlehnung an die Sowjetunion bereits vollzogen habe. Aus der Sicht dieser Ideologie mußten darum alle Bestrebungen, die sich gegen das sozialistische Herrschaftssystem richteten und es mit Elementen der bürgerlich-demokratischen Revolution eingrenzen oder anreichern wollten, als Anschlag auf den notwendigen Gang der Geschichte erscheinen und wurden deshalb als reaktionär eingestuft und scharf verfolgt.

Stefan Heym, der zwischen den Fronten der beiden Deutschland hin und her lavierende Schriftsteller, hatte zu Zeiten seiner stärkeren Identifikation mit der DDR oft betont, daß die DDR der Bundesrepublik eine Revolution voraus habe. Als er Schwierigkeiten mit den kulturellen Potentaten der DDR bekam, korrigierte er seine Behauptung über den revolutionären Vorsprung der DDR und zitierte Tucholsky, der einmal geschrieben hatte: »Wir haben keine Revolution gemacht. Macht eine!«, wobei Heym hinzufügte: »Letzteres gilt auch noch heute, und zwar für ganz Deutschland.« Er wollte damit sagen, daß es weder in der Bundesrepublik noch in der DDR gelungen wäre, die notwendigen revolutionären Veränderungen einzuleiten und durchzusetzen, die für Deutschland an der Zeit wären. Er machte mit anderen DDR-Intellektuellen die Erfahrung, daß die revolutionären Veränderungen der DDR keineswegs zu einem echten Sozialismus geführt hatten und es darum nicht mehr gerechtfertigt war, das konkrete politische System der DDR und die DDR-Gesellschaft über die der Bundesrepublik zu stellen.

Die »stille Revolution« der Bundesrepublik

Bei uns in der Bundesrepublik ist die Frage entscheidend, ob die eingetretenen revolutionären Veränderungen gegenüber der Zeit vor 1945 dauerhaft genug sind, diese Ordnung auch in Zukunft zu tragen. Der britische Politikwissenschaftler Peter Pulzer, der die deutschen Verhältnisse gut kennt, hat den Grund für die *success-story* der Bundesrepublik nicht in erster Linie im guten Grundgesetz gesehen als vielmehr in der Schaffung eines breiten politischen Konsensus auf einer wirtschaftlichen und politisch liberalen Grundlage. Er spricht in diesem Zusammenhang von einer »stillen Revolution« (Bleek/Maull, [Hrsg.]: »Ein ganz normaler Staat?«, Serie Piper 1989, S. 121). Die Entwicklung Deutschlands hätte sich mit demselben Grundgesetz, mit denselben Länderverfassungen und denselben Wahlgesetzen auch ganz anders vollziehen können. Entscheidend, ja in der Wirkung revolutionär, ist für ihn die Herstellung einer breiten Basis der Zustimmung zu den grundlegenden Prinzipien und Werten der neuen Demokratie. Diese *Revolution durch Konsens* vollzog sich nicht dramatisch. Sie hatte nichts Revolutionäres im Sinne eines gewaltsamen Ringens um die richtige Ordnung an sich, sondern sie stellte sich, vermittelt durch die politischen und internationalen Rahmenbedingungen sowie unterstützt durch die politischen Einsichten der Handelnden, einfach her. Gleichwohl ist das Ergebnis so bedeutsam, daß man es tatsächlich als eine »erfolgreiche Revolution« bezeichnen kann.

Eine erfolgreiche Revolution, wie sie sich in Westdeutschland in der Ära Adenauer vollzog, schafft natürlich auch Besitzstände, *vested interests*. Nichts, so Pulzer, sei konservativer als eine erfolgreiche Revolution. Daher erklärt es sich, daß der deutschen Politik, dank der andauernden Vorherrschaft der sich in der Führung abwechselnden beiden großen Parteien, ein starkes Element der Kontinuität eigen ist, insbesondere aber ein starkes Interesse der gesellschaftlichen Machtgruppen an der Erhaltung des Status quo. Deshalb ist es unter den gegenwärtigen Bedingungen der Bundesrepublik keineswegs leicht, durchgreifende Reformen zu bewerkstelligen, geschweige denn wirklich tiefgreifende innere Veränderungen, weil zu viele Vetogruppen da sind, die sie verhindern können. Wir haben es in der Bundesrepublik zwar mit einer dynamischen Industriegesellschaft zu tun, gleichwohl aber im ganzen mit einer Gesellschaft, die durch einen relativ hohen Grad an Immobilismus und durch ein hohes Maß der Interessenkonsolidierung gekennzeichnet ist. Es war ja die bezeichnende Erfahrung der studentischen Rebellen der späten sechziger Jahre sowie der nachfolgenden Protestbewegung, einem ziemlich festgefügten »autoritären« System gegenüberzustehen, das man nicht durch eine mühsame Politik demokratischer Mehrheitsbeschaffung umgestalten, sondern anscheinend allein durch Regelverletzungen und revolutionäre Provokationen aus seiner Ruhelage reißen könnte.

Die Bundesrepublik hat denn auch ihre unruhigen Jahre, ihre Protestperiode zwischen 1966 und 1980, ziemlich gut überstanden. Sie hat die neuen sozialen Bewegungen, die an den Grundlagen der politischen Ordnung zu rütteln versuchten, an sich abprallen lassen und ihnen allenfalls im kulturellen Bereich eine gewisse

Entfaltungsmöglichkeit geboten, während die Grundlagen der ökonomischen und politischen Ordnung im wesentlichen unangetastet blieben.

Es gibt freilich eine Art Fernwirkung des Protests, greifbare Nachwirkungen des wilden, durch revolutionäre Gebärden unterstützten Pochens an die Tore der Festung Bundesrepublik, wenn es um reale gesellschaftliche Probleme wie insbesondere das Problem der wachsenden Gefährdung der Umwelt geht.

Diese Probleme sind von den Protestbewegungen zuerst radikal artikuliert worden, haben das politische Bewußtsein beeindruckt und sind auf diesem Wege auch in das Institutionensystem eingedrungen. Durch solche Anpassungen seitens der Institutionen wird den Protestbewegungen jedoch der Boden für ihre oft revolutionär anmutenden Aktivitäten entzogen. Sie müssen sich, wie dies bei den Grünen in den letzten Jahren geschehen ist, ihrerseits auf den Boden der institutionellen Ordnung stellen und in diesem Rahmen ihre Politik zu realisieren versuchen, was ihre oppositionelle Kraft und Einheitlichkeit lähmt.

Man könnte also sagen, daß es einerseits eine gewisse Immobilität der Bundesrepublik ist, die immer wieder revolutionär sich gerierende Protestbewegungen hervorruft, daß aber andererseits diese revolutionären Impulse und Potentiale auf Dauer kleingearbeitet werden, damit sie gefahrlos in das System integriert werden können.

Immerhin war es für die an Konsensus gewöhnte Bundesrepublik ein Novum, daß bei nicht wenigen Bürgern, zunächst bei den radikalen Studenten, dann aber auch, über sie hinausgreifend, bei anderen Bevölkerungsgruppen, das Bedürfnis nach revolutionären Veränderungen des Systems oder der entschiedenen Abkehr von bestimmten Entwicklungstendenzen dieses Systems heftig artikuliert wurde. Die politische Führung ist im Falle der Studentenrevolte, wie übrigens auch in der V. Republik unter de Gaulle, von dieser Entstehung eines revolutionären Protestpotentials überrascht worden. Sie war eine Zeitlang extrem verunsichert, wie ihre unausgewogenen Reaktionen auf diese Entwicklung zeigten, die zwischen Verständnisbereitschaft und harter Repression schwankten.

Die Studentenrevolte war gewiß keine Revolution, sie war nur das kurzfristige rebellische Aufbegehren einer kleinen Minderheit, das durch eine spektakuläre Publizität unterstützt wurde. Einige Wortführer der Studentenrevolte liebäugelten tatsächlich mit der Idee der Revolution. Sie waren der festen Überzeugung, daß das System, so wie es sich entwickelt hatte, keine Daseinsberechtigung mehr hätte, daß es einer revolutionären Veränderung der Verhältnisse bedürfe, um in Deutschland endlich jene wahrhafte Demokratie zu errichten, an deren Möglichkeit, ja Notwendigkeit sie eine Zeitlang glaubten.

Am Anfang der studentischen Protestbewegung stand, von der Kritischen Theorie inspiriert, die massive Kritik an den »versteinerten Verhältnissen«, die kraft ihrer Totalität alles in ihren negativen Bann zögen. Dann begann, nachdem man erkannt hatte, daß das »Proletariat als Träger der Revolution« nicht mehr taugte, die Suche nach dem neuen Träger der Revolution. Es war bezeichnend für den Utopismus der Bewegung, daß man, angeleitet von Herbert Marcuse, den neuen Träger der Revolution ausgerechnet in den sozialen Randgruppen, zu denen man sich auch selbst rechnete, zu finden meinte, einschließlich der unterdrückten Völker der Dritten Welt, die berufen wären, eine neue, gerechtere, bessere Weltordnung zu schaffen.

Es bedurfte schon einer großen Einseitigkeit der Perspektive, wie nur Ideologien sie vermitteln können, um überhaupt an die Möglichkeit einer revolutionären Veränderung bei uns zu glauben, aber man verschaffte sich ein gutes Gewissen durch die Rechtfertigung utopischen Denkens als Anleitung für politisches Handeln. Nur mit Blick auf eine »konkrete Utopie« ließen sich, so wähnte man, die festgefahrenen Verhältnisse überhaupt in Bewegung bringen.

Doch wurde bei diesen hochfliegenden Erörterungen in aller Regel übersehen, daß es zwischen der Utopie, auf deren Verwirklichung man hinarbeitete, und dem Zustand, gegen den man kritisch vorgeht und den man revolutionär verändern möchte, eine harte Zwischenzone gibt, die durch konkrete und konsequente Politik verändert werden muß. Von den Problemen einer effizienten neuen Organisation der Wirtschaft etwa, mit deren Hilfe die Befriedigung der Bedürfnisse aller auf der Grundlage einer modernen Technologie bewerkstelligt werden könnte, verstanden die Studenten so gut wie gar nichts. Es handelte sich bei ihnen, wie Günter Grass einmal bissig bemerkte, um eine »angelesene Revolution«. Man gefiel sich in revolutionärer Rhetorik und in revolutionärem Gehabe gegen die Repräsentanten der Staatsgewalt. Es handelte sich bei den studentischen Revolutionstheorien um Phantasieprodukte, die man eklektisch aus der zumeist marxistisch orientierten Literatur hervorkramte und mit deren Hilfe man sich als Hoffnungsträger einer neuen Zeit empfinden konnte. Doch die Hoffnung hatte kurze Beine.

Auch der 1983 verstorbene französische Publizist und Soziologe Raymond Aron hat in seiner Auseinandersetzung mit den Maiereignissen des Jahres 1968 davon gesprochen, daß es sich bei der Studentenrevolte um eine *révolution introuvable*, um eine unauffindbare Revolution handele. Er fand, daß das Gerede von der Revolution, das innerhalb der studentischen Protestbewegung um sich gegriffen habe, ohne einen wirklichen Bezug zur Realität sei und mit Revolution im ernstzunehmenden Sinne dieses Wortes nichts zu tun habe.

Ein paar Studenten hatten in ihrer zeitweiligen ideologischen Obsession ernsthaft mit dem Gedanken der Revolution gespielt. Die auf sie folgenden diversen Protestbewegungen, die Umweltbewegung, die Friedensbewegung, die Alternativbewegung etc. waren nur mehr Bemühungen, Teilbereiche zu revolutionieren. Sie wollten in bestimmten Sektoren unserer gesellschaftlichen und politischen Ordnung entschiedene Korrekturen und Veränderungen einleiten. Zwar war das Vokabular, mit dem die neuen sozialen Protestbewegungen arbeiteten, vielfach dramatisch aufgebauscht und revolutionär verbrämt, doch ging es diesen Bewegungen nicht mehr um die Idee und Herbeiführung einer ganz anderen Gesellschaft, sondern nurmehr um die Abwehr problematischer Entwicklungstendenzen der bestehenden Gesellschaft, von denen befürchtet wurde, daß sie uns in irgendeine Art von Katastrophe treiben würden.

Dies ist am deutlichsten im Falle des Umweltschutzes erkennbar. Es geht den ökologischen Protestbewegungen weniger um die grundlegende politische Neuordnung der Verhältnisse als vielmehr um die entschiedene Abkehr von wirtschaftlichen und sozialen Entwicklungen, die als unheilvoll angesehen werden. Dies ist kein revolutionäres Denken mehr, das ganz neue Verhältnisse schaffen will, sondern ein *defensives* Denken, das bewußt mit den Mitteln der entschiedenen Übertreibung arbeitet, um auf die realen Gefahren besser aufmerksam machen zu können. Immerhin haben es diejenigen, die in unserer Gesellschaft von der Notwendigkeit der Revolution sprachen oder von der Notwendigkeit einer entschiedenen Abkehr und Umkehr der Industriegesellschaft überzeugt waren, vermocht, die politische Debatte zu beleben, zu verschärfen und die wechselseitige Dialogfähigkeit zwischen den etablierten Parteien und den Protestgruppen zu vermindern.

Revolution ist passé

Es gibt bei uns in allen Fragen, die eingefahrene Denkmuster und Verhaltensweisen in Frage stellen, eine große Reizbarkeit und Empfindlichkeit in der öffentlichen Auseinandersetzung. Es ist die Unfähigkeit der etablierten deutschen Politik, mit dem Neuen, dem Unkonventionellen, dem Provokatorischen in einer selbstbewußten und gelassenen Weise umzugehen, die unseren inneren Auseinandersetzungen über die Entwicklung unserer Demokratie und der wissenschaftlich-technischen Zivilisation etwas übermäßig Dramatisches verleiht, das den realen Verhältnissen als solchen kaum abzugewinnen wäre. Diese Neigung zur Dramatisierung und Übersteigerung läßt die Bundesrepublik auch nach einer vierzigjährigen, relativ gut verlaufenen Geschichte nicht zu jener Selbstsicherheit und Gelassenheit finden, die ihr nach einer solch langen Zeitspanne erfolgreicher Entwicklung eigentlich anstünden.

Es kann also keine Rede davon sein, daß wir in der Bundesrepublik so etwas wie eine Revolution notwendig hätten. Natürlich hängt eine solche Aussage vom jeweiligen ideologischen Standpunkt des Betrachters ab. Doch zur Zeit sehe ich nicht einmal kleine Minderheiten, die eine revolutionäre Veränderung unserer Verhältnisse fordern. Das Thema Revolution hat sich erschöpft, wie man auch an den radikalen politischen Gruppierungen sehen kann. Die Grünen haben sich weitgehend auf ihre bekannte Kritik an der Wachstumsgesellschaft zurückgezogen; die neuen Republikaner pflegen alte nationalistische Ressentiments, die im Grunde nicht mehr zeitgemäß sind, doch keine der beiden Gruppierungen auf der Linken wie auf der Rechten spricht von der Notwendigkeit einer Revolution. Revolution ist passé.

Blickt man auf die späten sechziger und die frühen siebziger Jahre zurück, in denen das Thema Revolution bei einigen Individuen und Gruppen an der Tagesordnung war, dann fällt auf, wie schnell dieses sterile Gerede in sich zerfallen ist. Wie rasch zerstoben doch die revolutionären Phantasien der Wortführer der studentischen Protestbewegung, die meinten, sie könnten aus der Bundesrepublik kurzerhand eine demokratische Räterepublik machen! Wie schnell verlor sich der unaufhaltsam erscheinende Elan der Friedensbewegung und anderer sogenannter sozialer Bewegungen! Wie künstlich erscheint uns im Rückblick das Kokettieren mit der Angst und das Hausieren mit den kommenden Katastrophen! Was wir brauchen, ist weder eine Revolution noch das Kokettieren mit der Revolution in der politischen Rhetorik, vielmehr eine ruhige Gelassenheit, die sich den Aufgaben, die heute der Politik und der Gesellschaft gestellt sind, mit Verantwortung zuwendet. Diese Aufgaben sind nicht gering, aber zu ihrer Lösung taugen revolutionäre Parolen und revolutionäres Gehabe nicht mehr.

Vierzig Jahre Geschichte der Bundesrepublik, die im ganzen ein differenziertes, aber doch positives Bild bieten, sollten also Anlaß genug sein, den Herausforderungen, den unkonventionellen neuen Fragestellungen und Verhaltensweisen in der Politik mit mehr Umsicht und Gelassenheit zu begegnen. Die Bundesrepublik ist nicht in Gefahr; ihr droht nicht die Katastrophe, sie steht nicht vor dem Untergang, kein neuer Hitler steht ante portas. Sie braucht keine Revolution.

Doch Gelassenheit und Besonnenheit dürfen nicht mit Gleichgültigkeit und Treibenlassen verwechselt werden. Wenn die deutsche Demokratie Legitimität und Kontinuität bewahren und sichern will, dann braucht sie das politische und soziale Engagement, gepaart mit einem Bewußtsein der Verantwortung für die Notwendigkeiten und Maßstäbe eines menschenwürdigen Lebens in einer freiheitlichen Ordnung.

Während die Bundesrepublik sich damit zufriedengeben kann, keine Revolution mehr zu brauchen, sofern sie den Grundlagen und Prinzipien ihrer politischen Ordnung treu bleibt, hat das Volk der DDR im Herbst 1989 eine eigene Revolution vollbracht. Es war eine Revolution zur Beseitigung der »Errungenschaften« und Herrschaftsformen jener von oben durchgesetzten sozialistischen Revolution, die die DDR in den Augen ihrer kommunistischen Machthaber der Bundesrepublik historisch voraus und überlegen sein ließ. Das Volk der DDR hat durch seine Revolution vom Oktober 1989 die Rücknahme dieser Revolution herbeigeführt. Es hat in den ersten freien Wahlen, die am 18. März 1990 auf ihrem Territorium abgehalten wurden, in seiner Mehrheit den klaren Willen zum Ausdruck gebracht, die historische Periode, die mit der Existenz einer staatlich selbständigen, sozialistisch verfaßten DDR verknüpft war, so schnell wie möglich zu beenden. Die Ergebnisse der sozialistischen Umwälzung, die in der Tat selbst nach den Kriterien der sozialistischen Herrschaftsideologie äußerst blamabel sind, sollen ein für allemal ausgelöscht werden. An ihre Stelle setzt die Mehrheit der DDR-Bevölkerung das Vertrauen in die ihnen Freiheit und Wohlstand verheißenden Kräfte der sozialen Marktwirtschaft und in die einfache Übernahme der politischen Verfassung der Bundesrepublik durch den Beitritt.

Die Befreiung von der SED-Herrschaft durch die Revolution des Oktober 1989 wurde von der großen Mehrheit der DDR-Bürger nicht als Auftakt zu einer Neugründung der DDR aus dem Geiste der Freiheit und der sozialen Demokratie verstanden, sondern lediglich als Voraussetzung für die möglichst rasche und schmerzlose Assimilierung des DDR-Staates durch die Bundesrepublik. Die oppositionellen Minderheiten, die die Revolution vorbereitet und riskiert hatten, mit dem Ziel, aus der durch die SED-Herrschaft verdorbenen DDR eine bessere deutsche demokratische Republik zu machen, wurden von der Masse des Volkes, das schnellen Wohlstand und ruhige Freiheit begehrte, per Wahlzettel in die Position von machtlosen Splittergruppen verwiesen. Die Revolution hatte am Ende kein anderes Ziel als den Durchmarsch zur Vereinigung mit dem System der Bundesrepublik. Von einem

Interesse an Selbständigkeit und Selbstbestimmung der DDR, geschweige denn von einer eigenen DDR-Identität, war binnen weniger Monate so gut wie nichts mehr übriggeblieben. Die DDR-Revolution schuf nichts Eigenes; sie bahnte nur den Weg zum Anschluß an die Bundesrepublik.

Man spricht oft bewundernd von einer *friedlichen Revolution*, die das Volk in der DDR vollbracht habe. Nun, es ist gar kein Zweifel, daß es sich bei den Veränderungen, die in der DDR vor sich gegangen sind, tatsächlich um eine Revolution, d. h. um eine Umwälzung des gesamten Systems gehandelt hat. Das Volk der DDR, das sich in massenhaften, friedlich verlaufenden Demonstrationen gegen die alte Ordnung stellte und Freiheit für sich und seine Lebensgestaltung forderte, hat die Strukturen des SED-Herrschaftssystems in kürzester Frist zum Einsturz gebracht. Dennoch darf man nicht übersehen, daß das Volk seine friedliche Revolution nur zum Erfolg führen konnte, weil das alte Regime nicht mehr bereit und in der Lage war, seine Herrschaft mit allen ihm zur Verfügung stehenden Mitteln zu verteidigen. Entscheidend für den Sieg des Volkes in der Umwälzung der DDR vom Herbst 1989 war in erster Linie die Politik der Sowjetunion unter ihrem neuen Führer Michail Gorbatschow, der es nicht mehr als seine Aufgabe ansah, die kommunistische Herrschaft in den ehemaligen Satellitenstaaten mit Waffengewalt zu verteidigen, wie dies bei den früheren Aufständen gegen die kommunistische Herrschaft sowohl in Ostberlin wie auch in Budapest, Warschau und Prag der Fall gewesen war. Das Volk konnte als der wahre Souverän, als der es auch in der kommunistischen Ideologie galt, auf den Plan treten, sobald der faktische Souverän, der jahrzehntelang die Herrschaft über das Volk ausgeübt hatte, die SED als führende Partei, seine Macht preisgab. Nur deshalb konnte die Revolution so friedlich verlaufen; vorher wäre das Volk gar nicht in der Lage gewesen, eine wirksame Gegengewalt gegen die bislang herrschende Gewalt der SED und ihres Staates einzusetzen.

Gewiß hat sich die Widerstandsbewegung gegen das SED-Regime in langen Jahren vorbereitet, gewiß haben viele Oppositionelle dem Protest vorgearbeitet und Voraussetzungen für den Aufstand des Volkes gegen die es unterdrückende Herrschaft geschaffen, doch das Volk formierte sich erst zur andauernden

Demonstration gegen die bestehende Herrschaft, als diese schon wankte. Der friedliche Charakter dieser Revolution ist also vorwiegend dem Umstand zu danken, daß die alte Herrschaft auf den Einsatz von Gewalt verzichtete, weil sie nicht mehr die Rückendeckung der Sowjetunion besaß und darum nicht mehr die Kraft hatte, das Freiheitsverlangen des Volkes mit Waffengewalt zu unterdrücken. Dabei spielten natürlich auch die revolutionären Vorgänge in den Nachbarländern, zunächst in Polen, dann aber vor allem in Ungarn, eine wesentliche Rolle. Ohne die Bereitschaft der Ungarn, die Grenzen für DDR-Bürger nach dem Westen zu öffnen, wäre der innere Druck auf das SED-Regime keineswegs so stark gewesen.

Diese Relativierungen erscheinen mir notwendig, um die revolutionäre Leistung der Deutschen in der DDR in den angemessenen Rahmen zu stellen, doch sie mindern nicht den historischen und politischen Wert der Aktion des Volkes, das zur rechten Zeit, als die Macht des alten Systems am Zerbröckeln war, das entstehende Machtvakuum mit seinen Forderungen nach Freiheit und Selbstbestimmung ausfüllte. Daß für diese demokratischen Werte demonstriert wurde, ist ohne Zweifel ein positives Zeichen in Deutschlands revolutionsarmer historischer Entwicklung, denn hier hat das deutsche Volk in der DDR sich für die Werte und die Prinzipien der freiheitlichen Demokratie eingesetzt und, endlich einmal, friedlich den Sieg errungen.

Das SED-Regime hat dem DDR-Volk seine Revolution allerdings leicht gemacht. Es fiel innerhalb weniger Wochen zusammen wie ein Kartenhaus. Das Machtvakuum, das durch den Rückzug der herrschenden Partei entstand, konnte von den kleinen, politisch ziemlich unerfahrenen Gruppen der Opposition nicht bewältigt werden. Es wurde zunehmend ausgefüllt durch die westlichen politischen Parteien, die mit Hilfe ihrer entsprechenden ostdeutschen Parteigruppierungen eine Art Stellvertreter-Wahlkampf auf dem Boden der DDR führten. Das Wahlergebnis vom 18. März hat dann vollends bestätigt, das das Volk der DDR nicht mehr den Willen zu einer eigenen Souveränität besitzt, die man in den Verhandlungen über die Vereinigung der beiden deutschen Staaten hätte zur Geltung bringen können. Es hat sich ganz den politischen Kräften in der Bundesrepublik anvertraut, von denen es sich am schnellsten eine Behebung seiner wirtschaftlichen Misere erwarten durfte. So waren die ersten freien DDR-Wahlen auf »nationaler« Ebene wohl auch die letzten. Die DDR geht in der Bundesrepublik auf. Sie hat nichts Eigenes einzubringen.

Damit ist unsere Ausgangsfrage: »Brauchen die Deutschen noch eine Revolution?« auch für die ehemalige DDR abschließend beantwortet: Das Volk der DDR hat sich durch seine friedliche Revolution einem Zustand anheimgeben können, in dem die Idee der Revolution im politischen Sinne erledigt ist, wie dies für die Bundesrepublik schon lange gilt.

Vielleicht gilt dies nicht für alle Zeiten, doch für unsere Gegenwartsepoche und für unsere Zivilisation hat die Idee der politischen Revolution ihre Evidenz und Anziehungskraft endgültig verloren. Die Deutschen brauchen keine Revolution mehr. Um so mehr brauchen sie eine demokratische politische Kultur.

Ausgewählte Literatur

Almond, Gabriel A./Verba, Sidney: The Civic Culture. Political Attitudes and Democracy in Five Nations, Princeton 1963

Almond, Gabriel A./Verba, Sidney: The Civic Culture Revisited, Boston, Toronto 1980

Bender, Peter: Deutsche Parallelen. Anmerkungen zu einer gemeinsamen Geschichte zweier getrennter Staaten, Berlin/West 1989

Berg-Schlosser, Dirk: Politische Kultur. Eine neue Dimension politikwissenschaftlicher Analyse, München 1972

Berg-Schlosser, Dirk: Entwicklung der Politischen Kultur in der Bundesrepublik Deutschland, in: Aus Politik und Zeitgeschichte, 9.2.1990

Berg-Schlosser, Dirk/Schissler, Jakob (Hrsg.): Politische Kultur in Deutschland. Bilanz und Perspektiven einer Forschung, Opladen 1987

Bleek, Wilhelm/Maull, Hanns (Hrsg.): Ein ganz normaler Staat? Perspektiven nach 40 Jahren Bundesrepublik, München 1989

Böhme, Irene: Die da drüben. Sieben Kapitel DDR, Berlin/West 1986

Bölling, Klaus: Die fernen Nachbarn. Erfahrungen in der DDR, Hamburg 1983

Büscher, Wolfgang/Wensierski, Peter: Null Bock auf DDR. Aussteigerjugend im anderen Deutschland, Reinbek bei Hamburg 1984

Bundesministerium für innerdeutsche Beziehungen (Hrsg.): DDR Handbuch, 2 Bände, Köln 1985, 1986[3]

Brown, Archie/Gray, Jack: Political Culture and Political Change in Communist States, Thetford, Norfolk 1977, 1979[2]

Craig, Gordon A.: Über die Deutschen, (Stanford 1982) München 1982, 1985

Eckart, Gabriele: So sehe ick die Sache. Protokolle aus der DDR. Leben im Havelländischen Obstanbaugebiet, Köln 1984

Ehring, Klaus/Dallwitz, Martin: Schwerter zu Pflugscharen. Friedensbewegung in der DDR, Reinbek bei Hamburg 1982

Filmer, Werner/Schwan, Heribert (Hrsg.): Alltag im anderen Deutschland, Düsseldorf und Wien 1985

Fricke, Karl Wilhelm: Opposition und Widerstand in der DDR. Ein politischer Report, Köln 1984

Gaus, Günter: Die Welt der Westdeutschen. Kritische Betrachtungen, Köln 1986, 1988

Gaus, Günter: Wo Deutschland liegt: Eine Ortsbestimmung, Hamburg 1983, München 1986

Glaeßner, Gert-Joachim: Die andere deutsche Republik. Gesellschaft und Politik in der DDR, Opladen 1989

Glaeßner, Gert-Joachim (Hrsg.): Die DDR in der Ära Honecker. Politik – Kultur – Gesellschaft, Opladen 1988

Greiffenhagen, Martin: Von Potsdam nach Bonn. Zehn Kapitel zur politischen Kultur in Deutschland, München 1986

Greiffenhagen, Martin und Sylvia: Ein schwieriges Vaterland. Zur Politischen Kultur Deutschlands, München 1979

Greiffenhagen, Martin/Greiffenhagen, Sylvia/Prätorius, Rainer (Hrsg.): Handwörterbuch zur politischen Kultur der Bundesrepublik Deutschland. Ein Lehr- und Nachschlagewerk, Opladen 1981

Hanke, Helmut: Freizeit in der DDR, Berlin/DDR 1979

Hanke, Irma: Alltag und Politik. Zur politischen Kultur einer unpolitischen Gesellschaft. Eine Untersuchung zur erzählenden Gegenwartsliteratur der DDR in den 70er Jahren, Opladen 1987

Henrich, Rolf: Der vormundschaftliche Staat. Vom Versagen des real existierenden Sozialismus, Reinbek bei Hamburg 1989

Ilter, Karl/Herrmann, Albrecht/Stolz, Helmut (Hrsg.): Handreichung zur sozialistischen Wehrerziehung, Berlin/DDR 1974

Iwand, Wolf Michael: Paradigma Politische Kultur. Konzepte, Methoden, Ergebnisse der Political Culture-Forschung in der Bundesrepublik. Ein Forschungsbericht, Opladen 1985

Langenbucher, Wolfgang R./Rytlewski, Ralf/Weyergraf, Bernd (Hrsg.): Handbuch zur deutsch-deutschen Wirklichkeit. Bundesrepublik Deutschland und Deutsche Demokratische Republik im Kulturvergleich, Stuttgart 1988

Luchterhandt, Otto: Der verstaatlichte Mensch. Die Grundpflichten des Bürgers in der DDR, München 1985

Manz, Günter: Lebensweise im Sozialismus, Berlin/DDR 1983

Merseburger, Peter: Grenzgänger. Innenansichten der anderen deutschen Republik, München 1988

Münch, Paul (Hrsg.): Ordnung, Fleiß und Sparsamkeit. Texte und Dokumente zur Entstehung der »bürgerlichen Tugenden«, München 1984

Noelle-Neumann, Elisabeth/Piel, Edgar (Hrsg.): Allensbacher Jahrbuch der Demoskopie 1978–1983, München 1983

Rausch, Heinz: Politische Kultur in der Bundesrepublik Deutschland, Berlin/West 1980

Reichel, Peter: Politische Kultur der Bundesrepublik, Opladen 1981

Röhrich, Wilfried: Die Demokratie der Westdeutschen. Geschichte und politisches Klima einer Republik, München 1988

Röhrich, Wilfried: Die verspätete Demokratie. Zur politischen Kultur der Bundesrepublik Deutschland, Köln 1983

Roth, Roland/Rucht, Dieter (Hrsg.): Neue soziale Bewegungen in der Bundesrepublik Deutschland, Frankfurt/Main 1987

Rudolph, Hermann: Die Gesellschaft der DDR – eine deutsche Möglichkeit? Anmerkungen zum Leben im anderen Deutschland, München 1972

Sommer, Theo (Hrsg.): Reise ins andere Deutschland, Reinbek bei Hamburg 1986

Sontheimer, Kurt: Das Elend unserer Intellektuellen. Linke Theorie in der Bundesrepublik Deutschland, Hamburg 1976

Sontheimer, Kurt: Grundzüge des politischen Systems der Bundesrepublik Deutschland, München 1971, 1989[13]

Sontheimer, Kurt: Zeitenwende? Die Bundesrepublik zwischen alter und alternativer Politik, Hamburg 1983

Sontheimer, Kurt/Bleek, Wilhelm: Die DDR: Politik, Gesellschaft, Wirtschaft, Hamburg 1972, 1979[5]

Voß, Peter u. a.: Die Freizeit der Jugend, Berlin/DDR 1981

Wehling, Hans-Georg (Red.): Regionale politische Kultur, Stuttgart 1985, 1986[2]

Weidenfeld, Werner (Hrsg.): Die Identität der Deutschen, München 1983

Weidenfeld, Werner (Hrsg.): Politische Kultur und deutsche Frage. Materialien zum Staats- und Nationalbewußtsein in der Bundesrepublik Deutschland, Köln 1989

Weidenfeld, Werner/Zimmermann, Hartmut (Hrsg.): Deutschland-Handbuch. Eine doppelte Bilanz 1949–1989, München 1989

Ziermann, Christa/Drefenstedt, Edgar/Jehser, Werner: Die geistige Kultur der sozialistischen Gesellschaft, Berlin/DDR 1976

Nachweise

Folgende Stücke dieses Bandes sind bereits andernorts veröffentlicht worden:

1. Kapitel II (Die Politische Kultur der Bundesrepublik) enthält längere Partien aus dem gleichlautenden Kapitel meines Buches »Grundzüge des politischen Systems der Bundesrepublik Deutschland«, München 1971, 13. Auflage 1989.

2. Der Beitrag »Der ›deutsche Geist‹ als Ideologie« (Kap. IV, 1) erschien ursprünglich in der Festschrift für Karl Dietrich Bracher, Demokratie und Diktatur (hrsg. von Funke/Jacobsen/Knütter/Schwarz), Düsseldorf 1987, S. 35–45.

3. Der Beitrag »Die Politische Kultur der Weimarer Republik« (Kap. IV,2) ist in Bracher/Funke/Jacobsen (Hrsg.): Die Weimarer Republik 1919–1933, Bundeszentrale für Politische Bildung, Bonn 1987, S. 454–464 erschienen.

4. Der Beitrag »Das Vorbild in der Politik« (Kap. V,3) erschien in der Festschrift für Fritz Borinski: Politische Bildung in der Demokratie, Berlin 1968, S. 117–130.

5. Die Kommentare zur politischen Kultur (Kapitel VI) wurden für die Reihe »Geist der Zeit« beim Hessischen Rundfunk (Leitung Dr. Uwe Schultz) verfaßt.

6. Der Beitrag »Brauchen die Deutschen noch eine Revolution?« (Kap. VII) erschien als SPIEGEL-Essay (ohne den Schluß) in DER SPIEGEL, Nr. 29, Jg. 1989.

Kurt Sontheimer

Grundzüge des politischen Systems der Bundesrepublik Deutschland

383 Seiten. Serie Piper 351

Kurt Sontheimers Buch – inzwischen ein Standardwerk der politischen Bildung – bietet eine Einführung in das politische System der Bundesrepublik Deutschland, die auch dem wissenschaftlich nicht vorgebildeten Staatsbürger zugänglich ist.

Zur 12., völlig überarbeiteten Auflage schreibt der Autor: »Da ein politisches System sich laufend verändert, muß auch ein Text, der sich offensichtlich bewährt hat, die neuen Tatsachen und Entwicklungen angemessen berücksichtigen. Gegenüber der letzten Neubearbeitung für die Taschenbuchausgabe vom Sommer 1984 enthält die vorliegende Fassung der ›Grundzüge‹ zahlreiche Verbesserungen und neue Abschnitte, die das Werk auf den neuesten Stand bringen. Es handelt sich um eine *Neubearbeitung*, die auch die Absicht verfolgt, das politische System vierzig Jahre nach seiner Entstehung zu beschreiben, zu analysieren und zu beurteilen. Es ist damit auch ein Beitrag zum vierzigjährigen Bestehen der Bundesrepublik Deutschland im Jahre 1989.«

»Hier handelt es sich um ein – angenehm wenig lehrhaftes – Lehrbuch der politischen Bildung im weitesten Sinne, dem man Verbreitung und Gebrauch nur eindringlich wünschen kann.« DIE ZEIT

PIPER